媒体眼中的中华人民共和国第二届职业技能大赛

中华人民共和国第二届职业技能大赛组委会　编

中国人力资源和社会保障出版集团

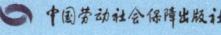 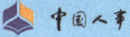

图书在版编目（CIP）数据

媒体眼中的中华人民共和国第二届职业技能大赛 / 中华人民共和国第二届职业技能大赛组委会编 . -- 北京：中国劳动社会保障出版社：中国人事出版社，2024

ISBN 978-7-5167-6258-5

Ⅰ.①媒… Ⅱ.①中… Ⅲ.①职业技能 - 竞赛 - 介绍 - 中国 Ⅳ.①C975

中国国家版本馆 CIP 数据核字（2024）第 004847 号

责任编辑：毛　慧
责任校对：张　苏
责任设计：娄力维

中国劳动社会保障出版社
中国人事出版社 出版发行

（北京市惠新东街 1 号　邮政编码：100029）

*

北京市白帆印务有限公司印刷装订　　新华书店经销
787 毫米 ×1092 毫米　16 开本　27.75 印张　363 千字
2024 年 2 月第 1 版　　2024 年 2 月第 1 次印刷
定价：85.00 元

营销中心电话：400-606-6496
出版社网址：http://www.class.com.cn

版权专有　　侵权必究

如有印装差错，请与本社联系调换：（010）81211666
我社将与版权执法机关配合，大力打击盗印、销售和使用盗版图书活动，敬请广大读者协助举报，经查实将给予举报者奖励。
举报电话：（010）64954652

李强对做好技能人才工作作出重要批示强调 努力造就一支规模宏大、结构合理、 素质优良的技能劳动者队伍

新华社天津9月16日电 中华人民共和国第二届职业技能大赛9月16日在天津开幕。中共中央政治局常委、国务院总理李强日前对做好技能人才工作作出重要批示。批示指出：技能人才是实施人才强国战略、就业优先战略和创新驱动发展战略的宝贵资源。举办全国职业技能大赛，为广大技能人才搭建展示技能、切磋技艺的平台，有利于促进形成技能就业、技能成才、技能报国的时代新风。各地区、各部门要坚持以习近平新时代中国特色社会主义思想为指导，全面贯彻党的二十大精神和习近平总书记重要指示要求，按照党中央决策部署，扎实做好技能人才工作，加快发展技工教育，健全终身职业技能培训制度，完善中国特色职业技能竞赛体系，拓宽发展通道，提升待遇水平，在全社会大力弘扬劳模精神、劳动精神、工匠精神，努力造就一支规模宏大、结构合理、素质优良的技能劳动者队伍，为推动高质量发展、全面建设社会主义现代化国家贡献力量。

国务委员谌贻琴出席开幕式宣布开幕，并调研技能人才工作。她强调，要深入贯彻习近平总书记关于技能人才工作的重要指示批示精神，落实党中央、国务院决

策部署，大力加强技能人才队伍建设，为推动高质量发展和全面建设社会主义现代化国家强化技能人才支撑。

开幕式结束后，谌贻琴实地参观了大赛技能展示交流区和制造类、交通类等竞赛项目，随后来到天津职业技术师范大学附属高级技术学校和世界技能大赛中国（天津）研究中心，调研了解技工院校技能人才培养、世界技能大赛研究和推广等情况。

她指出，加强技能人才培养是壮大技能劳动者队伍和促进技能就业的基础。要创新技能人才培养体系，完善技能人才评价、激励机制，突出加强制造业等重点领域技能人才培养，扎实推进技工院校改革发展，不断完善学科专业设置和人才培养方式。要持续开展大规模多层次职业技能培训，广泛开展各类职业技能竞赛，强化赛训结合、赛学互促，不断提高技能人才培养水平。

前　言

为深入学习贯彻落实党的二十大精神，全面贯彻落实习近平总书记对技能人才工作重要指示和致首届全国技能大赛贺信精神，2023年9月16日至19日，中华人民共和国第二届职业技能大赛①（以下简称"第二届全国技能大赛"）在天津市举办。第二届全国技能大赛以"技能成才、技能报国"为主题，设置109个赛项，共有36个代表团的4 045名选手参赛，搭建了技能人才展示精湛技能、相互切磋技艺的平台，激发了各方面致力于发展技能人才的积极力量，营造了激励广大劳动者技能成才、技能报国的良好氛围。

第二届全国技能大赛宣传工作以首届全国技能大赛宣传经验为基础，进一步强化组织引导，赛前加强预热造势，全面营造崇尚劳动、崇尚技能的舆论氛围。大赛期间共有200余家新闻媒体、近千名记者参与现场报道，各类媒体累计刊发第二届全国技能大赛相关原创稿件5万余篇，发掘了一大批令人敬佩、催人奋进的技能人才故事，描绘了新时代技能人才奋发有为、追求卓越的生动形象，展现了新时代技能人才昂扬向上、积极进取的精神风貌，在全社会掀起宣传热潮，相关话题频繁登

---

① 中华人民共和国第二届职业技能大赛，简称"第二届全国技能大赛"。已将本书报道中所称"第二届全国职业技能大赛""全国第二届职业技能大赛""全国第二届技能大赛"统一为"第二届全国技能大赛"。

上热搜。据统计，网民参与大赛互动累计 35.6 万次，大赛宣传稿件阅读量约 18 亿人次。

为全面展示第二届全国技能大赛的宣传盛况，中华人民共和国第二届职业技能大赛组委会遴选了一批有代表性的新闻宣传作品，汇编了《媒体眼中的中华人民共和国第二届职业技能大赛》。与《媒体眼中的中华人民共和国第一届职业技能大赛》相比，本书增加了各代表团所在地或所属行业相关媒体报道，从更多方位、更多角度展现各地、各行业参加第二届全国技能大赛的情况和技能人才工作发展成就，以期让技能之声更加响亮、技能之光更加闪耀，激励更多的青年走上技能成才、技能报国之路。

中华人民共和国第二届职业技能大赛组委会

2023 年 11 月

目 录

《人民日报》(《人民日报》海外版) / 1

第二届全国技能大赛 9 月 16 日至 19 日在天津举办　能工巧匠尽展技能绝活 / 1

4 045 名选手亮相第二届全国技能大赛现场，比拼绝技绝活——国赛场上，能工巧匠同台竞技 / 6

新时代技能人才彰显风采——第二届全国技能大赛侧记 / 11

掌握数字技能，更可大显身手 / 14

培养更多高技能人才和大国工匠（评论员观察）/ 18

新华社 / 20

能工巧匠同台竞"技"——第二届全国技能大赛一线观察 / 20

新技术、新潮流、新职业——第二届全国技能大赛赛事扫描 / 24

职业发展有哪些新趋势？——第二届全国技能大赛扫描 / 28

新业态催生"金蓝领"：中国就业空间不断拓展 / 32

技能成才　技能报国——来自第二届全国技能大赛的观察 / 35

中央广播电视总台 /40

【中国之声】第二届全国技能大赛今天开幕　"大国小匠"角逐 109 个竞赛项目 / 40

【焦点访谈】职教院校走出的金牌工匠 / 43

【新闻 1+1】大赛拼成绩，技能有未来！/ 53

【晚间新闻】青春匠心｜齐心协力　成就梦想 / 55

【晚间新闻】青春匠心｜罗杰："吃得苦霸得蛮"的砌筑冠军 / 59

【晚间新闻】青春匠心｜李文航：在电路世界探索出彩人生 / 63

【晚间新闻】青春匠心｜17 岁冠军姚妮君：青春色彩装点梦想橱窗 / 66

【晚间新闻】青春匠心｜"00 后"女孩刘欣茹：怀揣"甜蜜"之梦 / 69

《光明日报》/ 72

聚高技能人才之力　筑高质量发展之基 / 72

技能人才发展生态迎来历史性变革 / 79

《经济日报》/ 82

培养更多优秀职业技能人才 / 82

技能报国天宽地阔 / 84

《中国日报》（CHINADAILY）/ 86

Skilled winners heading to world championships/ 86

《科技日报》/ 89

第二届全国技能大赛闭幕　众多高新技术与新职业亮相赛场 / 89

技能大赛展现职业教育新内容新趋势 / 92

中国新闻社 / 96

第二届全国技能大赛9月16日起在天津举行　亮点多多 / 96

探访第二届全国技能大赛展示交流活动：多角度展示特色技术成果 / 98

《工人日报》（工人日报客户端）/ 101

从40分到95分的背后 / 101

以"金牌效应"带动更多人走技能成才之路 / 105

冠军之路——第二届全国技能大赛金牌选手掠影 / 108

新职业亮相技能大赛，折射出哪些发展新趋势？ / 114

《中国青年报》（中国青年网）/ 118

强国"练兵场" / 118

用"金牌"孕育金牌 / 127

《中国组织人事报》/ 131

匠心点燃梦想　共赴技能之约——写在第二届全国技能大赛开幕之际 / 131

探寻大赛新看点 / 136

20个新职业赛项亮相第二届全国技能大赛　树立现代产业人才培养风向标 / 139

大赛折射各地技能人才培养水平提升 / 143

高手聚津门　赛场展绝技 / 145

光荣与梦想在这里绽放——第二届全国技能大赛获奖选手风采 / 149

跨越古今的绝技盛宴 / 153

奏响技能成才技能报国的澎湃乐章——第二届全国技能大赛观察 / 156

《中国劳动保障报》（"中国劳动保障报"微信公众号）/ 161

展技能风采　扬工匠精神——中华人民共和国第二届职业技能大赛开幕式侧记 / 161

展技能风采　筑强国之梦——第二届全国技能大赛闭幕式侧记 / 166

为国家、为民族培养更多高技能人才——我国积极构建职业技能竞赛体系 / 172

难忘技能盛宴　奔赴明亮未来——写在第二届全国技能大赛闭幕之际 / 178

群英展风采　拼搏竞风流——第二届全国技能大赛国赛精选赛项概览 / 181

更好发挥职业技能竞赛的引领带动作用 / 184

带动更多人技能就业 / 186

以赛为媒　让"技能饭碗"香起来——职业技能竞赛助推高质量充分就业 / 188

北京市 / 193

北京市代表团夺得 1 金 3 银 1 铜 42 优胜 / 193

津门竞技　绽放京彩——第二届全国技能大赛北京选手参赛侧记 / 198

天津市 / 201

涵养技能人才"蓄水池"　天津创新技能培训打造"工匠之城" / 201

借助全国技能大赛平台提升我市技能人才队伍水平——"津"牌国手国赛"亮剑" / 206

精准育才　蓄积中国创造重要力量 / 209

打造高技能人才培养生态圈 / 211

以"技"会友　以赛促建 / 213

第二届全国技能大赛 9 月开赛　天津工匠"练兵场"上秀实力 / 215

天津，工匠之城 / 215

赛场准备好了 / 215

聚焦第二届全国技能大赛：109 个赛项全部开赛　现场切磋热力十足 / 215

天津紧跟产业发展需求　加快培养高素质技术技能人才 / 215

河北省 / 216

141 名河北选手炫技能亮绝活 / 216

呼唤"新工匠"！新职业齐登场 / 221

山西省 / 224

山西技能精彩绽放津门 / 224

内蒙古自治区 / 227

直击国赛！内蒙古选手竞技展风采 / 227

拥抱技能　一起向未来——内蒙古征战第二届全国技能大赛选手的故事浓缩了个人成才的多元化路径 / 231

辽宁省 / 238

辽宁省在第二届全国技能大赛上获得"突出贡献奖" / 238

吉林省 / 241

逐梦技能强国　彰显吉林担当——吉林省代表团参加第二届全国技能大赛 / 241

黑龙江省 / 248

厉兵秣马勇争先　龙江技能高手全力以赴备战国赛 / 248

探馆！黑龙江"冰雪"展区看点十足 / 253

上海市 / 258

一技傍身，能够立身，相伴一生 / 258

对标世赛选才育才，炼就技能人才第一方阵 / 265

江苏省 / 268

凭这些"苦脏累"活，一群"00后"拿下国赛大奖！ / 268

放大技能大赛的"奖牌效应" / 273

走好技能成才技能报国之路　为推动高质量发展和现代化建设提供人才支撑 / 275

浙江省 / 276

职业上新，释放哪些信号？ / 276

全国技能大赛冠军们，他们都去哪儿了？ / 280

安徽省 / 286

比上届大幅提升！安徽在这个全国大赛中夺得6金3银1铜 / 286

推动"技工大省"迈向"技工强省"　安徽底气何在？ / 288

福建省 / 293

四千高手同台竞技　我省选手角逐奖牌 / 293

江西省 / 295

竞赛引领　技能圆梦——江西参加第二届全国技能大赛综述 / 295

山东省 / 298

叫响"技能山东"品牌，锻造一支高素质技能人才队伍 / 298

河南省 / 300

河南：厚植技能人才成长沃土　描绘新时代培育高素质技能人才精准"画像" / 300

从第二届全国技能大赛看"技能河南"　有一技之长方有一席之地 / 310

技能坐标　定位河南 / 314

湖北省 / 316

技能成才，技能报国　技兴荆楚，能创未来——我省142名选手出征第二届全国技能大赛 / 316

湖南省 / 321

湘军技耀津门，核心动能从何而来？ / 321

广东省 / 326

全国技能大赛今日开幕，粤家军来了！ / 326

引导青年走技能成才技能报国之路 / 331

广西壮族自治区 / 336

竞赛引领　匠心筑梦——第二届全国技能大赛广西代表团参赛综述 / 336

海南省 / 341

工匠成长进行时 / 341

以赛为媒共促产业蓬勃 / 348

重庆市 / 352

透过技能比拼看以产促技、以技反哺，重庆技能人才与"重庆制造"共同成长——第二届

全国技能大赛之赛场深观察 / 352

推动竞赛金牌变技能品牌、产业名牌 / 355

四川省 / 359

厚植人才成长沃土　锻造技能人才大军——四川代表团征战中华人民共和国第二届职业技能大赛 / 359

贵州省 / 364

匠心铸就梦想　技能点亮未来——贵州代表团参加第二届全国技能大赛侧记 / 364

云南省 / 369

我省以赛培优建设高技能人才队伍 / 369

西藏自治区 / 371

用技能点亮梦想——中华人民共和国第二届职业技能大赛开幕侧记 / 371

陕西省 / 376

以技艺逐梦赛场　以技能成才报国——陕西选手参加第二届全国技能大赛侧记 / 376

甘肃省 / 381

第二届全国技能大赛开赛　甘肃94名选手参赛 / 381

青海省 / 383

高原"工匠"竞技津门——青海代表团参加第二届全国技能大赛见闻 / 383

宁夏回族自治区 / 386

规格最高，规模最大！宁夏选派39名选手参加全国这项大赛 / 386

好消息！宁夏4名选手在第二届全国技能大赛中获佳绩 / 389

新疆维吾尔自治区 / 391

技能逐梦步履坚实——来自第二届全国技能大赛新疆代表团的观察 / 391

放羊娃玩转机器人 / 394

新疆生产建设兵团 / 398

以赛促训　以赛促学　以赛促练——兵团代表团参加第二届全国技能大赛侧记 / 398

国赛舞台展兵团职教"工匠精神"——来自第二届全国技能大赛的观察 / 402

交通运输部 / 406

弘扬工匠精神　锻造技能人才——第二届全国技能大赛交通运输部代表团参赛综述 / 406

住房城乡建设部 / 410

海河之滨，绽放技能精彩——第二届全国技能大赛住房城乡建设行业代表团参赛侧记 / 410

中国机械工业联合会 / 416

1金2银2铜3优胜　中国机械联代表团匠心筑梦　勇攀技能高峰 / 416

中国轻工业联合会 / 421

1金2铜2优胜　中国轻工联代表队圆梦国赛载誉而归 / 421

音频 / 视频 / 424

【新闻联播】第二届全国技能大赛今天开幕 / 424

【朝闻天下】天津　第二届全国技能大赛　聚焦前沿技术　促进科技与技能融合发展 / 424

【三农长短说】第二届全国技能大赛　4 045名选手角逐109个比赛项目 / 424

【第一时间】关注全国技能大赛　12万台设备"显身手"　助选手完赛 / 424

【第一时间】关注全国技能大赛　企业揽才到赛场　技能人才需求大 / 425

【第一时间】关注全国技能大赛　阿晓伟：磨砺精湛技能　奋斗"漆"彩人生 / 425

【央视财经评论】老将新兵齐上阵　第二届全国技能大赛真"津"彩 / 425

【央视财经评论】攀登技能高峰　顶尖高手同台竞技 / 425

【经济半小时】聚焦全国技能大赛（上）：新职业激活就业新动能 / 425

【经济半小时】聚焦全国技能大赛（下）：世赛"引擎"拉动技能提升 / 425

【中国之声】第二届全国技能大赛设置20个新赛项　积极服务发展需要 / 426

第二届全国技能大赛十大看点！ / 426

每个绝技都太精彩啦！哪个是你的最爱呢？ / 426

"最受欢迎的十大绝技"来了！ / 426

技能成才　技能报国｜"最受欢迎的十大绝技"展演（一）/ 426

技能成才　技能报国｜"最受欢迎的十大绝技"展演（二）/ 426

技能成才　技能报国｜"最受欢迎的十大绝技"展演（三）/ 427

精彩回看：第二届全国技能大赛——技能创造美好生活 / 427

精彩回看：第二届全国技能大赛——技能解锁精妙品质 / 427

精彩回看：第二届全国技能大赛——技能勇攀实力巅峰 / 427

精彩回看：第二届全国技能大赛——技能挑战科技前沿 / 427

精彩回看：第二届全国技能大赛——技能铸就未来精彩 / 427

中华人民共和国第二届职业技能大赛云赛场中国网特别报道 / 428

"第二届全国技能大赛"快手号主页 / 428

绽放技能之美 / 428

闪亮技能舞台 / 428

共建技能强国 / 428

《人民日报》
(《人民日报》海外版)

第二届全国技能大赛
9月16日至19日在天津举办
能工巧匠尽展技能绝活

9月16日至19日,第二届全国技能大赛在天津举办。

本届大赛以"技能成才、技能报国"为主题,以"智慧、绿色、安全、特色"为目标,设置世赛选拔项目和国赛精选项目两大类、109个赛项,较第一届增加

起重设备应用技术赛场(李佐彤 摄)

起重设备应用技术赛项岸桥比赛现场(薄承 摄)

参赛选手通过远程操控设备进行比赛（裴昊天 摄）

国网天津电力工作人员正在进行用电检查，为技能大赛提供电力保障（郭斌 摄）

26.7%；各省区市、新疆生产建设兵团和4个行业部门共36个代表团参赛，参赛选手4 045名，较第一届增加近60%。比赛同期，还举办了技能成果展示、绝技展演和论坛会议等活动。

对接产业需求，技术能手亮出绝技

先在计算机前敲出串串代码、完成编程，再针对比赛要求调整尺寸和工法，拿起焊枪开始操作……9月17日，工业机器人焊接技术比赛现场激战正酣，来自各代表团的27名技术能手同台竞技，仅单日比赛时长就达4个小时。

"这个项目是本届大赛的新增项目，既是产业发展需求，也顺应国家发展需要，对提高智能制造质量水平和竞争力，具有深远影响。"机器人焊接技术赛项保障经理彭芳介绍，这一新赛项具有很强的专业性和技术性，要求选手既要熟练掌握机器人编程技术，又要具备丰富的焊接技术理论及实际应用经验。

本届大赛，高学历选手大幅增加是其中一大特点。据统计，在所有选手中，博士25人、硕士546人、本科1 131人。"高学历参赛选手多数集中在新职业和数字技术技能领域，表明技术技能融合发展的大趋势，对不同学历层次人才的需求加大。"人力资源社会保障部职业能力建设司副司长王晓君说。

"通过参赛，不仅让我的科研工作更加聚焦前沿领域，对未来教学工作帮助也很大。"重庆代表团博士选手冯伟告诉记者，他的本职工作是重庆科技学院的讲师，本次参加智能制造工程技术项目的比赛，以赛交流、以赛促学，让他对未来培养更多技能人才充满信心。

据介绍，为充分适应技术技能融合发展新趋势，本届大赛新增智能制造工程技术、集成电路工程技术等5个专业技术类竞赛项目。近四成项目属于先进制造业项目，近三成属于战略性新兴产业项目。

顺应发展趋势，聚焦新职业新技能

"和大家熟悉的网络主播不完全一样，这次比赛内容有图文推广、视频推广、搜索引擎推广、直播售卖等13个项目。"互联网营销项目选手、来自安徽的沈珺认为，模块化的考点，全方位地考察了选手的网络营销能力，也为网络营销师等相关新职业确立了规范化的培养方向。

"我国对互联网营销人才的需求量很大，但真正按照行业标准和规范培养的互联网营销人才较少。"互联网营销项目裁判长助理时应峰表示，互联网营销赛项要求高、标准规范，为互联网营销行业从业者树立了良好导向。

一块大屏幕，每隔30秒就切换一名选手的实时赛况，解说员还详细讲解其中"门道"……这是集成电路工程技术项目赛场的一幕，引得不少观众驻足观看。

"这是集成电路工程技术首次被纳入全国技能大赛，体现了国家对新业态下涌现出的新职业的高度关注。"该项目裁判长赵毅强表示，这次比赛面向集成电路工程技术人员而设立，以职业标准为牵引、以产业驱动为导向，顺应了产业发展新趋势。

据了解，与第一届大赛相比，本届大赛增加了20个新职业和数字技术技能类赛项，如全媒体运营、互联网营销等。"这些赛项对于增强新职业从业人员的社会认同感、促进就业创业具有重要意义。"王晓君说。

相关专家表示，新赛项的设立，有利于充分发挥职业技能竞赛的引领示范作用，进一步改善新职业人才供给质量结构，为加快构建现代产业体系、推动经济高质量发展，提供有力的人才保障。

增加互动体验，营造浓厚社会氛围

9月17日至18日，大赛面向社会公众预约开放。在"技能大集"活动展区，50个绝技绝活技能项目均设置了展台，不少市民和游客前来领略来自全国各地能工巧匠的风采。

"看起来像是金牌，尝一口发现是月饼，太精致了！"在天津金牌月饼展台，市民王艳连声赞叹。

除此之外，作为主办城市，天津还在展区展示了木工榫卯、十八街麻花、泥人张彩塑、无人机集群编队等多个技能项目。敦煌壁画修复、木牛流马、紫砂线描渲染、潍坊核雕等"绝活"也纷纷亮相。

大赛执委会相关负责人介绍，在弘扬"技能成才、技能报国"主题基础之上，本届大赛突出强调"体验感"和"趣味性"。大部分参赛代表团的展位和新增设的技能大集为观众设置了技能体验、设备体验、产品体验等体验类项目；新设立的"群众技能体验擂台赛"活动，设置了移动机器人、精细木工等8项易于上手、互动性强、观赏性高的群众参与项目，让每个观众都能体验到技能技艺的魅力。观众在观展的同时，还可以通过"打卡拍照发朋友圈""集齐赛事纪念章"等活动获得大赛纪念品。

9月14日，由大赛执委会主办的原创舞台剧《工匠人家》在天津大礼堂首演，该剧为本届大赛量身打造，讲述了一家三代人传承工匠技艺、工匠精神的感人故事。

此外，大赛还同步开展了绝技现场展演活动，30个"绝技"竞相亮相。9月

19 日，由专家评审和大众评审联合评选的"最受欢迎的十大绝技"项目出炉。

"创新不是一件简单的事情，它是新时代工匠精神、劳模精神、劳动精神的集中体现……"9 月 17 日上午，"时代楷模"、国网天津滨海供电分公司配电抢修班班长张黎明受邀参加第二届全国技能大赛技能大师见面会，同与会者交流技能报国的经验体会。一个个鲜活的案例、一段段生动的故事，给与会者留下深刻印象。

"本届大赛邀请了大国工匠代表，企业、技工教育专家，技工院校和职业技能培训机构代表，人力资源专家代表等参加技能强国系列论坛。"大赛执委会相关负责人表示，一系列活动的成功举办，扩大了第二届全国技能大赛的影响力，有助于营造劳动光荣、技能报国的浓厚社会氛围。

记者：李家鼎 2023 年 9 月 20 日

4 045名选手亮相第二届全国技能大赛现场，比拼绝技绝活——国赛场上，能工巧匠同台竞技

9月16日至19日，中华人民共和国第二届职业技能大赛在天津举行，4 000余名技能健儿同场竞技。

作为中国赛事规格最高、竞赛项目最多、参赛规模最大、技能水平最高、影响范围最广的综合性国家职业技能赛事，本届全国技能大赛现场，各路技能高手同台竞技、一展风采，呈现一场看点十足的盛会。

看比赛：大赛项目多、科技感强、观赏性高

小心翼翼划线、钻孔，保证维修零件精准安装；巧妙设计道具、背景，将商品

9月16日，中华人民共和国第二届职业技能大赛在天津开赛。本次比赛是新中国成立以来，规格最高、项目最多、规模最大、水平最高、影响最广的综合性国家职业技能赛事。图为参赛选手在进行工业机械项目的比赛（刘东岳 摄 人民视觉）

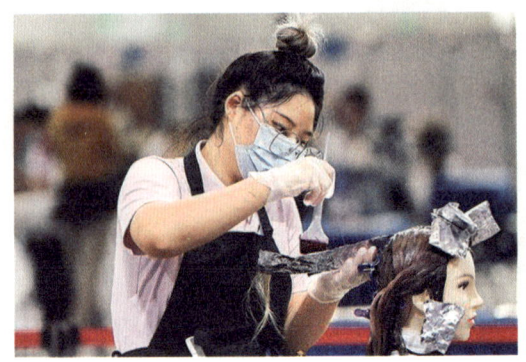

参赛选手在进行美发项目的比赛（刘东岳 摄 人民视觉）

完美展示；噼里啪啦，将一行行代码敲进编程软件，一个人就是一支团队……赛场内，选手们紧张专注，在几天时间内接受一场场速度与专业、耐心与意志的考验。

"考验真功夫！""不愧是国内最高竞技水平！"赛场外，一些慕名而来的观众对能工巧匠称赞不断。

从助力智能制造的工业 4.0、云计算项目，到颠覆传统生产方式的增材制造项目、顺应数字经济发展趋势的全媒体运营项目，再到服务美好生活的烹饪、花艺、时装、社会体育指导（健身）项目……大赛现场浓缩着社会百行千业的发展与风尚。透过它们，既能领略大国重器的匠心打造，也能感受生活场景的技能之美。

"本届大赛第一个看点是赛事精彩纷呈，内容新颖丰富。"人力资源社会保障部职业能力建设司副司长王晓君说，大赛项目多、科技感强、观赏性高，在保留传统项目的基础上，开拓新领域、新赛道。

——赛项"上新"亮点多。大赛共设 109 个比赛项目，其中，世赛选拔项目与世界技能大赛保持一致，共六大类 62 个项目；国赛精选项目 47 个。与第一届大赛相比，本届大赛国赛精选项目数量大幅增加，重点增加了 20 个新职业和数字技术技能类赛项，如全媒体运营、互联网营销等，同时新增智能制造工程技术、集成电路工程技术等 5 个专业技术类竞赛项目。

王晓君说，这些赛项对于增强新职业从业人员的社会认同感、促进就业创业具有重要意义，同时更加符合技术技能融合发展的趋势。

——热点赛项数量攀升。哪些赛项参赛热度最高？互联网营销、网络系统管理、健康照护、汽车维修、电工项目……本届大赛共有 9 个竞赛项目覆盖所有省份代表团，比第一届大赛增加了 2 倍，说明这些项目应用广泛、从业人员较多。覆盖 28 个以上代表团的竞赛项目有 78 个，占全部项目的 71.6%。所有比赛项目均服务于实体经济。

一张纸巾有多少种折法？锯金焊银的工艺要求有多高？直播"上链接"背后需要哪些超能力？刮腻子考验哪些真功夫？网络上，技能大赛中技艺和"门道"也持续引发网友的讨论。据了解，本届大赛所有项目均开设"云观赛"，观众可以到现场或直播观看比赛。此外，一场场绝技展演、技能交流活动也吸引了场内外不少观众驻足。

看选手：老中青三代、博士硕士技工同台竞技

"这么年轻！"比赛现场，常能看见不少稚嫩的面庞。家具制作项目选手李新颖就是其中一位，她刚过完16岁生日，是本届大赛年龄最小的选手之一。

最早接触比赛时，李新颖只觉得好玩，但随着了解不断深入，她意识到自己对家具制作的热爱。作品中零部件尺寸要精确到0.5毫米，制作每个榫卯都要一丝不苟，她也养成了随身携带卷尺的习惯；日常训练常常是早上8点前开始，晚上9点多才结束，一个学期也回不了几次家。"虽然训练艰苦，但因为喜欢，一切付出都是值得的。"李新颖说。

对全国各地的选手来说，全国技能大赛不仅是一次比赛，更是相互学习、切磋技艺的好机会。本次大赛的4 045名选手，经历各级技能大赛层层选拔，从数十万名选手中脱颖而出，代表了相关项目的国内最高技能竞技水平。

今年大赛参赛选手有哪些特点？

看年龄，年轻选手是主体。本届大赛全部选手平均年龄26.4岁，较第一届大赛增加4.6岁，30岁以下的选手占67%。其中世赛选拔项目选手平均年龄19.6岁，在一场场角逐中，观众可以看到未来世界技能大赛健将的风采。国赛精选项目规定在职职工或者行业从业人员参赛，选手均是各行业顶尖的行家里手，年龄最大的58岁，最小的16岁，横跨老中青三代的同台技能比拼看点十足。

看身份，职工选手更多。参赛选手中职工2 189人，占比达54.1%，比第一届大赛增加7.6倍。23岁的飞机维修项目选手步凡吉，是哈尔滨飞机工业集团有限责任公司最年轻的专业铆装钳工。步凡吉儿时就怀揣航空梦想，到了工作岗位上，从理论到实训学习、上手操作，他不放过每一个细节，仅用一年时间就成为车间里最

年轻的专业能手。他之前就憧憬着在大赛中亮出绝活，这次参加比赛，更感受到"来自国赛的历练""未来工作目标和方向更明确了"。

看学历，高学历参赛选手大幅增加。本次大赛参赛选手中，有博士25人、硕士546人、本科1 131人。在智能制造工程技术、工业机器人、数字建造、物联网、集成电路等相关比赛项目中，都能看到他们身影。"既然选择成为选手，就意味着选择了挑战，不断磨炼自己的专业技能，去追逐梦想和成就。"一位参赛选手说。

王晓君介绍，高学历参赛选手多数集中在新职业和数字技术技能领域，"表明技术技能融合发展的大趋势，对不同学历层次人才技术技能水平提升的需求加大。"

看发展：政策加力，培养更多大国工匠

从新能源汽车、直升机、数控车、重型车辆等比赛设备设施、相关技术保障支持，到选派选手参与相关赛项的竞技角逐，再到现场发掘能工巧匠的"好苗子"，第二届全国技能大赛现场有不少企业的身影。

本次大赛中，中国石油派出21名选手参赛，与各路技能精英同场竞技。"目前集团公司共有近60万操作技能人才，占员工总量的55%。"中国石油天然气集团有限公司人力资源部副总经理侯占宁说，中国石油坚持将高技能人才培养摆在突出位置，截至目前，已有200人获得"全国技术能手"称号。广大技能人才正在一线生产创新创效中持续创造价值。

技能人才是支撑中国制造、中国创造的重要力量。无论是一颗小小螺丝钉的打磨还是大国重器的上天入地，无论是传统手艺的传承还是现代服务的创新，都离不开技能人才的巧艺匠心。

人力资源社会保障部数据显示，经过努力，全国技能人才总量超过2亿人，占就业人员总量的26%以上；高技能人才超过6 000万人，占技能劳动者的30%以上。各行各业的技能人才活跃在生产服务一线和技术创新前沿，成为引领新经济、

培育新动能、推动高质量发展的重要力量。

这背后，是技工教育稳步发展。

截至 2022 年底，全国共有技工院校 2 551 所，其中技师学院 532 所，高级技工学校 307 所，技工学校 1 712 所。在校生 445 万人，当年招生 166 万人，开展职业培训 616 万人次，毕业生 120 万人。

"正是因为坚持就业导向，按照市场需求灵活设置专业，同时强化校企合作，培养企业特别是先进制造业最需要的技能人才，技工院校就业率多年保持在 96% 以上。"王晓君说。

这背后，是技能人才发展通道不断畅通。

去年，原有的技能人才职业技能等级从五级延伸为八级，向上增加特级技师、首席技师，向下增设学徒工——形成由学徒工、初级工、中级工、高级工、技师、高级技师、特级技师、首席技师构成的"新八级工"职业技能等级序列。许多技术工人突破职业"天花板"，当上特级技师、首席技师，一批初出茅庐的学生也打开了事业发展新天地。

这背后，是技能成长平台不断丰富完善起来。

看技能培训，"十三五"时期，全国共组织开展补贴性职业技能培训近 1 亿人次，一批批计划和行动给广大劳动者送去了技能和实惠。看技能竞赛，以世界技能大赛为引领、全国技能大赛为龙头的中国特色职业技能竞赛体系不断完善，每年有上千万人参与各类竞赛活动，在学习、训练、比赛中磨炼本领。

本届大赛中，有选手在采访中谈道："通过赛前集训，技能水平得到很大的提升，越来越能感受到技能的魅力。"校企联合、政策加力，更多未来的能工巧匠、大国工匠成长起来，持续为中国制造、中国创造夯实人才基础。

作者：李婕 2023 年 9 月 20 日

新时代技能人才彰显风采
——第二届全国技能大赛侧记

逐梦赛场展绝技，技能报国正当时。9月19日晚，第二届全国技能大赛在天津奥林匹克中心体育馆落下帷幕。经过激烈角逐，393名选手获得109个项目的金、银、铜牌，36名选手获得参赛代表团最佳选手奖，13名选手获得西部技能之星奖，12个代表团获突出贡献奖，24个代表团获优秀组织奖。

回顾3天赛期，来自全国各地的4 045名选手技展匠心、艺绽津门，充分展现了新时代技能人才的创新创造活力。大赛以技能竞赛为主要内容，采取集中开放办赛、赛展演会集成的组织模式，近12万人次现场观摩，热门点位人流如潮。

对照图纸，放样、划线、切割、组装……16日，在国家会展中心（天津）S5展馆木工项目赛场，经过16个小时比拼，来自上海科创职业技术学院的蒋志发，制作出拱桥、五角星、宝瓶等组成的精美作品。他今年58岁，是本届大赛年龄最大的选手之一，"我要利用这次机会，展现传统木工的魅力。"举办第二届全国技能大赛，充分体现了国家对技能人才的重视，为传承工匠技艺、弘扬工匠精神提供了很好的舞台。

"这是一次难得的学习交流机会，与来自全国的技能高手们同场竞技，让我进一步练就了过硬本领。"国网天津市电力公司职工、电力系统运营与维护赛项冠军选手武旭光说，"相信我们技能人员、产业工人未来的职业发展，一定前景广阔、大有作为。"

"各行各业技能高手云集赛场,他们高超的技能水平,吸引全社会聚焦技能人才队伍。"人力资源社会保障部职业能力建设司副司长王晓君认为,本届大赛为广大技能人才提供了展示精湛技能的舞台,搭建了相互切磋技艺的平台。

"以赛促教、以赛促训、以赛促学。"天津市人力资源和社会保障局党组书记、局长沈超认为,作为代表国内最高技能竞技水平的赛事,第二届全国技能大赛以实战检验教学效果,能够促进大赛成果与技工教育改革转化,带动学校人才培养模式改革。

全媒体运营、无人机装调检修、人工智能工程技术、数字建造……与第一届全国技能大赛相比,本届大赛增加了20个新职业和数字技术技能类赛项,反映出近年来我国新职业、新工种迅速崛起,对相关领域技能人才的旺盛需求。

"相比3年前的第一届全国技能大赛,能明显感受到数字建造相关人才水平更高、进步更快,这背后是我国高技能人才队伍不断壮大、质量不断提升,将对传统产业数字化转型升级形成更有力的人才支撑。"数字建造项目裁判长古娟妮说。

"技能人才是支撑中国制造、中国创造的重要力量。"王晓君说,本届大赛赛项涉及3/4的国民经济行业门类,一些赛项紧跟新职业发展趋势,体现了技术与技能的有机融合、传统与现代的相互辉映。

"获得工业控制项目金牌的选手是——肖创!"19日晚,当听到现场播报员念出自己的名字,来自广州市机电技师学院的肖创难掩激动:"这是我第二次参赛,有压力也有冲劲。"肖创说,训练时他几乎以集训基地为家,努力积累经验、补齐短板。赛场上斩获佳绩,也让他有了更大的目标,"期待能够出征世界技能大赛,以一技之长为国争光,实现技能报国的梦想。"

依据大赛规则,工业控制等项目同时作为世界技能大赛的选拔赛。"世界技能大赛选拔项目的单人赛前5名、团队赛前3名选手将入围第四十七届世界技能大赛中国集训队。"王晓君说。

"从本届大赛的获奖情况看,参赛选手的整体技能水平明显提高,地区差距也逐渐缩小。"王晓君介绍,共有18个代表团获得金牌、29个代表团获得奖牌、全部代表团均有选手获得优胜奖,部分西部省份实现奖牌零的突破。

"我们将研究、汇集大赛成果,开展大赛成果转化、标准优化、推广运用。"王晓君表示,人力资源社会保障部门将进一步完善中国特色职业技能竞赛体系,充分发挥竞赛的引领带动作用,不断加强新时代高技能人才队伍建设。

闭幕式上,河南省省长王凯承接会旗。据了解,经国务院批准,第三届全国技能大赛将于2025年在河南省举办。

记者:武少民、李家鼎、邱超奕 2023年9月21日

掌握数字技能，更可大显身手

人工智能训练、互联网营销、全媒体运营、无人机装调检修、服务机器人应用技术、智能制造工程技术……中华人民共和国第二届职业技能大赛（以下简称"第二届全国技能大赛"）近日在天津举行，比赛设有多个新职业和数字技术技能类项目。专家认为，这反映出近年来中国新职业、新工种迅速崛起，对相关领域技能人才的旺盛需求。

将"金刚钻"紧握手中

在第二届全国技能大赛的互联网营销赛场，选手们拿着折扇对着手机摄像头"花式带货"。"和大家熟悉的网络主播不完全一样，这次比赛内容有图文推广、视频推广、搜索引擎推广、直播售卖等13个项目。"互联网营销项目选手、来自安徽的沈珺认为，模块化的考点，全方位地考察了选手的网络营销能力。"中国对互联网营销人才的需求量很大，但真正按照行业标准和规范培养的互联网营销人才较少。这一赛项的设置，正是顺应数字经济发展对新型人才的需求。"第二届全国技能大赛相关负责人表示。

通过5G远程控制，数吨重的集装箱在参赛选手们的娴熟操作下，腾挪转移，精确到厘米……第二届全国技能大赛还设置企业分赛场，让选手们到实际工作地显"真功夫"。在天津港第二集装箱码头，起重设备应用技术项目火热比拼。选手对着一块块屏幕和按钮，远程操控1公里外的岸桥进行集装箱装船作业。来自宁波的选手吴飞说："我以前是现场开岸桥的司机，随着港口加快智能化建设，前年开始远程操纵岸桥。远程操作对技术的要求很高，我通过参加比赛促使自己增强本领，更好服务港口发展。"

"智能制造工程技术人员是国家发布的新职业，对我来说是新挑战。"在第二届全国技能大赛的智能制造工程技术赛场，重庆科技学院机械与动力工程学院讲师冯伟说，比赛要运用数字孪生、大数据、深度学习等技术，目前中国许多传统企业正朝着数字化方向转型，只有紧跟时代步伐将"金刚钻"紧握手中，才能在职场大显身手。

近日，中华人民共和国第二届职业技能大赛在国家会展中心（天津）开幕。图为选手参加移动机器人项目比赛（新华社记者 李然 摄）

"新职业的背后是新业态的支撑，体现出中国经济高质量发展正迈出坚实步伐，同时也意味着发展的新机遇和就业的新空间。设置新职业和数字技能相关赛事，对于增强新职业从业人员的社会认同、促进就业创业具有重要意义。"人力资源社会保障部相关负责人表示。

短效和长效机制并行

各地纷纷拿出实招，多措并举打造数字人才的"成长摇篮"。在广州市机电技师学院的移动机器人项目实验室，键盘敲击声、机器运转声此起彼伏。广州市机电技师学院教师庞春正指导学生操作移动机器人，通过编程控制，机器人能灵活走位，准确识别、抓举不同大小和颜色的纸盒，然后精准放置到带有相应条码的木架子上。

近年来，中国机器人产业规模快速增长，融入人们的生产生活。如何让机器人功能更实用、"头脑"更智慧？这就是庞春和学生们的研究内容。"我们多次参加世界技能大赛移动机器人比赛项目，需要在比赛现场组装机器人，编程控制系统，力争在最短时间内完成复杂的作业任务。比如控制机器人如何抓取物品、走最优线路、准确放置物品等。这些任务背后，考验的是硬件设计、优化迭代、软件编写等创新创造能力。"庞春说，为了使集训、参赛的成果转化到课堂上，让更多学生获益，实现"以赛促教""产教融合"，实验室已经和企业合作，开发了移动机器人新课程。

天津市人力资源和社会保障局采用高校、领军企业、数字人才培育项目培训机构三方协同实施的数字人才产教融合"订单班"模式。一面对接企业转型升级阶段对数字人才的需求，一面对接中德应用技术大学的毕业学年学生，针对智能制造生产的实际情况，经过学校选拔、企业面试后，开设了首个数字人才产教融合订单班。"订单班开设了与智能制造相关的专业课程，有理论学习，有实操考试，提前学习定制专业课程，进入企业实践实习，让我掌握了很多课本上学不到的专业技术能力。"首期订单班的学员赵大宇说。

"随着数字技术在各个行业的广泛应用，掌握数字技能成为了许多岗位的基本要求。"首都经贸大学中国新就业形态研究中心主任张成刚说，数字技能是青年劳动者融入就业市场、提高竞争力的基础，具备数字技能的青年劳动者能够更好地适应数字经济时代的产业需求。

专家表示，随着各产业的数字化转型进入更深阶段，人才短缺已成为制约数字经济发展的重要因素。目前还存在数字技能人才缺口大、数字产业岗位需求与数字技能人才素质不匹配、企业数字化转型缺乏专业对口人才、数字产业从业者技能有待提升等问题。

复旦大学中国研究院副研究员刘典接受本报采访时说，政府、高校、企业应形成合力，着眼数字经济的高质量发展要求，坚持短效机制与长效机制结合，建立从数字人才培养到培训再到激励的全链条生态体系。

作者：李雪钦 2023 年 9 月 27 日

培养更多高技能人才和大国工匠
（评论员观察）

工业机器人系统操作赛项上，选手通过对工业机器人进行参数设置、编程调试，使机器人能独自完成物料的自动输送、定位抓取、成品入库等流程；虚拟现实工程技术赛项区，参赛选手们认真了解规则后，即刻着手在规定时间内完成三维模型构建；移动机器人赛项现场，机器人在选手的操控下，模拟完成不同场景下的药品摆放、病床搬运等任务……前不久，第二届全国技能大赛在天津市落下帷幕，来自全国各地的4 000多名参赛选手切磋交流，既展现了不凡身手，也展现了高技能人才在现代化建设中的新作为、新形象。

技能人才是我国人才队伍的重要组成部分，是支撑中国制造、中国创造的重要力量。党的二十大报告将大国工匠、高技能人才纳入国家战略人才力量，充分彰显加强新时代高技能人才队伍建设的重要性。培养更多高素质技术技能人才、能工巧匠、大国工匠，必能为全面建设社会主义现代化国家提供有力人才和技能支撑。

三百六十行，行行出状元。对个人而言，掌握一技之长，是实现个人价值的重要途径。凭借精湛技艺，钳工郑志明被评为广西汽车集团有限公司特级技师、首席技能专家；16岁开始学砌墙的邹彬，勇夺第四十三届世界技能大赛优胜奖，如今已成长为中建五局总承包公司的一名项目质量总监；作为一名继电保护员，云南电网有限责任公司昆明供电局的李辉带领团队先后完成技术攻关60余项，主导制定2项国家标准，取得50项国家专利……一个个平凡劳动者通过技能成才的故事生动说明，苦练技艺、掌握精湛技能，能够开辟事业舞台，实现人生出彩。

细微之处见真章。第二届全国技能大赛上，"执着专注、精益求精、一丝不苟、追求卓越的工匠精神"在选手身上得到生动体现。心心在一艺，其艺必工；心心在一职，其职必举。从一枚螺丝钉的打磨，到一个焊点的焊接，再到精确至毫米级的工艺，小环节里有大学问，能做出大成果。把工匠精神倾注于一个个零件、一道道工序、一次次试验，就能在平凡岗位上干出不平凡的业绩。

当前，我国正处于经济转型升级的关键期。不论是实施创新驱动发展战略、建设制造强国，还是破解结构性就业矛盾、满足社会发展需求，都对加快技能人才培养提出了更高要求。数据显示，目前我国技能人才总量超过2亿人，高技能人才超过6 000万人。但是，与推动高质量发展、构建新发展格局的人才需求相比，现有技能人才总量仍然不足，技能人才供需矛盾仍然存在。这一方面需要进一步办好职业教育，培养高素质技能人才；另一方面也需要完善和落实技术工人培养、使用、评价、考核机制，提高技能人才待遇水平，畅通技能人才职业发展通道，完善技能人才激励政策。唯其如此，才能激励更多劳动者走技能成才、技能报国之路，培养更多高技能人才和大国工匠。

千工易寻，一技难求。从国务院印发《国家职业教育改革实施方案》，到人力资源社会保障部制定出台《关于健全完善新时代技能人才职业技能等级制度的意见（试行）》，再到中办、国办印发《关于加强新时代高技能人才队伍建设的意见》……一系列有力举措，为技能人才成长成才创造了良好条件。靠技能成才、以技能报国，大有可为，也大有作为。搭建平台、提供舞台，在全社会营造人人皆可成才、人人尽展其才的良好环境，未来一定会涌现更多高技能人才和大国工匠，书写更多技能成才、技能报国的精彩篇章。

作者：尹双红 2023年10月13日

新 华 社

能工巧匠同台竞"技"
——第二届全国技能大赛一线观察

16日至19日，第二届全国技能大赛在天津举办。从数十万名选手中脱颖而出的4 045名技能高手，代表着相关项目的国内最高技能竞技水平，在109个赛项中切磋技艺，用"技能"点亮未来。

作为我国规格最高、项目最多、规模最大、水平最高的综合性国家职业技能赛事，这届大赛较第一届进一步扩容增量，赛项类别共涉及15个国民经济行业门类，覆盖国民经济行业门类的75%。

练技艺逐梦赛场

走进赛场，工业4.0、云计算等赛项，代表先进制造业的新动能；飞机维修、轨道车辆技术等赛项，显示我国基础设施的保障能力；花艺、茶艺、时装技术，以及健康和社会照护等赛项，贴近百姓的生活场景……一场场比赛中，选手们不断攀登技能的高峰。

在位于大赛主赛场——国家会展中心（天津）的飞机维修项目中，22岁的选手吕岳强正围绕着直升机仔细进行绕机检查。

今年刚刚从天津机电职业技术学院机械设计与制造专业毕业的他，从2月起，就在为这次比赛进行高强度的集训。"飞机维修考验的是选手精益求精、毫米必争的能力。"吕岳强说，比赛中飞机结构修理模块中的"零件折弯"工序，他在集训时常常一天要练习上千次。

选手在国家会展中心（天津）参加工业机器人系统操作项目的比赛（新华社记者 李然 摄）

"有时练得手都麻了，但还是会坚持，就是想成为一名卓越的工匠。"吕岳强说。凭着这股子劲儿，他以精湛的技能成功代表天津市参加此次比赛。

硕博生同场竞技

在这场能工巧匠的"对决"中，不仅有职工、大中专院校和技校学生，也有来自不同省份的博士、硕士生参赛。

"高学历参赛选手多数集中在新职业和数字技术技能领域，表明技术技能融合发展的大趋势，对不同学历层次人才技术技能水平提升的需求加大。"人力资源社会保障部职业能力建设司副司长王晓君表示。

重庆科技学院机械与动力工

选手在国家会展中心（天津）参加移动机器人项目的比赛（新华社记者 李然 摄）

21

程学院讲师冯伟就是其中一名参赛博士,此次他参加了新增的智能制造工程技术项目。

"比赛中,我们要运用数字孪生、大数据、深度学习等技术内容。"冯伟说,作为教师参赛,他对"智能制造工程技术人员"这一新职业的培养体系有了更切身的体会,希望了解新职业的能力要求,更有针对性地培养学生。

新职业吸引目光

更多新职业赛项,吸引着观众的目光。这些天,互联网营销项目裁判长薛茂云很早就会到达互联网营销项目的比赛现场。

"对于第二届全国技能大赛来说,互联网营销是一个全新的赛项,比赛要求将传统的销售与现代信息技术结合,全面考察选手的数字化营销能力。"薛茂云说,这一赛项的设置,正是顺应数字经济发展对新型人才的需求。

人力资源社会保障部最新数据显示,目前我国技能人才总量已超 2 亿人,占就业人员总量 26% 以上;高技能人才超过 6 000 万人。各类技能人才活跃在生产一线和创新前沿,成为推动高质量发展的重要力量。

在国家会展中心(天津),这是大赛举办展示交流活动的场馆内一景(新华社记者 李然 摄)

"好的科技成果转化，必须要有优秀的技能人才做纽带和支撑。"通用技术集团机床有限公司总经理贺鑫元说，我们希望把在大赛中取得优异成绩的选手招募到企业中。

攀登技能高峰，为制造强国储备人才。人力资源社会保障部部长王晓萍在开幕式上表示，此次大赛旨在以赛促训、以赛促培、以赛促建，不断完善技能人才培养、使用、评价、激励机制。

记者：白佳丽 2023 年 9 月 17 日

新技术、新潮流、新职业
——第二届全国技能大赛赛事扫描

金秋九月,第二届全国技能大赛在天津擂响战鼓。移动机器人、增材制造、全媒体运营……来自全国各地的 4 000 余名选手拿出"看家本领",围绕 109 个赛项展开角逐。

秀出亮眼新技术

在移动机器人赛项现场,机器人沿着选手设定的线路,在仿照医院设定的"微缩版"比赛场地中流畅穿梭,模拟完成着不同场景下的药品摆放、病床搬运等任务。

天津中德应用技术大学机械工程学院教师戈美净说,移动机器人赛项是围绕机器人的机械和控制系统展开的竞赛项目,选手需要具备设计、生产、装配、组建、编程、管理和保养机器人内部的机械、电路、控制系统等能力。"三天的赛程内既有规定考题,也需临场发挥,不仅考验着选手综合运用知识

选手参加第二届全国技能大赛移动机器人赛项比赛(新华社记者 刘惟真 摄)

技巧的能力,也需要具备良好的团队协作精神。"

电缆终端预处理、电缆故障测寻……电力系统运营与维护赛项也受到关注。

该赛项天津代表队教练组组长张华介绍,比赛中,也会考验选手应用先进设备快速准确发现电缆隐患、完成故障定位的能力。"新型科技检测手段能够缩短故障查找时间,提升城市电网的供电可靠性。"

国网天津市电力公司人力资源部副主任王涛介绍,此次赛事也能为电缆的精益化、智慧化运维提供人才支撑,通过以赛促训、以赛促学、以赛促用,推动上下游产业链技术工艺水平改进提升。

"这次比赛是一次难得的学习交流机会,让专业人员互取所长,也更加坚定了一线员工技能成才、技能报国的决心。"国网天津市电力公司员工、天津代表队选手武旭光说。

展现生活新潮流

近年来,体育运动逐渐成为不少人生活中重要的组成部分。在社会体育指导（健身）赛项上,选手们按顺序进行教学示范,吸引了不少观众的目光。

国家体育总局人力资源开发中心工作人员栾茜说,项目包含体能比拼、小团体课程、姿态与动作评估、运动计划设计等赛题,主要考察选手知识、体能、教学等方面能力,吸引了不少健身教练与从事健身指导工作的学校教师前来参赛。

"大赛不仅使选手得以提升技

选手参加社会体育指导（健身）赛项比赛（新华社记者 刘惟真 摄）

能水平与知识储备，不少获奖教练也因此拓宽了职业发展道路，起到了良好的示范效应。"栾茜说。

珠宝加工项目的"高手过招"也十分吸睛。锯、切、挫、锤、焊……选手将各种贵金属材料进行精细处理，在规定时间内完成工序，制作出与图纸一致、层次分明的珠宝首饰工件。

来自深圳技师学院的珠宝加工（国赛）项目裁判长李勋贵说，此次比赛地点在天津，项目的主题是"津门印象"，以天津多处标志性建筑元素为灵感。"珠宝加工行业的发展变迁反映着人们对生活美学需求的提升。"李勋贵说。

面向社会新职业

人工智能训练、互联网营销……本届大赛增加了20个新职业和数字技术技能类赛项。在工业机器人系统操作赛项上，选手正全神贯注地进行工业机器人参数的设置和编程调试，使机器人独自完成物料的自动输送、定位抓取、缺陷检测、视觉评判以及成品入库等流程。

该赛项裁判长羊荣金说，这一项目融合了数字孪生、机器视觉、工业机器人等多项技术，考核选手对整个系统平台的综合把控能力，反映出虚实融合等技术在生产维修各环节的应用前景。

随着无人机在森林防火、电力巡检、农业植保、物流运输、测绘勘察等领域的普及率逐步上升，无人机装调检修人才在市场上也更为抢手。

在北京工业职业技术学院任教的无人机装调检修赛项裁判长张春芝说，项目以无人机装调检修工的工作实际为背景，重点考察选手无人机零部件选型、整机装配、系统调试、性能测试及故障检修等综合运用能力及飞行操作水平。"考核的复杂度、广度、技术难度都与职业需求相对应。选手们既得做工匠，也要当'医生'。"她说。

选手参加工业机器人系统操作赛项比赛（新华社记者 刘惟真 摄）　　选手参加无人机装调检修赛项比赛（新华社记者 刘惟真 摄）

"这既是一次行业技术人员的'练兵'，也能够展示无人机装调维修技术人才的水平。"张春芝说，"相信未来各地的优秀技能人才必将大有可为、大有作为。"

记者：刘惟真、张宇琪 2023 年 9 月 19 日

职业发展有哪些新趋势？
——第二届全国技能大赛扫描

为期 4 天的第二届全国技能大赛 19 日落下帷幕。393 名选手脱颖而出，荣获 109 个项目的奖牌。这次大赛折射出哪些职业发展新趋势？

趋势一：纷繁多彩的新职业前景广阔

9月16日，选手参加移动机器人项目比赛（新华社记者 李然 摄）

从飞机维修、汽车技术、机器人系统集成，到工业 4.0、云计算、数字建造，再到花艺、美发、烘焙……走进第二届全国技能大赛赛场，各种比拼令人眼花缭乱。

首次设置的新职业赛项，凸显出在中国经济高质量发展背景下，职业发展不断走向多元化、专业化。

"参赛选手较上届增加 58.2%，重点增加了全媒体运营、互联网营销、智能制造工程技术、集成电路工程技术等 20 个新职业和数字技术技能类赛项。"人力资源社会保障部职业能力建设司副司长王晓君介绍，高学历选手大多集中在新职业和数字技术技能领域，显示技术技能融合发展的大趋势。

记者看到，在互联网营销赛场，选手们拿着折扇对着手机摄像头"花式带货"。裁判长薛茂云告诉记者，传统营销向数字经济迈进，需要大批人才支撑，选手要掌握市场分析、直播装修等多种技能。

在智能制造工程技术赛场，有着博士身份的重庆科技学院机械与动力工程学院讲师冯伟格外受关注。"智能制造工程技术人员是国家发布的新职业，对我来说是新挑战。"

"设置新职业赛项，对增强新职业从业人员的社会认同感、促进就业创业具有重要意义。"王晓君说。

家政服务（整理收纳）赛场上，选手们在"房间"内麻利地分类整理杂物。裁判长谈檀是一家整理收纳服务公司的负责人，她深有感触地说："2015年公司只有我一个人，现在发展到1 000多人，市场需求显而易见。我正在参与编制整理收纳的国家职业标准，希望更多人通过大赛认识并加入这个职业。"

趋势二：职业教育水平改善，多领域人才彰显"真功夫"

"从这几天的比赛看，选手水平整体提升明显。"担任数控车项目裁判长的北京航空航天大学高级工程师宋放之感慨地说。

"天上飞的卫星、飞机，地上跑的高铁、汽车，还有杯子、瓶子等生活用品，都要用数控车床做出模具再加工出来。"宋放之说，现在题目难度大幅提升，但选手们还能拿到很高的分数。

曾在世界技能大赛上摘金的吴鸿宇，这次作为广东省机械技师学院的教练来到赛场。他告诉记者："能明显感觉到各省都加大了投入力度，竞争更加激烈。"

"无论是操作技法还是选手的综合素养，都有很大改进。这体现了我们办赛水平的提高,也折射了职业教育水平的改善。"焊接项目裁判长、中国工程建设焊接协会常务副会长刘景凤说。

记者注意到,这次大赛更加注重考察选手的实际应用能力。在珠宝加工赛场,选手们使用真金白银和珠宝制作首饰、一决高下。从飞机到轨道列车,从重型车辆到新能源汽车……大赛更多用"真枪实弹""真材实料",还原真实的工作场景。

9月17日,参赛选手在参加飞机维修项目比赛(新华社记者 赵子硕 摄)

毕业于天津机电职业技术学院的22岁选手吕岳强,参加了飞机维修项目的比赛:"要在真实飞机上完成部件更换、设备检查和修理等,对个人能力是极大考验。"

这次大赛还首次设置企业分赛场,让选手们到实际工作地见"真功夫"。

天津港第二集装箱码头,起重设备应用技术项目火热比拼。选手对着一块块屏幕和按钮,远程操控1公里外的岸桥进行集装箱装船作业。来自宁波海港集团的选手吴飞说,"我以前是现场开岸桥的司机,随着港口加快智能化建设,前年开始远程操纵岸桥。远程操作无法同步了解机械的运行状况,对技术的要求更高。"

趋势三：高技能人才市场紧缺、未来可期

这次大赛吸引了诸多企业积极参与。不少企业负责人专门来到现场观看比赛、招揽人才。

涂料行业讲究"三分料、七分工"，油漆工至关重要，但近年来一直面临人员老化断层、高技能人才缺乏等问题。立邦产业人才发展中心总经理付俊英连续几天都在场馆"蹲守"，她告诉记者，"上届大赛我们就吸纳了一些优秀选手，这次好几个分中心的负责人都来了，也已与几名种子选手明确了意向。"

"我们聚焦智能制造工程技术和工业机器人系统运维赛项，获奖选手将对标研发工程师的待遇水平。"山东中德栋梁集团有限公司负责人蒋作栋说。

记者发现，企业不仅加大技能人才队伍建设，与院校合作也更密切。大赛期间，一批企业与学校签订定向培养高技能人才的订单。

大赛深远的影响，是让越来越多人看到技能的价值、看到技能成才的前景。多位院校负责人表示，参加过技能大赛的选手，找工作时都很抢手，大企业基本直接录用，待遇也不错。

"成才道路不止一条，学一门好技术，也能让人生出彩。"刘景凤说，"技能人才特别是高技能人才缺口很大。通过大赛进一步提高技能人才地位和待遇，增强全社会对技能人才的认同，一定会鼓励带动更多人学习技能、投身技能、提升技能。"

记者：姜琳、白佳丽 2023年9月20日

新业态催生"金蓝领"：中国就业空间不断拓展

在模拟房间内，罗欣争分夺秒，将混乱的梳妆台、衣柜、书架等家具摆放整齐，又根据用途和颜色让各类物品"归位"，进行兼具实用性和美学设计的规划整理。

来自湖北幼儿师范高等专科学校现代家政服务与管理专业的教师罗欣，参加了第二届全国技能大赛的家政服务（整理收纳）赛项。

9月16日至19日，这一比赛在天津举行，来自中国各地的4 000余名选手"各显神通"，角逐109个项目奖牌，项目涉及制造业、信息技术、交通运输、建筑业、服务业、采矿业等15个门类。

家政服务赛项的裁判长谈檀表示，随着人们对品质生活和整洁的家居环境的要求不断提升，整理收纳师被广泛需求和认可，就业前景更加广阔。

2023年9月17日，在国家会展中心（天津）举办的中华人民共和国第二届职业技能大赛进入第二天，参赛选手在参加轨道车辆技术项目比赛（新华社记者 赵子硕 摄）

2022年发布的《中华人民共和国职业分类大典（2022年版）》中，将"整理收纳师"正式纳入居民服务人员职业类目中，成为增加的158个新职业之一。这些新职业主要涉及智能制造、数字经济、社会服务需求等领域，为人们提供了更多就业新选择。

与第一届全国技能大赛相比，本届大赛设置了20个新职业和数字技术技能类赛项。物联网安装调试赛项就是对应物联网安装调试员的新职业需求而设置的赛项。60多位参赛选手利用检测仪器和专业工具，安装、配置、调试物联网产品和设备，完成在智慧农业、智慧家居、智慧工厂等场景中搭建物联网系统的任务要求。

2023年9月17日，在国家会展中心（天津）举办的中华人民共和国第二届职业技能大赛进入第二天，参赛选手在参加砌筑项目比赛（新华社记者 赵子硕 摄）

天津市电子信息技师学院电子信息工程系主任徐鹏是该赛项现场技术保障人员。他说，今年学校迎来首届物联网专业毕业生，就业率达90%以上，基本进入物联网相关领域工作。

随着中国经济结构调整和产业结构升级步伐不断加快，对高级技工人才的缺口越来越大，建设技能型社会已成为社会共识。

落实到具体行动上，人力资源社会保障部组织实施"金蓝领"计划、高技能领军人才计划等专项培训计划，还会同河南、安徽、浙江等地签署部省战略协议，推进部省共建技能社会、技能强省建设，推动高技能人才发展。

中国各地政府也纷纷拿出实招，不断创新培养模式，提高技能人才的培训效率，为技能人才成长、成才提供广阔舞台。

天津以促进就业为导向，以就业引导教学，支持技工院校与国内外知名企业成立企业订单班，联合培养技术技能人才，实现人才从学校到企业的无缝衔接；广东落实落细"粤菜师傅""广东技工""南粤家政"三项工程，全省累计培训906万人次，带动就业创业304万人次……

同时，中国积极建立健全高技能人才的各项政策，从培养、评价、使用、激励的各个环节加大工作力度，不断拓宽技能人才发展通道。目前，中国累计建成954个国家级高技能人才培训基地和1 196个国家级技能大师工作室。2022年，中国有1 234万人次取得职业资格证书或职业技能等级证书。

数据显示，目前中国技能人才总量已超2亿人，占就业人员总量26%以上；高技能人才超过6 000万人。各类技能人才活跃在生产一线和创新前沿，成为推动高质量发展的重要力量。

2022年，中共中央办公厅、国务院办公厅印发的《关于加强新时代高技能人才队伍建设的意见》提出，到"十四五"时期末，技能人才占就业人员的比例达到30%以上，高技能人才占技能人才的比例达到1/3，为新时代加强高技能人才队伍建设指明了方向。

"新职业的背后是新业态的支撑，体现出中国经济高质量发展正迈出坚实步伐，同时也意味着发展的新机遇和就业的新空间。"第二届全国技能大赛执委会技术保障部副部长李战强说。

记者：宋瑞、张宇琪 2023年9月21日

技能成才 技能报国
——来自第二届全国技能大赛的观察

技能人才是支撑中国制造、中国创造的重要力量。

秋高气爽的时节里,渤海湾畔的国家会展中心(天津)场馆内热闹非凡。近日,第二届全国技能大赛在此落下帷幕,这是目前我国规格最高、项目最多、规模最大、水平最高的综合性国家职业技能赛事。

"劳动光荣、技能宝贵、创造伟大",已然成为新的时代风尚。来自全国各地的能工巧匠面对面一较高下,在展现不凡身手的同时,更以实际姿态展现技能成才、技能报国的光荣与梦想。

"高手"比拼,巅峰对决显身手

从后背望去,武旭光的上衣湿了大半,但他的表情和眼神却异乎寻常专注。只见他将一根铅锡合金熔化,浇筑在电缆封铅处,按照工序仔细戳、贴、揉、抹。一番操作下来,原本凹凸不平的电缆接头逐渐展现出柔美的线条和光滑的表面。

今年32岁的武旭光来自国网天津电力,此时的他正在第二届全国技能大赛电力系统运营与维护赛项现场,同来自五湖四海的选手一较高下。

"十年磨一剑,这项工艺最考验选手对火候和时机的精准掌控。"天津代表队教练张华解释,"电缆专业老前辈将这项工艺比喻成百姓家里炸面鱼,必须'文武火'交替,才能达到工艺要求。"

此类高水准竞技，在第二届全国技能大赛中举目皆是。4 000多名参赛选手从数十万名选手中脱颖而出，代表了各个项目的国内最高技能竞技水平。

党的十八大以来，以习近平同志为核心的党中央高度重视技能人才队伍建设，越来越多的劳动者走上技能成才、技能报国之路，为推动高质量发展、实施制造强国战略、全面建设社会主义现代化国家贡献智慧和力量。

作为宁波舟山港集团的桥吊司机，吴飞首次来到天津，参加起重设备应用技术这一新兴赛项。更为特别的是，项目的赛场就设在天津港。

端坐在比赛操作间，吴飞默念着"稳、准、快"的诀窍，操纵着千米之外的场桥和岸桥。"远程操作对技术要求更高。"吴飞说，他期望通过比赛倒逼自己练就过硬本领，服务港口发展。

此次技能大赛开展的109个技能项目比拼，涉及制造业、信息技术、交通运输、建筑业、服务业、采矿业等15个国民经济行业门类。

赛场一角，来自上海的蒋志发正十分沉稳地在用传统工艺切割木材，他是此次大赛最年长的选手。除了作为参赛选手，蒋志发还有一重身份——世界技能大赛精细木工项目教练。"我希望用传统方法教授学生，让咱们国家的木工技能传承下去。"蒋志发的参赛，正是"工匠精神"传承的最好诠释。

从"老师傅"到"小工匠"，从硕士博士到中职技校生，目前，我国技能人才总量已超2亿人，占就业人员总量26%以上；高技能人才超过6 000万人。各类技能人才活跃在生产一线和创新前沿，已经成为推动高质量发展的重要力量。

"新手"显能，创新赛项引风潮

比赛期间，大赛互联网营销赛项裁判长薛茂云早早来到比赛现场，见证来自全国多地的顶尖选手激烈角逐。

"这是一个全新的赛项，比赛要求将传统的销售与现代信息技术结合。"薛茂云说，比赛对标的正是互联网营销师这一新职业。

新赛项拓展背后，是服务新赛道的长远之计。

此次大赛的赛项设置新意十足。人力资源社会保障部职业能力建设司副司长王晓君介绍，同第一届相比，增加了20个新职业

9月16日，选手参加虚拟现实工程技术项目比赛（新华社记者 李然摄）

和数字技术技能类赛项，如互联网营销等，对增强新职业从业人员的社会认同感、促进就业创业具有重要意义。新增虚拟现实工程技术等5个专业技术类竞赛项目，更符合技术技能融合发展的趋势。

在虚拟现实工程技术赛项区，参赛选手们认真了解规则后，即刻着手在规定时间内完成三维模型构建，开发一个躲避弹幕的游戏，并在系统中实际部署应用。

"全国有两百多所职业院校开设了虚拟现实相关专业。"北京理工大学光电学院教授刘越是该项目的裁判长。他说，从传统互联网到移动互联网，再到未来沉浸式互联网，虚拟现实有望成为新一代计算平台，更好地服务于实体经济。

"此次大赛旨在以赛促训、以赛促培、以赛促建，不断完善技能人才培养、使用、评价、激励机制。"人力资源社会保障部部长王晓萍表示，以职业技能竞赛为引领，健全终身职业技能培训制度，推动技工教育特色发展，打造一支爱岗敬业、规模宏大、结构合理、素质优良的技能劳动者大军，促进高质量充分就业。

功以才成，业由才广。劳动者素质对一个国家、一个民族发展至关重要。

这次大赛中，职工身份参赛选手和高学历参赛选手大幅增加。职工选手占比54.1%，比第一届大赛增加7.6倍；高学历参赛选手多数集中在新职业和数字技

技能领域，表明技术技能融合大趋势下，不同学历层次人才都能发扬劳动精神，有用武之地。

"能手"走俏，技能人才受热捧

石英钟零件装配、拉面穿针引线、飞机复合材料修理……传统技能与顶尖技术的同台竞技异常精彩，选手们秀技能、展绝活，吸引了众多企业的关注。

参与智能制造工程技术赛项的选手冯伟是一位博士，也是重庆科技学院机械与动力工程学院的讲师。

"比赛要运用数字孪生、大数据、深度学习等技术，对专业技术能力要求不低。"冯伟认为，当前，我国许多传统企业正朝着数字化方向转型，只有紧跟时代步伐将"金刚钻"紧握手中，才能在职场大显身手，成为企业不可或缺的人才。

在全面建设社会主义现代化国家新征程中，职业教育前途广阔、大有可为。

技能型人才不断走俏，成了企业竞相追逐的"香饽饽"。作为本届赛事战略合作伙伴，中国石油天然气集团有限公司人力资源部人才工作处副处长胥勇在做好赛事支持和服务的同时，也把揽才的目光投向了赛场内的技能"达人"们。

当前，我国经济结构调整和产业结构升级的需求日益旺盛，对高级技工人才的需求也越来越大。

2022年，中办、国办印发的《关于加强新时代高技能人才队伍建设的意见》强调，加大高技能人才培养力度，并提出到"十四五"时期末，技能人才占就业人员的比例达到30%以上，高技能人才占技能人才的比例达到1/3，为新时代加强高技能人才队伍建设指明了方向。

"只有提升人力资本投入，才能提升全要素生产率，教育、科技、人才协同发展才能更有效地释放创新驱动的能量。"中国劳动学会会长杨志明说。技能人才是支撑中国制造、中国创造的重要力量，高技能人才是技能人才队伍的核心骨干，对于提高核心竞争力，增强国家科技创新能力具有重要意义。

截至2022年末，全国共有2551所技工院校，在校生达445万余人，每年向社会输送约百万名毕业生。备受关注的技能人才培养、使用、评价、激励制度陆续出台，拓宽技能人才发展通道，助推我国高技能人才总量稳步扩大，结构持续改善。

"举办全国技能大赛是推进技能人才工作的重要抓手。"王晓君表示，通过全国技能大赛搭建技能人才亮绝活、唱主角、展风采的舞台，激发广大劳动者热爱技能、学习技能的热情，激励更多青年走技能成才、技能报国之路。

作为技能人才代表，"时代楷模""改革先锋"、国网天津滨海公司配电抢修班班长张黎明呼吁，广大技能工人将报国之志与自身成才紧密联系，立足国家所需、产业所趋，不断提高技能水平和创造能力，在中国式现代化建设中贡献智慧和力量。

记者：毛振华、刘奕湛、黄江林、白佳丽、宋瑞 2023年9月22日

中央广播电视总台

【中国之声】第二届全国技能大赛今天开幕 "大国小匠"角逐109个竞赛项目

由人力资源社会保障部主办的第二届全国技能大赛9月16日在天津开幕,主题为"技能成才、技能报国",大赛共设置109个竞赛项目,全国36个代表团的4 045名选手参赛。这是新中国成立以来,规格最高、项目最多、规模最大、水平最高、影响最广的综合性国家职业技能赛事。此次大赛有哪些亮点设置,如何聚焦前沿技术,促进科技与技能融合发展,如何提升技能人才积极性?

本届大赛紧贴生产生活实际,共涉及制造业、信息技术、交通运输、建筑业、服务业、采矿业等15个国民经济行业门类,覆盖国民经济行业门类的75%。所有比赛项目均服务于实体经济,有超过七成的项目属于生产性和生活性服务项目,近四成的项目属于先进制造业项目,近三成的项目属于战略性新兴产业项目。

机器人焊接技术领域的参赛选手张厚强说,在焊接之前就会根据母材的性质去制定一套编程的焊接路径，包括焊接的工艺参数，然后将这些植入机器人的本体当中，它会根据设定的路径以及焊接参数进行焊接。和全国各地的代表去交流学习，也能学到很多焊接的技巧，对自身发展也是有比较好的帮助。

随着新兴行业的蓬勃发展，涌现出一批新职业。本届大赛增加了数字技术技能类新职业赛项，智能制造工程技术、集成电路工程技术、工业互联网工程技术、人工智能工程技术、虚拟现实工程技术等5个专业技术类竞赛项目的设置，旨在挖掘出更多新职业的技能人才，实现科技和技能的融合发展。

虚拟现实工程技术的参赛选手张磊表示，全国技能大赛是第二届，也是虚拟现实技术第一次在国赛当中亮相。虚拟现实技术在逐步走进每个人的生活当中，无论从文旅、娱乐，从教育当中都能够得到广泛的应用。它需要不断应用、落地，让更多的受众能够了解到这项应用，然后能带动产业链的发展。

与第一届大赛相比，本届大赛国赛精选项目数量大幅增加，重点是增加了20个新职业和数字技术技能类赛项，如全媒体运营、互联网营销等，这些赛项对于增强新职业从业人员的社会认同感、促进就业创业具有重要意义。

人力资源社会保障部职业能力建设司副司长王晓君介绍，创新举办全国技能大赛，是推进技能人才工作的重要抓手，是弘扬劳模精神、劳动精神、工匠精神的生动实践。举办全国技能大赛，就是要搭建技能人才风采展示舞台，树立人人皆可通过诚实劳动实现梦想的价值导向，激励更多劳动者特别是青年一代走技能成才、技能报国之路。

据了解，本届大赛将国赛精选项目的参赛选手明确为相关职业从业人员，这意味着职工的参

赛比例大幅提升，通过大赛可以更好地助力职工创新创业创造，让企业职工认识到自身价值，带动更多职工钻研技能、提高技能。

第二届全国技能大赛组委会委员、秘书处秘书长、大赛执委会副主任、天津市人力资源和社会保障局局长沈超表示，积极探索新时代高技能人才培养模式，坚持典型激励，进一步提高技能人才政治、工作和生活待遇，不断提升全社会对技能人才的认可程度。完善技能人才培养、使用、评价、激励机制，培养更多的大国工匠、高技能人才，服务京津冀协同发展和东西部协作等国家战略。

全国技能大赛对国内职业技能大赛具有"风向标"意义，如何提升获奖选手的奖励政策？王晓君介绍，除了对各竞赛项目获得前3名选手颁发金、银、铜牌，项目前5名选手将被授予"全国技术能手"称号外，鼓励各地制定补贴及奖励政策。

王晓君说，对优胜奖以上的选手，晋升相应职业技能或专业技术等级。鼓励各地结合职业技能培训和技能人才表彰工作实际，将符合条件的省级、市级比赛选手有关的培训纳入职业培训补贴范畴。制定本地区奖励政策，对获奖选手和专家团队给予奖励。鼓励有关行业部门、协会结合实际，对有关单位和个人给予奖励。

记者：车丽、陈庆滨、贾立梁 2023年9月17日

【焦点访谈】职教院校走出的金牌工匠

中国制造、中国创造不能没有能工巧匠的支撑。这两天,以"技能成才、技能报国"为主题的第二届全国技能大赛在天津举行。来自全国36个代表团的4 000多名选手参加109个比赛项目的角逐。这是新中国成立以来举办的赛事规格最高、竞赛项目最多、参赛规模最大、技能水平最高、影响范围最广的综合性国家职业技能赛事。选手们都有哪些高超技能,又经历过怎样的磨炼呢?今天,我们来看三位选手的故事。

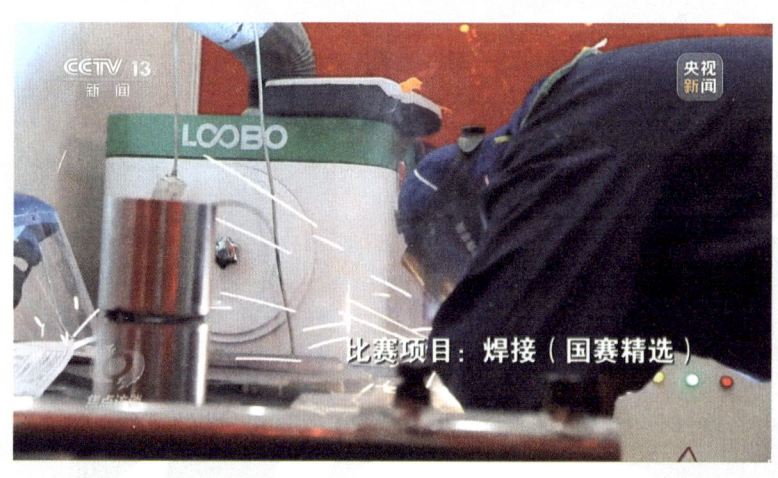

王浩是四川代表队的焊接选手,也是第一届全国技能大赛焊接(世赛选拔)项目的冠军。这次他参加的是焊接(国赛精选)项目,夺冠呼声很高。王浩是中国十九冶集团有限公司的一名焊接高级技师,别看他今天游刃有余,7年前第一次接触焊接的经历却让他苦不堪言。

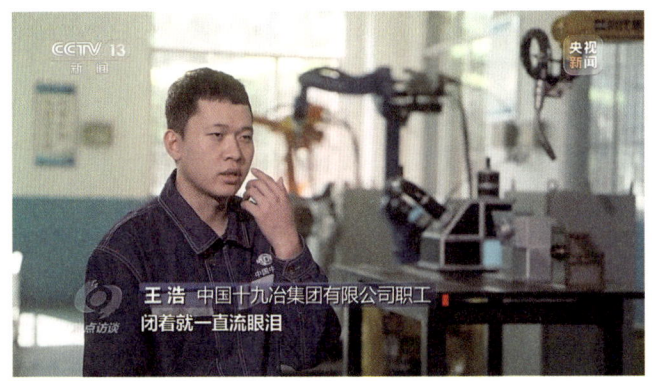

王浩:"醒来之后,就发现眼睛睁不开,闭着一直流眼泪,我想我是不是学不了焊接。"

可让人没想到的是,4年后,王浩竟然一举夺得全国冠军。这一路他到底是怎么逆袭的呢? 2016年,王浩得知上技工院校可以学到实用技术,好就业,还可以享受到一系列好政策,于是决定进入攀枝花技师学院学习焊接专业。这所学院是中国十九冶集团创办的,采用校企联合办学模式,学生毕业后还有机会进入集团工作。

攀枝花技师学院招就处处长翟军:"学校为学生减免学杂费的同时,为学生提供每年每生3 000元的生活补助,解决了像王浩这一类学生继续享有优质教育的后顾之忧。"

2016年以来，四川在技工教育方面已累计投入近25亿元，让无数像王浩这样的年轻人获得了继续教育、学习技能的机会，同时也为他们打通了从学校到企业的通道。

四川省人力资源和社会保障厅副厅长刘晓博："四川省内部分地区还出台了免住宿费等优待政策。总的来讲，一般学生可以享受到每年四五千元的补助，表现优秀的学生可以享受到一万元左右的奖励和补助，同时为了鼓励技工院校的学生参与国家的技能大赛，成都市等地还出台了给予国赛和市赛金牌选手十万元的最高奖励。"

近年来，攀枝花技师学院培养出了多名世界大赛冠军，看到他们，王浩也坚定了走技能成才、技能报国之路。

王浩："我也很想成为这样的人，能够站在世界的舞台为国家争光，然后我就给自己定了一个小目标——我要进入集训队。"

不过，一开始王浩的教练却并不看好他。但是王浩就是不服输，他开始了勤学苦练。训练的关键就是要通过大量练习形成肌肉记忆，为此他每天都要练习至少12个小时。观察焊接细节，记录操作要领，反复强化练习，他左臂上的一个个疤痕就是一步步成长的印记。为了能有充沛的体力，他每天早上都要跑2公里并做100个俯卧撑，这一练就是6年。一年后，王浩参加2019年"巴渝工匠杯"比赛，一举夺魁。

王浩："等比完赛之后，我才知道我被烫了。比赛回来之后我又给自己定了一个目标——还要拿一个'全国技术能手'。"

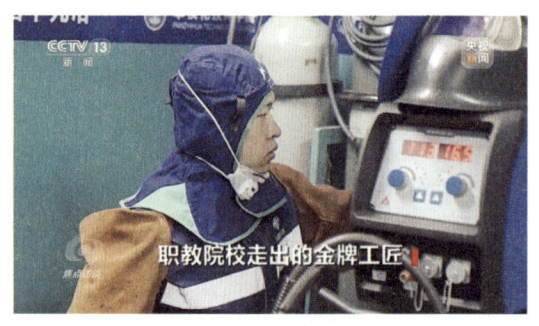 

"全国技术能手"是国家级技术人才的重要奖项，每2年评选一次，每次评选表彰100名。为了成为"全国技术能手"，王浩练得更刻苦了。压力容器焊接是比赛中挑战最大的项目，要求不仅33条焊缝通过打压测试不漏水，而且焊缝的误差要控制在2毫米以内。

2020年12月，王浩一举夺得第一届全国技能大赛焊接（世赛选拔）项目第一名。第二年，他又如愿以偿获得"全国技术能手"荣誉称号。回首走过的路，王浩说，每一步都离不开国家的培养。据统计，培养一位像王浩这样顶尖的焊接人才，6年来仅物料消耗就将近200万元。

如今，王浩已经走上工作岗位，成为一名焊接高级技师，先后参加过6个重大项目的建设，实现了技能报国的愿望。像王浩这样的优秀毕业生还有很多。

近年来，四川全省技工院校毕业生就业去向落实率始终保持在98%左右，部分优势专业毕业生更是供不应求，为经济社会发展培养输送了数以万计的技能人才。

人力资源社会保障部职业能力建设司副司长王晓君："技能人才是支撑中国制造、中国创造的重要力量，高技能人才是技能人才队伍的核心骨干，加强高技能人才队伍建设，对于提高核心竞争力、增强国家科技创新能力具有重要意义，加强基本人才队伍建设是我们在推动高质量发展过程中非常重要的一项任务。"

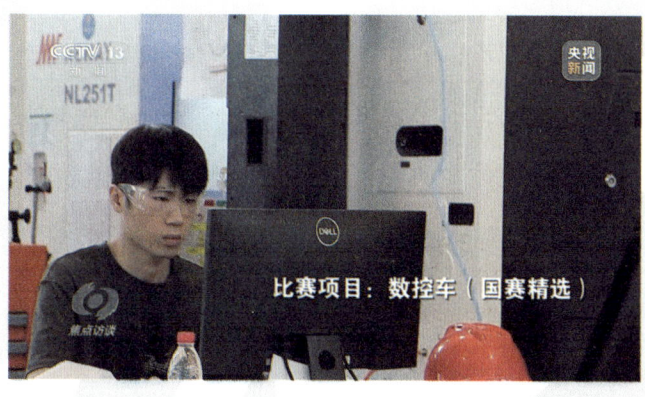

像王浩一样渴望技能成才、技能报国的，还有一位22岁的小伙子张旭。他是航天材料及工艺研究所的一名技能工人，代表天津参加数控车（国赛精选）项目的角逐。数控车是一种高精度、高效率的自动化机床。

47

第二届全国技能大赛数控车赛项天津地区教练黄连宝："在日常工作中，数控车加工一件产品一般需要多人共同来完成，而竞赛对选手的考核非常全面，需要完成识图、画图、编程、工艺制定、加工调试、检测、装配等全部内容，对选手综合能力要求非常高。"

为了备赛，张旭和教练每天至少要在数控车前待上 10~12 个小时。而在参赛前，张旭已经在工作岗位上锻炼了两年，参与过生产长征五号、长征七号运载火箭箭体的任务。

数控车国赛选手张旭："整个车间的工作氛围，让我感受到深深的震撼。我们这个产品对于航天来说特别重要，成本很高，要求零报废率。"

零报废率不仅意味着工人要有高超的技艺，而且还要有想办法解决问题的能力。有一次张旭遇到了一种特殊的加工材料，他的刀具只要一接触，刀尖就会崩掉，大家都不知道该怎么解决这个问题。

张旭："我就拿一个小锉刀将刀尖轻轻地磨一磨，把刀尖变钝，然后再加工材料的时候，它就可以承受住材料的强度了，通过这件事情我的思路一下打开了。"

经过两年的职业训练，6个月的赛前集训，张旭终于登上全国总决赛的赛场。他说，他不是一个人在战斗，在他身后，是教育他的学校，是培养他的工作单位，是言传身教的教练。

为了推动高素质人才的培养，我国出台不少政策措施，比如，人力资源社会保障部出台的新技能人才职业技能等级制度，将技能等级从"五级"延伸为"八级"。去年国家发布的《关于加强新时代高技能人才队伍建设的意见》，提出到"十四五"时期末，技能人才占就业人员的比例达到30%以上，高技能人才占技能人才的比例达到1/3。未来，技术工人的含金量必将越来越高。

王晓君："这些政策、制度、法律、法规，对于推动职业教育培训高质量发展起到巨大作用。目前，各地都在建立健全高技能人才的各项政策，加大组织实施力度，从培养、评价、使用、激励各个环节加大技能人才队伍建设工作力度，推动技能人才工作整体发展。"

 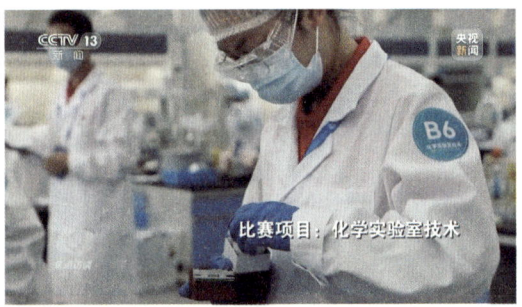

和王浩、张旭相比，18岁的河南代表团选手鲁静怡的比赛项目就安静多了。她参加的项目是化学实验室技术，比赛有两项内容：一是合成指定的化合物；二是分析样品的化学成分。鲁静怡的老师姜雨荷，在去年世界技能大赛特别赛上夺得过这个项目的金牌。今天，她带着徒弟向这个项目发起冲击，为此，她们一直在备赛。

2020年，15岁的鲁静怡进入河南化工技师学院，学习环境保护与检测专业。这个专业不仅要求人的动手能力强，还要有一定的化学、数学功底，而这恰恰是她的短板。

河南化工技师学院化学化工学院23级化工预备技师班学生鲁静怡："听同班同学说这个专业很难学，当时我也是比较容易动摇的，想跟朋友一块儿退学。"

在家长的劝说下，鲁静怡留了下来，后来的经历也证明这个选择是正确的。

河南化工技师学院化学化工学院院长王智："学院积极响应河南省'人人持证、技能河南'的政策，相继面向企业和社会开展了订单式培养、套餐制培训，深化校企合作、产教融合。"

按照"人人持证、技能河南"的计划，到2025年，河南全省持证人数总量达3 000万人，占从业人员的60%以上，力争全省技能劳动者全部实现持证就业，基本建成全国技能人才高地。鲁静怡便是这个计划的参加者。为了掌握过硬本领，她常常练到夜里12点甚至凌晨1点。终于，在今年的省、市比赛中她两次夺冠，还获得了参加本届全国技能大赛的资格。

河南化工技师学院校长杨箴立："党的二十大报告首次将高技能人才和大国工匠与战略科学家、卓越工程师相提并论，彰显了目前社会对高技能人才的需求，也彰显了高技能人才的重要性。"

虽然截至发稿，比赛的最终结果还没出来，但是我们在王浩、张旭、鲁静怡的身上看到了这一代年轻人的梦想和奋斗。在本届比赛上，有4 000多位像他们一样的选手，希望通过大赛切磋技艺、提升技能，更渴望早日学有所成，用技能报效祖国。

三百六十行，行行出状元。站在赛场上的这些选手可以说人人都有两把刷子。从他们身上不仅能看到薪火相传的工匠精神，也能看到时代赋予的创新活力。正是日复一日的坚守、苦练、传承、创新，造就了这些本领高强的技术能手。在他们的成才之路上，有个人努力，也离不开政策的支持、学校和单位的培养。在鼓励年轻人走技能成才、技能报国之路的同时，也希望各方能为有志于此的年轻人提供更多的成才路径，帮助更多技能人才脱颖而出。

2023年9月18日

【新闻1+1】大赛拼成绩，技能有未来！

36个代表团，4 045名参赛选手，天津正在举行第二届全国技能大赛。这届大赛的变化和看点是什么？《新闻1+1》邀请人力资源社会保障部职业能力建设司副司长王晓君，中国（天津）职业技能公共实训中心主任刘永盛，共同关注：大赛拼成绩，技能有未来！

全国技能大赛，吸引力何在？

主持人："和三年前相比，大赛人数增加了1 500多人，这是不是说明大赛在提高吸引力上下了一番功夫？"

人力资源社会保障部职业能力建设司副司长王晓君："人数增长的原因有如下三个。

"一是我们的赛项设置增加了。第一届是86个项目，这届是109个项目，项目增加了，参加人员自然就多了。

"二是深层次的原因，就是随着党中央、国务院一系列促进技能人才队伍建设的政策措施的出台和落地，技能人才工作的基础也越来越扎实，影响力也越来越大。由此引领和带动越来越多的企业和劳动者，开始关注技能，开始参与技能。职业技能大赛作为一个技能人才有效的选拔和评价方式，也就产生了更广泛的影响，越来越多的青年和企业职工参与竞赛。这次竞赛，参赛的企业职工人数是上一届的

7.6倍，这说明大赛的影响力非常大。

"三是整个职业培训工作的推进，相关课程开发，人才培养工作也不断推进，和就业市场的结合也越来越紧密。这样来自就业市场的信号，也会反馈到职业培训领域。我们努力推动职业培训和就业实现双向互动，吸引更多的劳动者从事技能职业，通过掌握一技之长，实现就业，实现增收，实现个人职业生涯的发展。"

天津打造"工匠之城"如何发力？

中国（天津）职业技能公共实训中心主任刘永盛："我们主要从以下三个方面着力。

"一是发挥企业在培训方面的主体作用。企业是职工培训的主体，我们通过政策激励，引导企业建立培训中心。自2019年实施'海河工匠'政策以来，我们已经建立了488个企业培训中心。

"二是积极搭建高技能人才培养平台。我们支持建设国家级、市级高技能人才基地以及国家级、市级技能大师工作室。对于国家级基地，我们将给予500万元的资助；对于市级基地，给予200万元的资助。要引导更多企业、院校建设高技能人才培养平台。

"三是激发市场主体在技能人才评价认定方面的活力。用人单位最有发言权，因为他们可以自主制定评价标准并开展人才评价，这将充分激发市场主体用人活力。"

2023年9月18日

【晚间新闻】青春匠心 | 齐心协力　成就梦想

匠心成就梦想，奋斗点亮青春。《晚间新闻》特别节目"青春匠心"，今天聚焦前不久结束的第二届全国技能大赛金牌选手的奋斗故事。本届大赛中，有一个唯一的三人团队项目，叫作"制造团队挑战赛"，就是考虑到在真实的生产场景中，制造类的工作纷繁复杂，往往需要相互配合，而团队赛不仅考验选手个人的手头功夫，也考验和队友取长补短的默契配合。

今天，我们就一起来认识制造团队挑战赛的冠军团队，看看他们的精湛技艺是如何练成的。

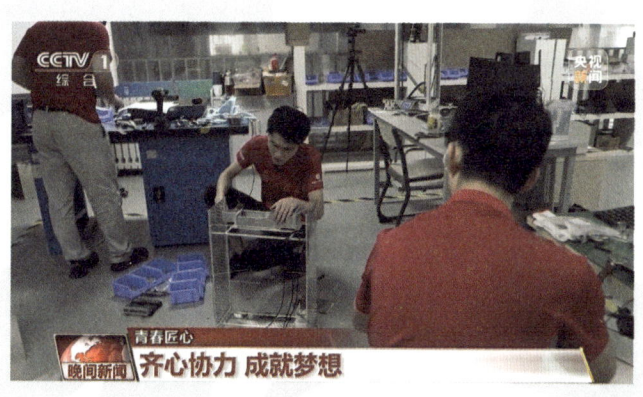

眼前正在进行技术操作的，是参加制造团队挑战赛天津代表队的三名选手。比赛涉及机械设计、电子技术、车工、铣工、焊接等9个工种，这些都是汽车生产、模具制造等领域必需的制造技能。本次制造团队挑战赛的一项主要比赛内容是完成机电类产品的设计与制造，要求参赛选手在14个小时内制作一个垃圾箱，让其依靠太阳能发电，这部分内容由队长陈俏锐负责。

制造团队挑战赛天津代表队选手陈俏锐："我负责的是产品、电控这两个方向的工作，经过优化之后，电路板上大概只有200多个点，而前一版可能有两倍以上。"

200余个器件，通过熔化的锡焊接在电路板上，熔点可以达到230 ℃以上。从兴趣出发，经过训练，陈俏锐不仅可以实现无图操作，还能够保证每一个器件都焊接得一样整齐、均匀。

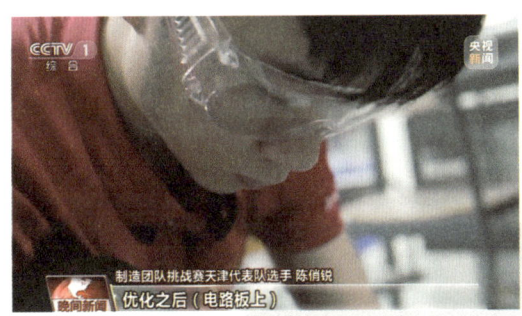 

陈俏锐："焊接的工具没把握好，就容易被烫到。数量决定质量，焊接质量的提升没有捷径可走。"

除了电路设计，产品制造环节同样重要。潘燧是团队内负责综合制造的队员，他要通过自己的双手，将材料加工出来并完成组装，让产品从图纸变成现实。

制造团队挑战赛天津代表队选手潘燧："钻孔时，容易把孔钻歪了，或者把数看错了，可能会导致整个机器都运行不了。只有通过日积月累的练习才能熟能生巧。"

除了要求参赛团队制作一个太阳能垃圾箱外，本次制造团队挑战赛还设立了专门的机械加工模块，对团队的机械加工能力进行专项测试。在天津代表队，这部分内容主要由黄岳兵来完成。

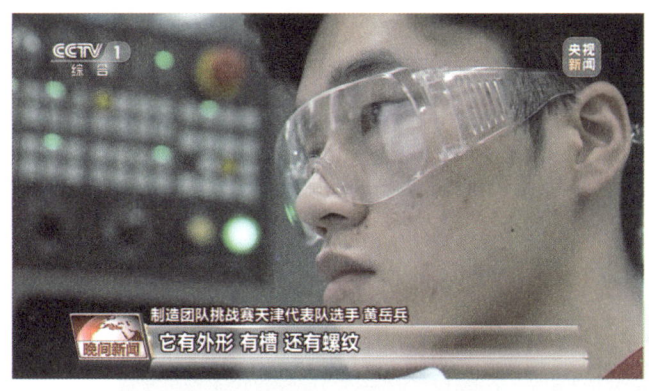

由于零件样式复杂，选用不同的加工工艺和流程，用时相差较大。在拿到比赛题目后，如何确定最为合理的加工方式，让黄岳兵犯了难。

制造团队挑战赛天津代表队选手黄岳兵："我要不停地去试错、去找，我那会儿特别焦虑，因为在一个团队里面，如果我干不出来，就会拖后腿。"

不同于个人赛的单打独斗，团队项目，队员可以互相提醒、互相鼓励，携手共进。

 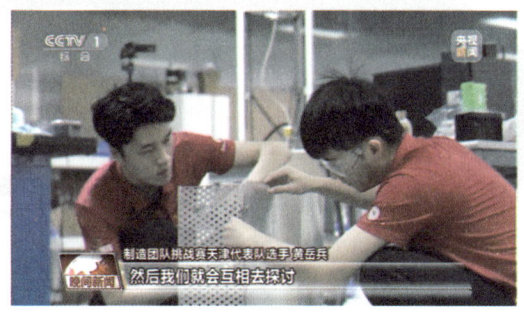

黄岳兵："三个臭皮匠赛一个诸葛亮，我们会探讨、思考对方的问题，从而获得一个比较全面的提升。"

在第二届全国技能大赛制造团队挑战赛中，天津代表队最终获得了金牌。

黄岳兵："我希望通过比赛实现自己的梦想，通过自己的努力，为我国的尖端装备制造，贡献出自己的知识技能。"

天津代表队的三位年轻人，用对彼此的信任和对自己的严格要求，在比赛中收获了佳绩，用行动展现了"团结就是力量"。破解比赛中的难题需要团结协作，跨过工作和生活里的难关，也同样离不开团结和奋斗。今天是国庆节，大家都在以自己的方式为祖国送上祝福。那些心怀匠心、致力技能成才的青年们，对祖国最真挚的祝福就是技能报国的不变志向。这样的新青年，未来可期。

2023 年 10 月 1 日

【晚间新闻】青春匠心 | 罗杰："吃得苦霸得蛮"的砌筑冠军

近日，在第二届全国技能大赛中，来自湖南的24岁选手罗杰凭借精湛的技法一举夺得砌筑项目金牌。在罗杰看来，自己就是一位砖瓦匠，建房子不仅是一门技术，还是一门艺术。

技能大赛中，砌筑项目要求选手在3天共15.5个小时内，通过测量放线、识图放样、切割精加工等，进行一系列专业操作，完成2个作品墙体的砌筑。

第二届全国技能大赛砌筑（国赛精选）项目冠军罗杰："对我来讲最有难度的应该就是圆弧的切割和组砌，如果方向不准或切的时候不够细致，这个圆弧的美观性就会差一些。"

以前，罗杰砌墙全凭手感，砌筑的作品虽然质量不错，但往往需要花上十三四个小时。为了提高速度，他也琢磨出了一套自己的小妙招。

罗杰："当把图案画出来之后，就在每一块砖的侧面写上数字，代表的是这个作品的第几层砖，砖切完之后也可以按数字排好，这样不会显得乱，能够有效地节约比赛时间。"

速度提升上来，技艺也需要打磨。为了砌好弧线，罗杰专门找来一张圆形奖牌图纸进行训练。

罗杰："我的教练告诉我应该控制铺灰的手法，将每一个圆弧砖的灰缝误差都控制到较小的程度，圆弧就能够越来越圆。"

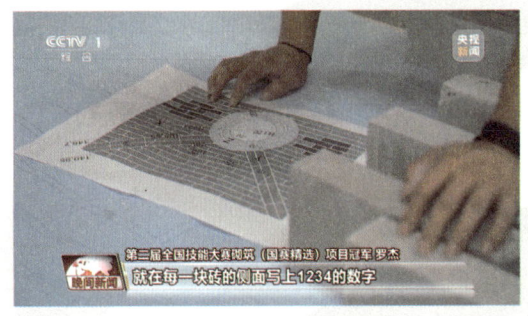

从进入集训队到参加比赛的75天里，罗杰每天实操训练6个小时以上，2公斤重的砖砌了近5 000块。

罗杰的教练向卫忠："罗杰在训练的过程中，整天泡在集训室，用我们湖南人的话就是'吃得苦霸得蛮'，他有那股狠劲，对自己作品的要求也是精益求精。"

功夫不负有心人，在赛场上，铲灰、放样、揉压，罗杰将一套动作行云流水般完成，最终获得金牌。

罗杰："天赋决定了成就的高度，只有努力才能够实现目标。"

今年24岁的罗杰已经多次获得全国大奖。但是2021年，第一届全国技能大赛，罗杰与金牌失之交臂，成为他的一个遗憾。当得知还可以继续参加第二届大赛时，已毕业一年半的他毅然放下工作，迅速回到集训队。

罗杰："也是为了弥补自己两年前银牌的遗憾，这次回来的目标就是夺金。"

罗杰的父亲是湖南邵阳的一名"砌匠"，他从小耳濡目染，很早就种下了一个"砌筑梦"。

罗杰的父亲罗碑华："我是砌筑出身，以前每次我砌墙，罗杰就在我旁边看着，我觉得他或许对我手里的一砖一瓦是感兴趣的，就想让他试试往这个方向去发展，当时的想法很简单，就是让他有个一技之长。"

2017年，父亲将罗杰送到长沙，系统学习建筑工程施工专业。

罗杰："我刚参加学校集训队的时候，看到一块普普通通的砖也能够砌出、雕刻出各种各样的图案，就觉得比较神奇。"

6年过去，现在他已成为中建五局三公司的一名正式员工，负责项目工程质量管控。

罗杰希望能用最好的砌筑技艺造质量过硬的好建筑，凭借一技之长投入国家建设、绽放青春光芒。

罗杰："我觉得自己是幸运的，赶上了一个好的时代，国家大力发展职业教育，重视技能人才队伍建设。我就是一个很好的例子，技能改变了我的人生轨迹！"

2023年10月3日

【晚间新闻】青春匠心 | 李文航：在电路世界探索出彩人生

匠心成就梦想，奋斗点亮青春。河南开封 23 岁小伙李文航，前不久夺得第二届全国技能大赛电工项目金牌。他曾经一度沉迷网络游戏，而进入电工电器的世界后，用热爱与勤奋，创造出一个好玩的"电路世界"。

机电线路安装、自动控制编程与调试、故障排除、电子焊接……10 小时内完成四个模块的操作，最后让机器平滑、稳定地运转起来，这是全国技能大赛电工项目的考试内容，也是李文航备战大赛半年时间里每天的必修课。

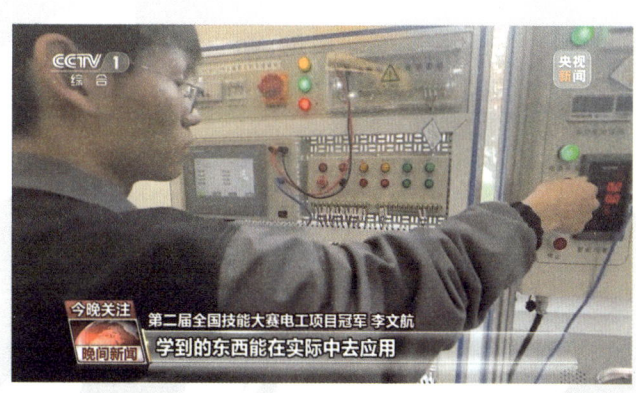

第二届全国技能大赛电工项目冠军李文航："学到的东西能在实际中去应用，能实现出来，非常有成就感。"

别看现在甘之若饴，曾经的李文航因为中考失利，一度不愿意再继续学习。后来在老师和家长的建议下，他报考了开封技师学院电路技术专业。

兴趣是最好的老师，在一次次动手动脑中，李文航找回了久违的学习乐趣与自信。因为成绩突出，他被选拔到了备战技能竞赛的"菁英班"。为了敦促学生们用心备战，老师宋永昌带着他们去江苏进行了一次竞赛交流。也是在这次活动中，李文航感受到了差距。

从此，李文航的目标，不再只是让机器动起来，而是要规划出简洁、稳定、有秩序美感的电路结构。他用沉浸式的训练，把每一个技术要领，变成肌肉记忆。为突破一道题目中的难点，李文航常常会在训练场练到半夜。曾经不离手的手机，也被冷落在了一旁。

在今年9月份举行的第二届全国技能大赛中，李文航沉稳应战，夺得电工项目金牌。

李文航："虽然没有参加过高考，我一直觉得挺遗憾的，但是现在通过技能学习，我找到了自己人生的方向。"

现在的李文航，已经通过绿色通道成为开封高技能人才，并且留校成为一名老师。除了基础班的教学，他还在指导备战世界技能大赛的备选选手。

相较于赛场的沉默，作为教师的李文航显得更为严厉，除了传授技能，他更身体力行地将严谨的工作态度传递给学生。站在新的起点上，李文航充满信心。

李文航："作为一名青年教师，我也会把这次竞赛成果转化成教学成果，分享给同事和学生，培养更多技能型人才，展现新时代技能人才的风采。"

2023年10月5日

【晚间新闻】青春匠心 | 17 岁冠军姚妮君：青春色彩装点梦想橱窗

在前不久落下帷幕的第二届全国技能大赛商品展示技术项目中，来自广东肇庆的 17 岁姑娘姚妮君，一路过关斩将获得冠军。她用一双巧手涂抹青春色彩，装点梦想的橱窗。

第二届全国技能大赛商品展示技术项目冠军姚妮君："大家好，我叫姚妮君，来自广东肇庆，是广东省轻工业技师学院的学生，是第二届全国技能大赛商品展示技术项目的冠军。"

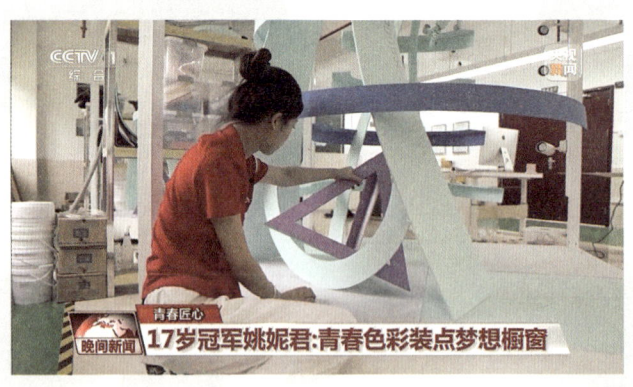

商品展示技术，简单来说就是橱窗展示，涵盖化妆品、服装、家居等各类商品。随着百货公司的兴起而出现，力求在一方小小橱窗，最大限度展示商品魅力。这门技术不仅需要掌握平面设计、展示设计、市场营销等专业知识，还要跟电钻、电锯、热熔枪等各种工具打交道。当记者来到位于广州市海珠区的广东省轻工业技师学院，姚妮君正在训练室整理自己的训练道具，把自己国赛的作品进一步加工，精益求精，目前已入围国家集训队的她，正全力以赴为明年在法国里昂举办的世界技能大赛做着准备。

从伏案进行手工画图、构思比例、平面设计、展示设计，到麻利地划线、切割、打磨，不一会儿，一块漂亮的作品展示板初现眼前，完成这一系列动作不到半个小时。

比赛中，从拿到一个橱窗的命题到做成完整的实体橱窗，只有三天时间。对于从服装设计转专业过来一年多的姚妮君来说，要掌握这门技术并不容易。

姚妮君："比如说做出一个橱窗，就需要动脑跟动手相结合。需要大脑不断创新，设计出既符合当下潮流，又符合给出的主题的元素。接下来就需要极强的动手能力，成品的误差是不能超过两毫米的。"

从半个月制作一个橱窗，到一个星期，再到三天，姚妮君一天天地刷新着自己的纪录。在比赛前三个月的冲刺训练阶段，更是没有休息一天。

姚妮君："有时做梦的时候都在做橱窗，我觉得虽然很辛苦，但是每天只要进步一点点，就离目标更近一步。"

谈到未来，姚妮君希望自己可以成为一名专业的橱窗设计师。眼下，她个人尤为感兴趣的国潮主题设计，在比赛和市场中越来越受欢迎，体现中式审美的橱窗，在材质、色彩的运用上都更富有创意和想象力，姚妮君也不断积累着中国传统文化和审美知识。训练之余，姚妮君还在学习外语，准备着在接下来的国际大赛中向世界展示中国橱窗设计的专业技能。

姚妮君："把锐意创新的勇气、敢为人先的锐气、蓬勃向上的朝气融到训练当中，把创新精神融到自己的每个作品当中。"

2023年10月6日

【晚间新闻】青春匠心 | "00后"女孩刘欣茹：怀揣"甜蜜"之梦

匠心成就梦想，奋斗点亮青春。糖艺是西点行业中的一项特殊工艺，将糖类经过熬煮、加热成型、艺术组合等，制作成食用性与观赏性兼具的作品。来自江苏常州的刘欣茹就凭借精湛的技艺，在第二届全国技能大赛中获得糖艺/西点制作项目第一名。对于未来，她又给自己设定了通往世界大赛舞台的目标。

苏州市吴中技师学院糖艺西点制作专业学生刘欣茹："小的时候很喜欢吃蛋糕之类的甜品，长大了也会在家制作一些小布丁。2018年底我们学校出了两个烘焙行业的世界冠军，然后才了解到原来还有世界技能大赛。"

抱着试一试的心态，刘欣茹参加了学校组织的世界技能大赛糖艺/西点制作项目种子选手的选拔赛，她是当时唯一一位不是本专业却入选的学生。

苏州市吴中技师学院糖艺项目主教练王胜:"她有一个点挺打动我们的,就是其他选手都把注意力放到产品上去了,没有很好地兼顾卫生方面,只有欣茹一个人,她把所有的工具、设备清洗干净,摆放到原来该摆放的位置。"

虽说兴趣是最好的老师,但对没系统学过糖艺的刘欣茹来说,基本功的练习既枯燥又难熬。

刘欣茹:"当时那一个月就只练玫瑰花。练习到很晚,12点多、1点多、2点多这样子。但当时也是一股冲劲,想着能留在这里训练就已经很好了。"

经过反复练习,从30分钟一朵、20分钟一朵,到现在只需5分钟就能制作出一朵栩栩如生的玫瑰花。

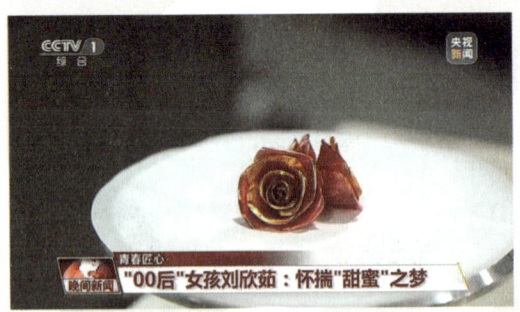 

刘欣茹的手艺日渐成熟,她也在各类比赛中攒经验、练技艺。在第二届全国技能大赛中,她设计了一件1米多高,近30斤重的"疯狂美食家"作为作品参赛。

刘欣茹:"它下面是一个炉子,上面是一个比较年轻的厨师,做的时候拼装挺难的。训练的过程中受伤是在所难免的，像我们装巧克力的时候会用火枪，一不小心就会把手烫伤。"

功夫不负有心人，刘欣茹最终在第二届全国技能大赛中获得了冠军。

王胜："做到后期，她出现了肩周炎之类的问题，需要去做理疗，但还一直在坚持。作为一个老师，我看到了一个新生代糖艺师对糖艺事业的热爱和坚持。"

苏州市吴中技师学院副院长单春兵："我们始终认为不同禀赋的青年学子，可以拥有同样灿烂美好的未来。正是应了那句话，'一技之长能动天下'，走技能成才之路同样可以报效国家。"

2023 年 10 月 7 日

《光明日报》

聚高技能人才之力 筑高质量发展之基

为期4天的第二届全国技能大赛近日落下帷幕，所有109个比赛项目，均服务于实体经济，近四成属于先进制造业项目，近三成属于战略性新兴产业项目。全国技能大赛的参赛选手，既有企业生产一线的工人，也有来自技工院校、职业院校的师生。

党的二十大报告提出，加快建设国家战略人才力量，努力培养造就更多大师、战略科学家、一流科技领军人才和创新团队、青年科技人才、卓越工程师、大国工匠、高技能人才。技能人才在赛场上脱颖而出，既凸显

出我国经济迈向高质量发展的坚实步伐，又为我国通过培养合格技能人才破解就业矛盾指引了方向。

大赛竞技场成为高质量发展"风向标"

虽然第二届全国技能大赛历时只有短短 4 天，但通过扫描赛场，可以看到新时代新征程职业发展的新趋势和从业人员新风采。

与第一届大赛相比，第二届全国技能大赛增加了 20 个新职业和数字技术技能类赛项，包括人工智能训练、互联网营销、全媒体运营、服务机器人应用技术等。109 个比赛项目中，近四成属于先进制造业项目，近三成属于战略性新兴产业项目。在赛场上，物联网安装调试赛项吸引了众多观众的目光。

"这一赛项考察选手对物联网基础应用场景搭建和调试、安装的能力。"该赛项现场技术保障人员徐鹏介绍，随着我国物联网产业发展日趋完善，对相关岗位人才的能力要求也在不断提升。选手需要利用相关设备完成在智慧农业、智慧家居、智慧工厂等场景中搭建物联网系统的任务要求。

数据显示，2022 年，我国以新产业、新业态、新商业模式为核心内容的"三新"经济增加值为 210 084 亿元，比 2021 年增长 6.5%，比同期国内生产总值（GDP）现价增速高 1.2 个百分点，由此催生出的新职业也成为求职者的新选择。

"当今社会正在经历新一轮的科技革命与产业变革，不断塑造着新的生产力需求。"复旦大学中国研究院副研究员刘典表示，新职业的兴起，是时代发展的必然产物。以数字产业为例，从供给看，随着数字中国建设的推进，数字安全工程技术人员、人工智能工程技术人员、信息安全测试员等职业就是伴随着新经济业态的需求而兴起的新职业，成为数字经济时代的新生力量。这些力量为经济的高质量发展带来转型升级的空间，让新兴产业活跃起来，成为新的经济增长点，也为新职业打开无限可能。从需求看，新经济的发展创造了人民群众对更多细分产业的新需求，研学旅行指导师、无人机驾驶员、网约配送员、家庭教育指导师等职业应运而生，成为服务于人们对于美好生活追求的新职业。

回到赛场上，我们也看到花艺、美发、烘焙等服务业不断走向多元化、专业化，整理收纳师等一些新职业新工种不断出现，凸显中国经济高质量发展的坚实步伐。

2022年，《中华人民共和国职业分类大典（2022年版）》将"整理收纳师"正式纳入居民服务人员职业类目中。在本届大赛中，湖北幼儿师范高等专科学校现代家政服务与管理专业副教授罗欣作为选手参加了家政服务（整理收纳）项目的比赛。"整理收纳师是新职业工种，市场需求很大，学校开设的相关专业今年迎来了第一批毕业生，实现了100%就业。"

"新职业的背后是新业态的支撑，体现出中国经济高质量发展正迈出坚实步伐，同时也意味着发展的新机遇和就业的新空间，这对于增强新职业从业人员的社会认同、促进就业创业具有重要意义。"第二届全国技能大赛执委会技术保障工作部副部长李战强说。

"只有提升人力资本投入，才能提升全要素生产率，教育、科技、人才协同发展才能更有效地释放创新驱动的能量。"中国劳动学会会长杨志明说。技能人才是支撑中国制造、中国创造的重要力量，高技能人才是技能人才队伍的核心骨干，对于提高核心竞争力，增强国家科技创新能力具有重要意义。

技能人才助力破解结构性就业矛盾

位于江苏省靖江市季市镇的大中电机，是一家综合性电机制造企业，去年因扩产能和拓市场，企业技能人才出现短缺。"目前只招到了一部分人员，缺口还很大。"该公司人事专员表示，他们还在想办法招工，以满足公司发展需要。而土生土长的季市人章女士，想在家门口找份工作，但一直找不到合适的。"偏技术的岗位倒是薪资待遇还不错，但自己又没有相关技能。"

一边是招工难，一边是就业难，这是季市镇就业用工市场的一大痛点。今年以来，季市镇以培育技能人才为抓手，全方位开展就业帮扶工作。截至目前，季市镇开展技能培训200余人，其中150人实现了"家门口就业"。如今的章女士找了份嵌线工的工作，"现在每个月的工资不比出门打工挣得少，照顾家里又方便，真的感谢政府开展了培训。"她笑着说。

当前，我国已进入人口发展新常态，虽然人口和劳动力规模依然庞大，但总量呈下降趋势，劳动力大龄化特征明显，并存在供需结构性错配等问题。特别是在制造业一线，普工数量不足，高技能人才的求人倍率长期保持在2以上。面对结构性就业矛盾，尤其是青年就业难题，技能人才相对不足的问题既对劳动力供给提出了新要求，也为青年就业选择提供了新方向。

在西安技师学院，今年毕业生不到1 000人，但来了110多家企业招聘，平均1个毕业生有4个岗位等着要。焊接、数控加工、电气自动化等专业的毕业生更是供不应求。人力资源社会保障部职业能力建设司副司长王晓君指出："正是因为技工院校坚持就业导向，按照市场需求灵活设置专业，同时强化校企合作，培养企业特别是先进制造业最需要的技能人才，才能实现就业率多年保持在96%以上。"

与此同时，随着经济社会发展，尤其是互联网、数字经济等新技术的出现，新职业不断涌现，对劳动力市场供求关系产生深远影响。《2023年新职业发展趋势白皮书》的数据显示，17.5%的年轻人在尝试传统行业以外的新职业，58.5%的年轻人对新职业抱有强烈兴趣。

2019年以来，人力资源社会保障部先后发布了5批共74个新职业，包括互联网营销师、民宿管家、研学旅行指导师、数字孪生应用技术员等，并于2022年收入《中华人民共和国职业分类大典（2022年版）》中。此外，汉服妆造、宠物摄影等各种类型的新业态也为高校毕业生就业提供了新选择。除了人力资源社会保障部发布的新职业，我国还存在着许多尚未收入国家职业分类大典，但从业规模已十分可观的新兴职业。这些新兴职业的出现，代表着各个领域庞大的人才缺口，是人才资源需求结构最直观的体现，为我国稳就业带来新的增长空间。

"新职业的兴起为就业市场注入了新的动力和活力，在推动职业需求和工作方式变革的同时带来了前所未有的新发展空间，也对我国新职业的未来发展提出了新的要求。"刘典表示，随着技术和市场的演进，新兴产业和新的经济模式不断涌现，需要相应的新职业来适应和支持。新职业带来经济结构的调整和优化，促进了经济的转型升级。而经济发展的新要求在带来新职业的同时，又在不断推进形成新的生产力。这种经济需求与新职业形成之间的良性互动进一步促使经济释放出新的动能。这意味着新职业的高质量发展不仅会带动就业以及培训教育行业发展，也会带动经济进一步增长。

进一步加大高技能人才培养力度

2022年，中办、国办印发的《关于加强新时代高技能人才队伍建设的意见》提出，到"十四五"时期末，技能人才占就业人员的比例达到30%以上，高技能人才占技能人才的比例达到1/3，为新时代加强高技能人才队伍建设指明了方向。

最新数据显示，目前，我国技能人才总量已超2亿人，占就业人员总量26%以上，高技能人才超过6 000万人，正朝着"十四五"目标奋力迈进。瞄定这一目标，加强职业技能培训成为全面提升劳动者就业创业能力、缓解技能人才短缺、提高就业质量的重要助力。

这次全国技能大赛的参赛选手中，既有企业生产一线的工人，也有来自技工院校、职业院校的师生。技能大赛不仅是职业教育从业者施展拳脚的平台，更折射出了职业教育发展的新趋势。目前，我国已形成以技师学院为龙头、高级技工学校为骨干、普通技工学校为基础的现代技工教育体系。截至2022年末，全国共有

2 551所技工院校，在校生达445万余人，每年向社会输送约百万名毕业生。

"此次大赛旨在以赛促训、以赛促培、以赛促建，不断完善技能人才培养、使用、评价、激励机制。"人力资源社会保障部部长王晓萍表示，以职业技能竞赛为引领，健全终身职业技能培训制度，推动技工教育特色发展，打造一支爱岗敬业、规模宏大、结构合理、素质优良的技能劳动者大军，促进高质量充分就业。

近年来，为促进技能人才队伍建设，我国出台了新职业教育法、"新八级工"职业技能等级制度等一系列法律和政策。深入实施高技能人才振兴计划、落实"十四五"职业技能培训规划、开展"技能中国行动"……一批批技能培训计划和行动深入开展。

"这些政策、制度、法律法规对于推动职业教育培训高质量发展、提高劳动者素质，促进就业创业起到巨大的推动作用。"王晓君表示，目前各地都在建立健全高技能人才的各项政策，从培养、使用、评价、激励各个环节加大工作力度，推动技能人才工作整体发展。加强技能人才职业技能等级制度建设，建立"新八级工"职业技能制度，对于健全技能人才成长通道，提高技能人才待遇水平和社会地位必将发挥重大的作用。

王晓君介绍，"技能中国"行动的总体目标是在"十四五"期间加大技能人才培养，力争使技能人才总量增加四千万，达到占就业人员的30%。目前，为了加大"技能中国"行动的组织实施力度，各地不断健全政策措施，组织实施专项培训计划，比如"金蓝领"计划、高技能领军人才计划等，强力推进高端人才、高端技能人才队伍建设。同时，人力资源社会保障部也先后会同河南、浙江等地签署框架协议，推进部省共建技能强省、技能社会，目的就是为了推动高技能人才实现整体发展。

"我们将加快落实《关于加强新时代高技能人才队伍建设的意见》，进一步加大高技能人才培养力度，不断完善技能导向的使用制度，不断完善技能人才培养、使用、评价、激励制度，激励更多劳动者特别是青年人走技能成才之路。"王晓君说。

目前，全国累计建成954个国家级高技能人才培训基地和1 196个国家级技能大师工作室。

记者：邱玥 2023年10月26日

技能人才发展生态迎来历史性变革

以"技能成才、技能报国"为主题的第二届全国技能大赛日前成功举办。这是新中国成立以来，赛事规格最高、竞赛项目最多、参赛规模最大、技能水平最高、影响范围最广的综合性国家职业技能赛事，受到全社会广泛关注。近年来，随着世界技能大赛理念的普及，中国特色职业技能竞赛体系的构建以及各级各类技能竞赛的广泛开展，一轮崇尚技能的热潮正在蓬勃兴起，重学历轻技能的社会观念，正逐步得到改变。技能日益成为青年人追捧的社会时尚，技能人才发展的生态环境正发生历史性变革。

技能是人类改造世界、创造历史的一种必备能力，与科学技术一样，伴随人类世代传承、生生不息。不断提升、改进、弘扬技能，是人类进步的永恒主题，是人类永续发展的必然。在世界面临百年未有之大变局，中华民族致力于伟大复兴的今天，技能已成为实现高质量发展不可或缺的重要力量。

技能人才是技能的承载和传承者，是技能的实践者和创新者，是中国制造、中国创造的重要主体。培养和造就适应科技进步、时代发展的技能人才，建设一支规模宏大、结构合理、素质优良的技能劳动者队伍，是实现中国式现代化的必要条件。振兴技能、发展技能、弘扬技能，形成有利于技能人才发展的生态系统和环境，是技能人才队伍成长壮大的关键。

一个社会群体的发展壮大，离不开适合其发展的社会生态。在华夏文明的浩瀚长河中，历代能工巧匠凭借非凡的智慧和灵巧的双手创造出无数瑰宝，赢得世界的广泛赞誉。进入现代社会，更需要打造崇尚技能、有利于工匠成长的社会生态，弘扬追求卓越、精益求精的创新精神，培养出更多高素质技能人才和大国工匠。

进入21世纪，高技能人才纳入国家人才队伍。特别是党的十八大以来，党和国家高度重视技能人才队伍建设，将其提升到前所未有的高度，先后出台了《关于深化人才发展体制机制改革的意见》《新时期产业工人队伍建设改革方案》《关于提高技术工人待遇的意见》《关于加强新时代高技能人才队伍建设的意见》等一系列政策措施，聚焦突出问题，加强顶层设计，深化体制机制改革，一些历史难题取得重大突破。

劳动者素质对一个国家、一个民族发展至关重要。技术工人队伍是支撑中国制造、中国创造的重要基础，对推动经济高质量发展具有重要作用。要健全技能人才培养、使用、评价、激励制度，大力发展技工教育，大规模开展职业技能培训，加快培养大批高素质劳动者和技术技能人才。要在全社会弘扬精益求精的工匠精神，激励广大青年走技能成才、技能报国之路。党的二十大报告提出"深入实施人才强国战略"，并将大国工匠、高技能人才纳入国家战略人才力量。2022年，中共中央办公厅、国务院办公厅印发《关于加强新时代高技能人才队伍建设的意见》，明确了今后一个时期推进高技能人才队伍建设的指导思想和目标任务，围绕培养、使用、评价、激励等环节提出了一系列政策举措。

随着各项政策措施落地落细，技能人才体制机制改革进一步深化，中国特色技能竞赛体系、终身职业技能培训制度、"新八级工"职业技能等级制度、现代技工培养体系等一系列重大制度不断建立和完善，形成了强有力的制度环境，有效推动了技能社会的形成。技能与技能人才的地位和价值在全社会得到广泛认可和尊重，技能成才、技能报国正在成为越来越多青年人的职业选择和毕生追求。

技能人才发展生态的历史性变革，或许是21世纪中国社会最为深刻的变化之一，既是国家迈入现代化必须经历的过程和必由之路，也是社会主义现代文明的重要标志。随之而来,全社会的职业观、就业观,乃至人们的价值观,都将发生深刻变化。我们相信,有了数以亿计的高素质技能劳动者,中国制造、中国创造将进一步享誉世界。

作者:崔秋立 2023 年 10 月 26 日

《经济日报》

培养更多优秀职业技能人才

刚刚闭幕的第二届全国技能大赛，各路高手激烈比拼、争金夺银，展示了良好的精神风貌和高超的技能水平。近年来，党和国家高度重视技能人才队伍建设，为新时代青年提供了巨大的发展机遇和广阔的成长舞台。目前，我国拥有超2亿人的技能人才大军、超6 000万人的高技能人才队伍，成为推动中国制造业快速发展的重要力量。

职业构成总会随着经济社会的发展不断变化，旧工种渐渐消失，新职业不断涌现。而大数据、人工智能、区块链等新技术的出现，不仅加快了这一进程，还将对劳动力市场供求关系产生深远影响。必须清醒认识到，我国已进入人口发展新常态，虽然人口和劳动力规模依然庞大，但总量呈下降趋势，劳动力大龄化特征明显，并存在供需结构性错配等问题。特别是在制造业一线，普工数量不足，高技能人才的求人倍率更是长期保持在2以上。正在爬坡过坎的制造业迫切需要更多素质优良、结构优化、分布合理的现代化人才。

党的二十大报告指出，加快建设国家战略人才力量，努力培养造就更多大师、战略科学家、一流科技领军人才和创新团队、青年科技人才、卓越工程师、大国工匠、高技能人才。当前，培养新一代技能人才的实施路径聚焦在加快发展技工教育、健全终身职业技能培训制度、完善中国特色职业技能竞赛体系等方面，这也是解决结构性就业矛盾的关键举措。其中，技能竞赛的作用不可小觑。赛场内，通过展示交流、技术比武，一批优秀技能人才脱颖而出。赛场外，技能人才队伍的振兴，对于促进就业创业、推动行业发展具有重要意义。

进一步壮大技能人才队伍的规模和质量，应当在培养、使用、评价、激励等各环节做好基础工作。特别是因地制宜出台更多激发劳动者内生动力的好政策，提高薪酬福利待遇、完善职业评价机制，让技能人才更有奔头。

培养技能人才还需突出重点，加强制造业等重点领域人才培养。制造业发展离不开技能人才，尤其是在技术密集型行业，需要高技能人才用过硬的实操能力把技术创新转化为现实生产力，走好技术转化吸收的"最后一公里"。单一职业技能竞赛项目较量的是技艺精湛程度，而整个职业技能队伍建设则突出"高精尖缺"导向，注重高新技术、数字技能等影响制造业长远发展的基础性技能提升。本届技能大赛中，所有比赛项目均服务于实体经济，有超七成的项目属于生产性和生活性服务项目，近四成的项目属于先进制造业项目，近三成的项目属于战略性新兴产业项目。

对当代劳动者来说，也要适应新时代新要求，紧跟国家需要，努力提高自身技能水平。不论是与毫厘较量的焊接、雕刻、砌筑，还是增材制造、工业机器人、虚拟现实等前沿技术，技能人才素质基础打得牢，现代化产业体系大厦才能盖得高，个人成才成功之路也才能走得好。

作者：金观平 2023 年 9 月 21 日

技能报国天宽地阔

第二届全国技能大赛日前落下帷幕。能工巧匠同台竞技、尽展绝活，用实际行动为技能成才、技能报国提供了最生动的注解。

我国自古以来就是制造工艺大国，鲁班、沈括、李冰等无数匠人的创新创造，推动了人类社会的进步，是中华文明长河中的璀璨明珠。进入新时代，传统工匠并没有消失，而是以新的面貌出现，机械型、智能型技能人才在现代工业的实践中扮演着不可替代的角色。

技能人才是实施人才强国战略、就业优先战略和创新驱动发展战略的宝贵资源。努力造就一支规模宏大、结构合理、素质优良的技能劳动者队伍意义重大。党的二十大报告提出，加快建设国家战略人才力量，努力培养造就更多大师、战略科学家、一流科技领军人才和创新团队、青年科技人才、卓越工程师、大国工匠、高技能人才。

目前，全国已有各类技能人才超过2亿人，其中，高技能人才超过6 000万人。这支庞大的队伍已成为我国产业链迈向高端的基石。但是，我们依然面临着较大的结构性人才缺口，需要更多人坚定技能成才的决心。

实现技能成才，需要顺应新需求。时代发展一日千里，新职业不断涌现。在这次的全国技能大赛上，增设了全媒体运营、互联网营销等20个新职业和数字技术技能类赛项。新职业提供更多职业选择和发展空间。技能劳动者要保持对新事物的敏锐感知，主动拥抱产业升级、技术进步带来的"风口"，使自己能够适应不断变化的市场需求，用新理念为行业发展注入动力。只要找准兴趣、持之以恒，定能通过一技之长来实现职业目标和人生价值。

实现技能成才，需要终身学习。智能化、数字化正在给千行百业带来重大的机遇和挑战。每位技能劳动者都要直面变化、拥抱变化，更要树立终身学习的理念，不断提高科学文化素质。密切关注行业、产业前沿知识和技术进步，不断提高技能水平。练就一身真本领，掌握一手好技术，干一行、爱一行、专一行、精一行，在创造中实现价值，立足岗位成长成才。

我国经济高质量发展，要靠实体经济作支撑，需要大量专业技术人才，需要大批大国工匠。不论是传统制造业还是新兴制造业，不论是工业经济还是数字经济，高技能人才始终是中国制造乃至"中国智造"的重要力量。要继续努力营造重视、关心、尊重技能人才的社会氛围，让技能劳动者肯学有途径、肯干有平台、肯钻能进阶，真正从技能中受益。期待大国工匠、能工巧匠等人才加速涌现，在实际工作的广阔天地中尽显风采。

作者：万政 2023 年 10 月 8 日

《中国日报》
（CHINADAILY）

Skilled winners heading to world championships

A performance was staged to mark the opening of the competition, running from Saturday to Tuesday. [Photo by Yang Cheng/chinadaily.com.cn]

National team to compete in next year's WorldSkills contest in France

The winners of a three-day national skills competition in Tianjin will be heading to

Lyon, France in September next year to represent China in the WorldSkills vocational skills championship.

The national skills competition, which opened on Saturday, held 109 events with 4,045 competitors from across the nation. The events covered a range of areas from creative arts and fashion to manufacturing and information technology.

Among the events, 62 were qualifiers for next year's WorldSkills competition in France, and 47 were national events offering skilled people a stage to showcase their skills.

Mao Yajing, a 21-year-old from Shanxi province who competed in the cabinetmaking event, said he reveled in the challenge of having to build a cabinet in 16 hours over three days.

"Compared with my rivals, I'm less experienced, but I find carpentry amazingly interesting," Mao said.

"I had poor concentration before learning carpentry, but now my attention is more focused. I'm obsessed with woodcraft and wooden works with traditional Chinese elements."

Li Quanli, head judge of the mechatronics event – a qualifier for next year's WorldSkills competition – said the requirements have changed continuously in the past decade because of the advancement of technologies, materials and the practical demands of manufacturing companies.

"We've seen the competition become more difficult and complicated, and it involves more knowledge of smart and robotics systems," he said.

He said the event is a test of competitors' abilities in design, installation, programming, maintenance and understanding of product-making standards.

Winners of 62 events will undertake intensive training to sharpen their skills for the

WorldSkills in Lyon.

Stefan Praschl, a board member of WorldSkills International, said he believes Chinese competitors will perform well as always at next year's competition, and that the country has gained much experience in WorldSkills competitions in recent years.

China first sent a delegation to the WorldSkills competition in 2011 after joining WorldSkills International in 2010.

In 2020, China organized its first national skills competition to encourage more young people and skilled workers to get engaged in skills-related competitions and promote the nation's vocational education and skills training.

By Cheng Si and Yang Cheng 2023-09-20

《科技日报》

第二届全国技能大赛闭幕 众多高新技术与新职业亮相赛场

9月19日,第二届全国技能大赛在天津闭幕。闭幕式上举行了获奖选手颁奖仪式,天津市还与第三届大赛举办地河南省进行了会旗交接。在完成颁奖的109个比赛项目中,近四成项目属于先进制造业项目,近三成的项目属于战略性新兴产业项目。

在第二届全国技能大赛赛场上,来自黑龙江代表团的张厚强被要求完成一项常见但重要的工作——焊接。不过,张厚强并不需要全程拿着焊枪工作。事实上,他接到的任务是"教"会机器人去焊接。通过编程,张厚强为机器人设定了焊接路径和工艺参数。机器人的运动轨迹、姿态、速度都是由张厚强敲出的代码决定的。

张厚强所在的P5场地,原本是主赛场天津会展中心的一座停车场。在离张厚强不远处的室内S15场地,更多先进制造业项目赛事正在紧锣密鼓地展开。移动机器人、虚拟现实工程技术、工业机器人系统操作、数字建造……各类先进制造技能、新职业的登场,是第二届全国技能大赛的鲜明亮点之一。

新赛事聚焦前沿技术

不同于传统的"电工",光电技术的核心内容是智能电子产品的设计与制作,以及智能照明控制系统安装与调试。户外 LED 显示屏的搭建维护、智能家居里的照明系统等现代前沿产品均需要光电技术的支撑。

本届国赛光电技术项目的裁判长助理李小松是去年世界技能大赛的金牌获得者。李小松说,选手需要具备扎实的知识储备、理解能力和实操技术,才能满足赛事和相关前沿应用的要求。

在数字建造赛项现场,没有传统建筑行业中的砖头水泥,选手们都在安静地操作着计算机。

"作为本届比赛新增的赛项,该项目主要考核选手们通过建筑信息模型(BIM)技术创建建筑的三维数字模型及管理项目的各项性能参数的技能水平。简单地讲就是考察选手们全面集成建造技能和精细管控数字建筑的能力。"天津国土资源和房屋职业学院副院长刘婕介绍。本次比赛,该学院承担了数字建造(世赛)、建筑信息模型技术(国赛)两个赛项的参赛选手集训和技术服务保障工作。

"之所以新增这个比赛项目,主要是为了适应目前建筑行业转型升级的要求。现代建筑正朝着数字化、信息化、工业化以及智能化方向发展。"刘婕表示。

新职业新工种得到赛事"认证"

和数字建造项目一样,虚拟现实工程技术项目也是本届国赛的新增项目。在比赛现场,记者看到选手们目不转睛地盯着计算机,紧张地进行操作,各类精美的虚拟物品如古币"开元通宝"正在他们的键盘下诞生。

虚拟现实赛项的设备支持单位上海曼恒数字技术股份有限公司董事长助理沈焕介绍,虚拟现实是计算机的重要技术之一,目前被广泛应用于教育培训、能源、高端制造等领域。

"比如在教育领域的高危场景、应急安全领域的岗前培训、模拟训练，在高端制造领域与数字孪生等技术相结合等，越来越多的场景中，都应用了虚拟现实技术。"沈焕举例说。

在虚拟现实工程技术项目比赛现场，来自江苏代表团的张磊告诉记者，虚拟现实技术正在逐步走进每个人的生活，赛事在激励从业者提升技能的同时，也能提高虚拟现实技术的公众认知度，带动相关产业链的发展。

包括虚拟现实技术从业者在内的很多新职业新工种都得到了本届大赛的"认证"。与第一届大赛相比，本届大赛国赛精选项目数量大幅增加，重点是增加了20个新职业和数字技术技能类赛项，如全媒体运营、互联网营销等，这些赛项对于增强新职业从业人员的社会认同感、促进就业创业具有重要意义。

和张厚强一样，来自广东代表团的黄东柏也是机器人焊接技术项目的参赛者。黄东柏提及，不少新职业项目都是广东选手的备赛重点，例如机器人焊接技术项目就是一个体现了传统技能升级迭代的项目。据他了解，在跟焊接相关的制造业企业中，在批量化生产的环节中使用机器人已经越来越广泛了。

记者：孙明源、陈曦 2023年9月19日

技能大赛展现职业教育新内容新趋势

近日,第二届全国技能大赛在天津闭幕。闭幕式上举行了获奖选手颁奖仪式,天津市还与第三届大赛举办地河南省进行了会旗交接。在完成颁奖的109个比赛项目中,近四成属于先进制造业项目,近三成属于战略性新兴产业项目。与第一届全国技能大赛相比,本届大赛增加了20个新职业和数字技术技能类赛项,包括人工智能训练、互联网营销、全媒体运营、服务机器人应用技术等。

全国技能大赛的参赛选手,既有企业生产一线的工人,也有来自技工院校、职业院校的师生。对于职业教育从业者来说,技能大赛既是一个施展手脚的平台,也是一个推动发展的引擎。贵州交通技师学院院长陈文均告诉记者,在大赛引领下,贵州交通技师学院走出了一条"跨越式发展"之路。

大赛当中涌现的新职业、新专业为职业教育指出了教学内容、专业设置方面的发展方向。但技能大赛为职业教育提供的资源和机遇并不止于技能本身,职业教育的声誉提升、制度改革、内部人才培养都与大赛息息相关。

新赛项为新专业建设点亮方向

新兴的3D打印技术在模具制造、工业设计等领域应用很广,近年来还应用于一些产品的直接生产当中,是颇受关注的前沿技术之一。第二届全国技能大赛设置有增材制造设备操作项目,增材制造就是人们常说的3D打印。

来自湖北代表团的王龙是该项赛事的金牌获得者,王龙毕业于武汉职业技术学院机电工程学院机械制造与自动化专业,毕业后在高新技术企业工作过一段时间。

增材制造设备操作项目分为三维数据采集与建模、零件缺陷修复、产品设计、产品3D打印与后处理、零件三维数字化检测等5个模块,其中产品设计、产品3D打印与后处理模块需要连续在6个小时内设计、制作出一台黄豆筛选机。

王龙表示,此次比赛任务量大,难度高,考核面广,不仅考验理论知识,还考验对多种增材制造设备的操作能力以及应对设备运行过程中出现的突发情况。在比赛的6小时内,王龙全神贯注。在此前的备赛过程中,他每天早上8时就前往实训室进行训练,直到晚上10时才离开。

目前,王龙已经回到武汉职业技术学院出任教师,凭借在业界和大赛中积累的经验,他可以把前沿技术更好地传授给学生。

比机器庞大许多倍的建筑无法实现实体模型的3D打印,但是可以在计算机软件当中完成建模。现代建筑正朝着数字化、信息化以及智能化方向转型升级,数字建造是必不可少的新兴技能。

在本届大赛中,天津国土资源和房屋职业学院承担了数字建造(世赛)、建筑信息模型技术(国赛)两个赛项的参赛选手集训工作和技术服务保障工作。

天津国土资源和房屋职业学院副院长刘婕介绍,数字建造项目主要考核选手们通过建筑信息模型技术创建建筑的三维数字模型及管理项目的各项性能参数的技能水平。简单地讲,就是考察选手们全面集成建造技能和精细管控数字建筑的能力。

"数字建造可以大大提高建筑价值,这需要从业人员大量的学习和实践,对我们的人才培养提出了更高的要求,来适应行业的转型升级。"刘婕表示,天津国土资源和房屋职业学院在承担赛事服务工作的同时,也提升了学院师生对相关技术的认知水平。

大赛为职业院校发展提供动能

贵州交通技师学院成立于2012年,是一所年轻的职业院校。陈文均表示,学校成立时间晚,起步基础弱,但是发展速度快,这与学校在技能人才工作上付出的努力密不可分,而技能大赛为学校提供了很好的平台。

首先,技能大赛为学校提供了现成的人才资源库。学校依托贵州人才博览会和简化程序,大力引进参加世赛、国赛的优秀选手。比赛让人才崭露头角,也方便了院校的人才引进。

其次,依托技能大赛平台,学校全力支持青年教师参加技能大赛,提升技能水平,帮助教师快速成长为技能精英、技术能手、教学骨干、教学名师。学校不仅能通过大赛引进人才,还能通过大赛培养人才。

"一大批青年教师通过技能大赛,完成了系统的学习培训,理论知识得到较大丰富,实践能力得到较大提升。许多老师还通过大赛'破格'申报职称,率先实现十年完成初级到正高级的跨越式发展。"陈文均告诉记者。

此外,技能大赛还为学校"打了广告"。在大赛上屡获佳绩之后,贵州交通技师学院的名声响亮了起来。目前,学校年招生计划已达到2 300人,在校生数量已突破7 500人。

"在技能大赛的引领下,我院在短短十年时间实现办学声誉整体提升,获得了大量荣誉称号,成为贵州技工院校的标杆。可以说,我们走出了一条'抓大赛、聚人才、促发展'的跨越式发展之路。"陈文均说。

大赛为人才培养制定新标准

浙江建设技师学院在全国技能大赛和世界技能大赛当中都"久经战阵",在世界技能大赛当中,该校参赛者累计获得了2金1银1优胜的成绩,他们在第一届全国技能大赛上取得 3 金 3 银 2 铜 2 优胜的成绩。浙江建设技师学院党委书记徐永良认为，技能大赛带给职业教育的宝贵财富之一就是人才培养标准。

为了适应乃至引领新职业、新技术的发展方向，浙江建设技师学院紧抓"数字建筑"和建筑业 4.0 机遇，以数字建造产业学院为平台，开设数字建造、无人机测绘、工业机器人应用等专业，构建了与建筑全产业链对接的"数字建筑与智能建筑"专业群。

在具体的教学活动中，该校把世赛的标准融入日常教学，从课程标准到教学要求全面对标，人才培养质量不断提升，培养了 18 位"全国技术能手"，11 人入选"浙江工匠"培养项目。

"我们通过世赛学习国际先进技术和标准，与此同时，我们不断探索和改进相应的工艺技术、新操作工具，先后创新达到 20 多项。我们创新的瓷砖框架贴法，在世赛上已被 70% 以上的国家采用。"徐永良举例说。

徐永良强调，大赛转化出的成果并不只让单个学校受益。浙江建设技师学院先后为全国 27 个省市培训教练和选手 118 人次，选派 20 多位教师为全国 10 个省市的技能大赛担任裁判长和裁判工作。学校还牵头组建了浙江省建设技工教育集团，打造了师资队伍、培养方案、教改成果等八大共享平台。

"我们在做好世赛技术研究的同时，还要持续做好世赛技术推广和师资培训工作，让世赛转化成果与兄弟院校共享。同时，我们还承办世赛项目的全国选拔赛、行业类大赛、省选拔赛等各项赛事，让顶级赛事转化出的成果和标准实现开放共享。"徐永良说。

记者：孙明源、陈曦 2023 年 10 月 10 日

中国新闻社

第二届全国技能大赛 9 月 16 日起在天津举行 亮点多多

第二届全国技能大赛将于 9 月 16 日至 19 日在天津举行,这是我国目前规格最高、规模最大、项目最多、水平最高、影响最广的综合性国家职业技能赛事。本届大赛有哪些值得关注的看点、亮点?大赛组委会委员兼秘书长、人力资源社会保障部职业能力建设司副司长王晓君在 15 日举行的赛前新闻发布会上介绍,大赛采取集中开放办赛、赛展演会集成的模式,将技能竞赛和技能展示交流活动有机结合,特点明显、亮点很多。

赛事精彩纷呈,内容新颖丰富

本届大赛项目多、科技感强、观赏性高,在保留传统项目的基础上,开拓新领域、新赛道。工业 4.0、云计算、移动应用开发、增材制造等赛项,培育先进制造业动能,助力数字经济腾飞;建筑信息模型、飞机维修、轨道车辆技术等赛项,推动绿色智能建筑体系构建,提升基础设施保障能力;花艺、时装技术、健康和社会照护、烘焙、茶艺等赛项，激发创意设计驱动力，贴近大众生活场景。同时，大赛所有项目均开设"云观赛"，观众可根据赛事安排到现场观赛，或通过"云观赛"平台直播观看或回播观摩大赛。

技能展示交流活动多，互动体验性强

大赛同期，将举办技能展示交流活动，各代表团共组织了 190 多个展示项目，同时还组织了技能大师见面会、现场技能体验、技能大集等活动，新增加移动机器人等 8 项"群众技能体验擂台赛"，观众还可以通过"打卡拍照发朋友圈""集齐赛事纪念章"等获得大赛纪念品。观众在观摩大赛的同时，可以体验不同技能在生活中的应用。

绝技绝活展演活动，技能技艺展示水平高

大赛将现场展演 30 项具有传统特色的绝技绝活，涵盖高新技术、手工制作、艺术创意等领域，通过央视频等平台直播，由专家和观众投票评选出"最受欢迎的十大绝技"，并在大赛闭幕式上揭晓、颁发证书。

设置技能强国系列论坛，专家云集干货满满

本届大赛将邀请大国工匠代表，企业、技工教育专家、技工院校和职业技能培训机构代表，人力资源专家代表等出席，共同探讨技能人才队伍建设、"新八级工"制度、技工院校工学一体化、中国特色企业新型学徒制等话题，营造"技能成才、技能报国"的浓厚氛围。

据悉，经国务院批准，人力资源社会保障部从 2020 年起定期举办中华人民共和国职业技能大赛。第二届全国技能大赛将于 9 月 16 日在国家会展中心（天津）隆重举行，共有来自全国 36 个代表团的 4 045 名选手参赛。

2023 年 9 月 15 日

探访第二届全国技能大赛展示交流活动：多角度展示特色技术成果

中华人民共和国第二届职业技能大赛16日在天津开幕，本届大赛为期4天，共设109个比赛项目，其中，106个项目将集中在国家会展中心（天津）进行比赛。大赛采取赛展演会集成举办模式，同期举办技能展示交流、绝技展演等活动。

其中，技能展示交流将在现场分设国家成果展，各省（区、市）及新疆生产建设兵团、参赛行业部门成果展，天津市产业人才联盟技能建设展，企业设备与技术展，技能大集等多个展区。

河南展区展示"绞胎瓷"（记者 王君妍 摄）

在河南展区，工艺精湛、造型华美的"绞胎瓷"吸引参观者驻足拍照。展区工作人员介绍，"绞胎瓷"又名"透花瓷"，源于唐，兴于宋，千余年来在河南省焦作境内世代相传,主要产于焦作当阳峪窑群区域。

"绞胎瓷手工编花工艺是绞胎瓷创作的重要一步,融合了山水、花鸟、人物等各种纹饰,在表现形式上吸收了古今中外等艺术形式,使作品进入了一个全新的艺术欣赏新领域,引领了工艺美术陶瓷装饰的新高度。"展区工作人员介绍,当阳峪绞胎瓷烧制技艺成为国家级非物质文化遗产代表性项目,焦作市修武县成为中国绞胎瓷之都。

在广东展区,国家级非物质文化遗产"潮阳剪纸"传承人陈小燕正在现场展示其剪纸作品。剪刀飞舞,一张张红纸变为精美的动物、花卉等图案。"潮阳剪纸是一种民间手工艺,属于'南派',剪纸'花中套花、丝丝入扣、线线相连'。"陈小燕在接受记者采访时介绍。

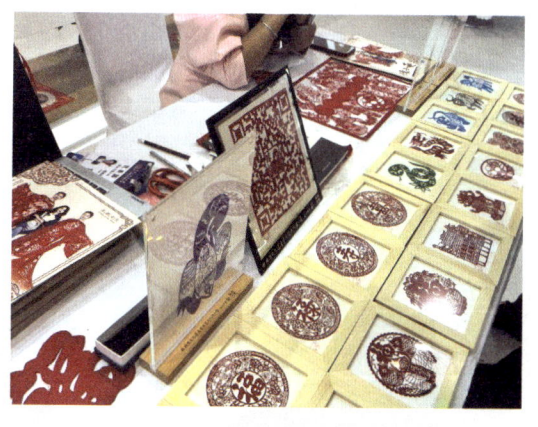

图为现场展示的潮阳剪纸（记者 王君妍 摄）

在天津展区,一架榫卯结构的"直-20"直升机亮相（记者王君妍 摄）

在天津展区,一架榫卯结构的"直-20"直升机亮相,吸引眼球。展区介绍,该飞机以我国近年研制的最新款高原运输直升机"直-20"为原型,由中国榫卯结构非遗传承人辛全生亲自指导制作,整机全部由缅甸花梨木榫卯活拆手工制作。机身长3米,宽2.6米,高1.8米。现场配有直升机部件木工制作体验,同时放置飞机发动机涡扇结构（榫卯连接）,体现了中国传统工艺和现代飞机制造技术之间的传承。

内蒙古展区展示了精美的蒙古族刺绣。据悉，蒙古族刺绣是蒙古族传统工艺，也是蒙古族民间艺术的一种重要形式，被誉为"一针一画"的艺术，分为锦绣和绣花。其中锦绣是以植物、鸟兽、人物等图案为主，绣花则由多种花纹、花饰组成图案，以颜色缤纷、样式丰富、形象生动著称。

图为蒙古族刺绣（记者 王君妍 摄）

据介绍，展示交流活动中，各代表团共组织了190多个展示项目，同时还组织了技能大师见面会、现场技能体验、技能大集等活动，新增加移动机器人等8项群众技能体验擂台赛，观众可以通过"打卡拍照发朋友圈"等方式获得大赛纪念品。

记者：王君妍、周亚强 2023年9月16日

《工人日报》（工人日报客户端）

从 40 分到 95 分的背后

9月16日上午9时，伴随一声声哨响，第二届全国技能大赛在国家会展中心（天津）场馆正式开赛。

这是我国目前规格最高、项目最多、规模最大、水平最高、影响最广的综合性国家职业技能赛事。来自全国36个代表团的4 045名选手同台竞技，在109个项目中亮出绝技。

工业4.0、云计算等赛项，培育先进制造业动能，助力数字经济腾飞；飞机维修、轨道车辆技术等赛项，推动提升基础设施保障能力；花艺、时装技术、健康和社会照护等赛项，贴近大众生活场景，激发创意设计驱动力。这些大赛项目紧贴生产生活实际和发展形势，在技能人才队伍建设、促进就业创业中发挥着越来越重要的作用。

从做得多、做得快到求质量、出精品

来到比赛现场，当然要先到数控车、数控铣等"工业母机"项目走一走。

面对数控机床、计算机等设备,选手们聚精会神、争分夺秒,设计工艺、编制程序、加工零件。

"说起数控车,很多人有些陌生,但它和我们的生活息息相关。"担任本次大赛数控车项目裁判长的北京航空航天大学高级工程师宋放之介绍道,"天上飞的卫星、飞机,地上跑的高铁、汽车,水里游的潜艇、轮船,还有杯子、瓶子等各种日常生活用品,都要用数控车床做出模具,再加工出来。"

可以说,数控技术是实现智能化、自动化生产制造的基础。

"目前,全球各国都很看重这个项目,它主要考验选手从工艺设计到机床操作,再到产品控制等整个生产过程的技能水平。"数控铣项目裁判长、中国航空工业集团中国空空导弹研究院高级技师鲁宏勋说。

身为连续多届被聘为世界技能大赛中国技术指导专家,宋放之和鲁宏勋深刻感受着举办技能大赛对技能人才培养的作用。

"过去,我们追求做得多、做得快;现在,我们以技能大赛为抓手,引进了世界技能大赛的理念和方法,推动我们在培养人才的过程中提升工艺技术的质量意识,求质量、做精品。"宋放之说。

"10多年前,我们选拔参赛选手时,选手得分只有40来分,目前我们能达到95分。"鲁宏勋认为,以赛促训、以赛促学的人才培养模式,大大缩短了企业用人的培训周期,减轻了成本,"参加过技能大赛的选手,找工作时很抢手,待遇也不错。"

新职业新经济,技术技能日趋融合

新增20个新职业赛项,是本届大赛的一大特点。尤其是智能制造工程技术、集成电路工程技术等5个数字技术技能类新职业项目,吸引不少人驻足观看。

"现在,智能制造发展速度非常快,我们作为老师也感觉压力很大,如果埋头教学,可能会出现一些盲点,所以想来这儿观摩学习,取取经。"在智能制造工程技术比赛现场，长沙航空职业技术学院教务处书记兼副处长唐倩来回踱步。

计算机专业出身的唐倩觉得，眼下技术技能交叉融合的趋势越来越明显。"以智能制造为例，它要求选手学机械，懂电子和计算机，还要掌握一定的人工智能技术。这不仅是对选手的考验，更是对当前的人才培养和职业教育提出了挑战。"

大赛高学历选手云集，有博士25人、硕士546人。人力资源社会保障部职业能力建设司副司长王晓君介绍，这些选手多数集中在新职业和数字技术技能领域，表明技术技能融合发展的大趋势，对不同学历层次人才技术技能水平提升的需求加大。

集成电路工程技术项目选手邱文挺便是其中一位。硕士研究生毕业的他，同时也是厦门技师学院电子光电工程系集成电路教师。

"为了比赛，我准备了大半年。这些比赛考核的点，紧贴生产实际和行业标准。参赛能倒逼我们深入钻研、查缺补漏，进而提升集成电路领域的教学效果。"邱文挺表示。

"学技术，好就业，能让人生更出彩"

清空、分类、整理、收纳、标签、复盘……家政服务（整理收纳）赛场，选手们有条不紊地比拼着。

这是一个新职业赛项，同时也是服务业项目。该项目裁判长谈檀是一家整理收纳服务公司负责人。被问到这一职业的发展前景时，谈檀以她创办的企业举例，"2015年，公司只有我一个人，现在有1 000多人，市场需求显而易见。比赛有助于让更多人了解这一职业，吸引更多人从事这一行业。"

"扫地机器人、酒店机器人、运输机器人……要让这些机器人工作，需要服务机器人应用技术。目前，服务机器人领域人才缺口很大。"本次大赛服务机器人应用技术项目裁判长庞春认为，比赛给很多人提供了崭露头角的机会，对人才培养工作也是一个很大的激励。

"拿到前5名，就会被授予'全国技术能手'称号。在我们广州，不仅可以拿到不少政策补贴，还可以获得人才绿卡A卡，享受落户绿色通道服务、子女公办学校就读、人才公寓等待遇。"庞春认为，比赛的举办，不仅有助于进一步提高技能人才社会地位和生活待遇，还可以不断提升全社会对技能人才的认可认同，鼓励带动更多人学习技能、投身技能。

近年来，随着国家对职业教育和技能人才的重视力度不断加大，技能人才各项待遇不断提升。唐倩发现，人们对于学技能、当工人的看法发生了很大的转变，"像我们学校，有不少学生是超一本线后，舍弃一本院校来我们学校就读，学一门手艺。他们意识到了学技术好就业，也能让人生更出彩。"

记者：李丹青、曲欣悦、史宏宇、吴凡　2023年9月18日

以"金牌效应"带动更多人走技能成才之路

技能大赛既是技能人才亮绝活、唱主角、展风采的"大舞台",也是激发广大劳动者学技能、练技术、钻业务的"大平台"。我们期盼发挥技能大赛的"金牌效应",在全社会掀起技能学习的热潮,让技能宝贵、创造伟大成为时代新风尚,激励和带动广大劳动者走技能就业、技能成才、技能报国之路。

9月16日至19日,第二届全国技能大赛在天津举办。来自全国36个代表团的4 045名能工巧匠在109个项目展开激烈角逐,展示精湛技能。大赛传递出的尊重技能人才等信号,引发广泛热议。

修飞机、修火车,做芯片、云计算,盖房子、做家具,造园艺、做护理……本届大赛109个项目紧贴经济社会发展趋势和生产生活实际,涉及制造业、信息技术、交通运输、建筑业、服务业、采矿业等15个国民经济行业门类,覆盖国民经济行业门类的75%。这凸显了技能人才在国民经济高质量发展中的重要作用,反映出技能人才是支撑中国制造、中国创造的重要力量,向公众传递出学技术、当工匠前景广阔、大有可为的强烈信号。与此同时,大赛项目之多、涉及范围之广也刷新着公众对技能人才的认知,学技术、当工匠原来可以有这么多职业和岗位选择。

长期以来,在"重学历、轻技能"的观念和偏见影响下,愿意深耕技能的人不多。这制约着技能人才队伍的培养和建设,使得我国技能人才总量不足、结构不优，供需矛盾较为突出，这成为我国向制造强国迈进的瓶颈之一。举办这样一场高规格、多项目、大规模的全国技能大赛，无疑有助于让崇尚技能、比学技能的社会氛围更加浓烈，吸引和鼓励更多年轻人技能报国。

这一引领和带动作用，从这两届比赛的参赛选手人数和参赛热情中可窥一二。一方面，在2020年底举办的第一届全国技能大赛中，2 500余名选手参赛，而在第二届全国技能大赛中，参赛选手跃升至4 000余名。越来越多的人逐步转变观念，愿意学习技能、投身技能、提升技能。另一方面，本届大赛有9个项目覆盖所有省份代表团，比第一届大赛增加了两倍。这体现出各地参赛积极性高，以赛促培、以赛促建，加强技能人才培养的决心不断增强，且不断迈出新步伐。

作为技能水平最高的综合性国家职业技能赛事，全国技能大赛对标国际国内最新、最先进的技能技术和发展方向，制定竞赛标准。大赛传递出的技术发展趋势，值得各地在培养人才的过程中重点关注。

例如，大赛新增智能制造工程技术、集成电路工程技术、工业互联网工程技术等数字技术技能类新职业赛项，这些赛项中不乏博士、硕士等高学历选手。这表明数字技术的广泛应用正在改变产业现场生产作业方式，技术技能的界限正在消弭，技术技能融合发展的趋势越发明显。这种变革需要大量的复合型技术技能人才，要求工人既要会加工，还要会开发，工程师既要懂设计，还要精操作。未来，技能劳动者和技术工作者或将朝向新一代技术技能人才转化。

大赛对各竞赛项目获得前3名的选手，颁发相应的金、银、铜牌，对前5名选手授予"全国技术能手"称号。同时，鼓励各地制定奖励政策，对获奖选手给予奖励。这些强化典型激励、让技能人才站"C位"的做法，势必有助于提高技能人才的社会地位及待遇，增强技能人才的获得感、成就感，助力形成技高者同样是人生赢家的社会氛围。

可以说，技能大赛既是技能人才亮绝活、唱主角、展风采的"大舞台"，也是激发广大劳动者学技能、练技术、钻业务的"大平台"。我们期盼发挥技能大赛的"金牌效应",在全社会掀起技能学习的热潮,让技能宝贵、创造伟大成为时代新风尚,激励和带动广大劳动者走技能就业、技能成才、技能报国之路。

记者:李丹青 2023 年 9 月 19 日

冠军之路——第二届全国技能大赛金牌选手掠影

最近,一场技能"超级大赛"频上热搜。

这是我国目前规格最高、项目最多、规模最大、水平最高、影响最广的综合性国家职业技能赛事。

扫一扫感受冠军风采

来自全国36个代表团的4 045名能工巧匠"津门"竞技,在第二届全国技能大赛的舞台上切磋技艺、亮出绝技。他们中有58岁的"老师傅",也有16岁的"技能小匠",大家同台竞技,在方寸之间展现精湛技艺,让更多人感受技能之美。

经过3天激烈角逐,109个项目的金牌获奖选手脱颖而出。他们的冲金之路,充分展现了新时代技能人才的创新创造活力,也让人们看到了技能带来的无限机遇和可能。

9月19日晚,在第二届全国技能大赛闭幕式上,获奖选手登台领奖,迎来高光时刻(本报记者 吴凡 摄)

数控铣项目冠军胡丽超
0.02毫米精度的"塔尖"对决

得知自己获得数控铣项目（世赛项目）金牌时，来自广东省机械技师学院的胡丽超兴奋极了。为了这一刻，他准备了6年。

胡丽超反复磨炼的数控铣技术，被誉为"在钢铁上雕刻的艺术"。这一赛项需要选手操作数控铣床，以去除毛坯材料的方式制造零件。比赛中，选手通过计算机软

胡丽超在赛场操作数控设备（受访者供图）

件编程加工刀路，再操作数控机床，利用数控铣刀切削材料，根据图纸要求控制尺寸精度，完成复杂形状的平面、孔系、曲线轮廓、曲面等。

该项目追求结构的巧妙和加工的精度。"一根头发丝的直径约0.08毫米，我们加工的零件，每一个成品的尺寸误差都不能超过0.02毫米，比头发丝细得多。"胡丽超告诉记者，"此次大赛在天津举办，下一届世界技能大赛将在法国举办，因此，有两个模块的考核加入了'天津之眼'与埃菲尔铁塔的结构元素。其中，塔尖的精度控制就是一个难点。"

和以往数控铣赛项比精度、拼速度有所不同，本次比赛增加了对选手反应和应变能力的考核，这也让胡丽超有些意外，"编程前，发一张图纸，加工时，再发一张图纸，加工进行到一半，又发一张图纸，要求选手加工出3个可以装配成鲁班锁结构的零件。"

比赛瞬息万变。赛后复盘时，胡丽超给自己的总结是"稳定发挥"。这份沉着和自若，源于赛场外上千个日日夜夜的技能打磨。

"夺冠没有诀窍，唯有踏踏实实反复训练。"备赛期间，每天8时到23时，胡

丽超都要全方位地进行训练，不光练技术，也练体能和口才。他坚持做早操、练俯卧撑，参加学院组织的讲故事练习，锻炼沟通表达能力和胆量。

颁奖仪式结束后，胡丽超被记者"围攻"，被问到为何要练习口才时，他机敏地答道，"现在不就用到了这项训练。"

砌筑项目冠军黄睿强
每天搬砖 1000 多斤，零误差完赛

拿到砌筑项目（世赛项目）金牌后，19 岁的技能小匠黄睿强显得很淡定，一如他在赛场上的表现。

比赛时长 15.5 小时，要求选手砌出两堵含有天津元素和文字元素的墙。主要考核选手识图、测量、放线、铺设工程材料、切割、砌砖、砂浆勾缝

黄睿强在赛场进行砌筑操作（本报记者 史宏宇 摄）

和清洁等技能，比拼选手完成作品的速度、精度、水平度、垂直度、平整度等。

比赛开始后，黄睿强给每一个环节都预设了完成时间，按部就班、有条不紊地操作着。直至第 2 天下午，距离比赛结束还有 3.5 小时，由于过于追求精度，他超过既定计划 10 多分钟才结束当天的比赛。

节奏被打乱后，黄睿强稳住心态，及时调整计划、追赶进度，终于按计划提前完赛，腾出时间对作品进行自测，对照评分点查漏补缺。最终，他以多个评分点零误差完赛夺冠。

黄睿强的夺冠之路，实属不易。初中毕业后，他听从父母安排，来到长沙建筑工程学校学习建筑工程施工。

入学后，天生好动的黄睿强不愿一直在教室里坐着学理论，得知学校有一支技

能比赛的集训队后，他一有空便跑去实训楼学艺，很快他便意识到自身技能水平与竞赛要求的差距。

黄睿强开始苦练基本功，从搬砖做起，每天搬砖300多块。以每块砖4斤计算，他一天要搬1 000多斤。

训练枯燥辛苦，他咬牙坚持。他白天实操6小时、晚上绘图2小时，反复练习"一铲灰、一块砖、一揉压"的砌筑动作，确保一套动作如行云流水般完成，力求砖缝均匀、砂浆饱满、精度零误差。

砌筑训练，每天和砖块、砂浆打交道，对体力要求很高。为此，黄睿强坚持打篮球和田径训练，不断增强体能。

结束这一次的比赛后，黄睿强并没有给自己预留庆祝的时间，取而代之的是争分夺秒地备战下一届世界技能大赛。

美发项目冠军王铭娟
十分努力"剪"出"满分答卷"

"感觉没有比够，越到后面手感越好了！"9月18日下午3点，第二届全国技能大赛美发项目（世赛项目）比赛结束，走下赛场的王铭娟难掩交出满意作品后的喜悦。

经过3天的比拼，总时长14小时30分钟，2003年出生的浙江小将王铭娟出色完成修剪、吹风造型、染色、烫发、接发、盘发、胡须修面7个模块，从来自全国各地的28名选手中脱颖而出，勇夺美发项目金牌。

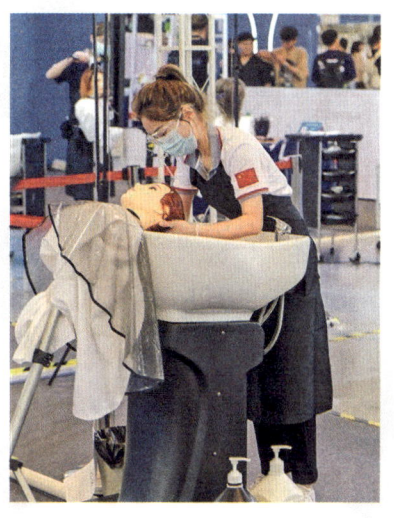

王铭娟在赛场对头模进行洗发操作（受访者供图）

"如果满分10分，我给自己打10分。"赛场下的王铭娟脸上总是洋溢着自信甜美的笑容，比赛中的她却不苟言笑，专注于某个细节时，还会微微皱起眉头。直到比赛结束前最后一秒钟，王铭娟还在仔细检查头模上有没有碎发和污渍。

美发项目除了考察选手的专业操作能力，也关注选手服务的温度。

"即便是头模，也要把它当成真人来对待。"王铭娟养成了一个习惯，比赛前，她会拍拍头模的"肩膀"，说一句"兄弟，咱们又见面了，加油！"

5年前，王铭娟开始接触美发行业，最先练习的是剪发。一天练下来，鞋子里满是碎发，扎得脚生疼，甚至会流血。十五六岁的小姑娘觉得辛苦，常常哭着走回家。"奶奶总是在门口等我回来，蹲在路边帮我一点点地把鞋子清理干净。"家人的鼓励让王铭娟选择了坚持。

在校期间，老师经常带着他们为老人义务剪发。刚开始学艺的王铭娟每次剪发都会小心地询问老人的意见。"他们总说没事，你慢慢剪，剪成什么样我都喜欢……"时至今日，这份温柔的鼓励依然被王铭娟珍藏于心。通过不断地实操练习，她也更加理解了老师的话，"美发不仅要把手艺活做好，还要让顾客满意，带动更多人尊重、理解美发行业。"

刚刚过去的夏天，王铭娟几乎天天都在杭州的基地训练，清早练体能，白天做造型、进行模块训练，晚上接受指导老师点评、分析技术不足、商讨改进策略。

这段努力奋斗的时光终于让王铭娟在金秋迎来收获。眼下，她即将为站上世界竞技舞台开始新一轮的备赛。

电力系统运营与维护项目冠军于连坤、武旭光
"上天入地"练成又快又准的手上功夫

"这次大赛让我感受到了国家对技能人才的重视，更加坚定了我走技能成才、技能报国之路的决心。"在第二届全国技能大赛电力系统运营与维护赛项中，国网天津市电力公司电缆分公司运维检修工于连坤和同事武旭光默契搭档，夺得金牌。

今年刚刚30岁出头的于连坤，从参加工作开始就从事电缆运维检修工作。"这个职业要做好不怕脏、不怕累、不怕险的心理准备。"于连坤说。

电缆安装常常需要"上天入地"，不是在地下工井、坑道，就是在地面的铁塔平台。这对安装人员的体力、技能提出了双重考验，不仅要受得了烈日寒风，还要忍得了污水异味。不过，在于连坤眼中，这

于连坤在赛场进行电力电缆故障测寻操作（受访者供图）

份工作虽然辛苦，但代表着城市电网的发展方向，大有可为。

正是抱着这样的想法，于连坤下定决心苦练技能。除了去施工现场，他把时间几乎都花在了单位的实训室里，并在天津"海河工匠杯"技能大赛中夺得了第一名。

虽然已是同行中的佼佼者，但是面对此次全国技能大赛，于连坤丝毫不敢懈怠，提前半年就开始全封闭、全身心地投入备赛训练。

"每个月回家休息一天，每天训练12个小时，每天要洗两身被汗水浸湿的训练服，这就是我们半年来的训练常态。"武旭光介绍说。

比赛中，电缆终端预处理和搪铅操作考验着选手的"刀工"和对"火候"的掌握。尤其是电缆终端搪铅操作，需要选手用燃气喷枪将铅锡合金棒加热到180～250℃，熔化后贴附到密封处，再手拿抹布粘上油脂，将半液态高温金属揉抹定形。选手必须练出既快又准的手上功夫，才能在5秒"黄金时间"内完成精准塑形。

当于连坤和武旭光一起站上领奖台高举金牌时，他们手背上多年前的烫伤痕迹依然清晰可见。正是这样一双双手，守护着城市的万家灯火。

记者：李丹青、曲欣悦、张玺 2023年9月25日

新职业亮相技能大赛，折射出哪些发展新趋势？

整理收纳师、健康照护师……在第二届全国技能大赛上新增了很多新职业赛项。人力资源社会保障部相关负责人认为，这对于增强新职业从业人员的社会认同感、促进就业创业具有重要意义。这些紧贴生产生活实际和发展形势的新项目，也折射出我国技能人才培养的未来方向。

一批批新职业相继涌现，为打工者提供了更丰富的职业选择。为健全符合我国国情的现代职业分类体系、引领和规范职业发展，近日，人力资源社会保障部组织开展了新职业征集工作。

整理收纳师、虚拟现实工程技术人员、健康照护师、集成电路工程技术人员……在前不久举办的第二届全国技能大赛上，20个新职业赛项吸引了不少人的目光。新行业、新方向带来新趋势、新增长。首次设置的新职业赛项，凸显出职业发展不断走向多元化、专业化，也折射出我国技能人才培养的未来方向。

新行当首登国家级职业技能大赛

厨房里，调料瓶和锅碗瓢盆随意摆放；卧室里，衣服、棉被杂乱无章……家政服务（整理收纳）赛场上，选手们按照"清空、分类、整理、收纳、贴签、复盘"的工作流程，有条不紊地归置着。

这是家政服务（整理收纳）首次进入国家级职业技能大赛的舞台。该项目要求对所居住的家庭空间及物品需求规划设计定制整理收纳方案，根据设计定制的方案进行整理收纳服务，进而打造出物品收纳有序、拿取使用归还便捷、视觉愉悦且具有陈列美学效果的安全空间。

"整理收纳比的是空间规划设计、画图的精准度、物品尺寸的测量、收纳工具的匹配、微空间的利用以及色彩的搭配等等。"该项目裁判长谈檀以色彩搭配向记者举例，这是比赛考核的亮点，要求选手运用中国传统的二十四节气进行色彩整理和搭配，彰显东方美学的魅力，提升对本土文化美学在生活中的运用能力。

"家里用到的扫地机器人，酒店遇到的服务机器人，远程的运输机器人，都要用到服务机器人应用技术。"服务机器人应用技术项目裁判长庞春告诉记者，项目选取医疗、商业、物流、家庭服务、公共服务等多种生活应用场景，"是融合人工智能、物联网、5G通信、语音交互等技术技能的新行当。"

"这是一个新的项目和职业，我们之前接触较少。"集成电路工程技术项目参赛选手邱文挺告诉记者，比赛考核的点，紧贴生产实际和行业标准。为了参赛，他准备了大半年时间。

如今，虚拟走进现实，VR技术的应用越来越广泛。在虚拟现实工程技术项目中，选手要在3天时间内，分别制作一个弹幕小游戏、一把扇子模型、一个文物展馆和一个物理碰撞实验。

为了更好地备赛，该项目参赛选手杨欢专程到虚拟现实技术领域的头部企业学习行业中的最新技术，并将其转化为自身的知识和技能储备。

推动技能标准化，提升人才培养效果

2022年发布的《中华人民共和国职业分类大典（2022年版）》，将"整理收纳师"正式纳入居民服务人员职业类目中，成为增加的158个新职业之一。

"此次整理收纳首次成为大赛比赛项目有助于推动从业人员技能标准化、专业标准化和上门服务标准化，这个标准化不是形式，而是要具体去操作，比赛向从业人员展示了如何实现标准化，通过规划设计让每一寸空间物尽其用。"谈檀说。

2020年2月，健康照护师作为新职业，正式被纳入我国职业分类大典。"随着人们对于健康照护的需求不断提升，要求从业人员掌握更多基本医学护理知识与技能，并具备人际沟通、人文关怀、安全防护、健康教育、心理咨询等综合素质。然而，市场上的从业人员多'4050'人员，专业化水平较低，目前人才缺口较大。"健康照护裁判长单伟颖告诉记者。

根据2021年人力资源社会保障部发布的《健康照护师就业景气现状分析报告》，预测未来5年我国健康照护人员市场需求量在500万人以上。单伟颖认为，该项目将行业准入标准与大赛选拔标准相统一，有助于促进竞赛的标准转化成人才培养的标准。

此外，记者了解到，集成电路工程技术项目参照《集成电路工程技术人员国家职业技术技能标准（2021年版）》设置标准。硕士研究生毕业的邱文挺，同时是厦门技师学院电子光电工程系集成电路教师。"参赛能倒逼我们深入钻研、查缺补漏、找到差距和不足，进而'恶补知识'，提升集成电路领域的教学效果。"

同为职业技术院校教师的杨欢，对此表示认同，"比赛有着非常具体和详细的评判标准，这些标准对标领军企业行业标准和国家职业标准。通过比赛，让我们对这些标准和前沿技术有了更全面的认识，有助于进一步转化为课程内容，提升学生的技术技能水平。"

赛道广阔，通过比赛带动人才培养

"设置新职业赛项，对增强新职业从业人员的社会认同感、促进就业创业具有重要意义。"人力资源社会保障部职业能力建设司副司长王晓君表示，新职业的背后是新业态的支撑，同时也意味着发展的新机遇和就业的新空间。

"通过大赛，可以让更多人知道整理收纳是什么、学什么、做什么，帮助从业者了解服务什么，以及建立未来的职业发展规划。"谈檀告诉记者，整理收纳的服务不局限于家庭环境，商业、办公环境同样也需要。

"整理收纳的赛道非常宽阔，且包容性较强、聚含的知识内容较多，包括空间学、美学、陈列学，还涉及心理学。"谈檀表示，"人人都需要一堂整理收纳课，教我们如何提高生活能力和品质，从这个角度来说，整理收纳服务的社会需求量和职业发展价值都很大。"

被问到这一职业的发展前景时，谈檀以她创办的企业举例，"2015年，公司只有我一个人，现在有1 000多人，市场需求显而易见。比赛有助于让更多人了解这一职业，吸引更多人从事这一行业。"

"集成电路就是我们平时说的芯片，比赛不是终点，我们要通过比赛带动人才培养。"集成电路工程技术项目裁判长赵毅强透露，目前不仅高校建立了微电子学院、集成电路学院培养集成电路专业人才，不少高职以及中职院校也开始了产学研特色专业建设，"未来，集成电路领域对人才的需求巨大，职业发展前景广阔，待遇也很可观。"

单伟颖告诉记者，健康照护是围绕人类全生命周期提供服务和帮助，满足着更多人的健康需求，可以说责任重大、使命光荣，从事这样的工作是受人尊重的。未来，期盼有更多高学历、年轻的专业人员从事这项工作，进而推动这个职业更加规范化和专业化。

记者：李丹青、曲欣悦 2023年10月27日

《中国青年报》
（中国青年网）

强国"练兵场"

拥有硕士学历的39岁大学教师翟凤站在了第二届全国技能大赛的赛场上，她的队友是一名干家政服务的29岁姑娘。两人分别在层层选拔中突破重围，在国赛中相遇并组队，最终她们拿下了家政服务整理收纳赛项的金牌。

一个是天津职业大学教师，一个是家政工，年龄相差了10岁。这个金牌组合的诞生印证了这场比赛的与众不同——技术不问出处，人人皆可成才、人人尽展其才。

9月16日至19日在天津举行的

第二届全国技能大赛，是新中国成立以来规格最高、规模最大、技能水平最高、影响范围最广的综合性国家职业技能赛事。

全国36个代表团的4 045名参赛选手来自各行各业。有58岁"老师傅"，也有16岁"小工匠"；有的拥有博士、硕士高学历，有的是学历普通的工人……成千上万个"他们"，组成了支撑我国迈向社会主义现代化强国的庞大技能人才大军。

技术工人队伍是支撑中国制造、中国创造的重要力量。目前我国技能人才总量超过2亿人，高技能人才超过6 000万人，他们活跃在国民经济发展的各个领域，是推动技术进步和创新的"加速器"，是引领新经济、培育新动能的重要力量。

习近平总书记强调，要高度重视技能人才工作，大力弘扬劳模精神、劳动精神、工匠精神，激励更多劳动者特别是青年一代走技能成才、技能报国之路，培养更多高技能人才和大国工匠，为全面建设社会主义现代化国家提供有力人才保障。

本届大赛的主题正是"技能成才、技能报国"。在赛场上可以清晰地感受到大国前进的步伐：一批新职业、新赛项首次亮相，紧贴技术技能融合发展；所有项目设置均来自生产生活实际，服务实体经济发展；几乎每个赛项都较以往有了全新调整，瞄准的是数智化发展转型升级的新路……

这场全国最高水平的技能高手对决如同一个"练兵场"，操练着一支新时代技能人才大军，向着全面建设社会主义现代化强国奋进。

新赛项　新职业
折射国民经济发展新动向

国网天津电力公司的两位"90后"电缆技术工人于连坤和武旭光，夺得了今年新增赛项电力系统运营与维护项目的金牌。

他们的教练是全国五一劳动奖章获得者张华。在张华看来，从这个电力新赛项的设计可以看到国家对技能人才的真实需求，"国家要向前发展，除了要有高学历的科研人才，还需要一大批能把高科技含量的产品生产出来、把图纸变成产品的能工巧匠。"

9月19日，第二届全国技能大赛闭幕式在天津市奥林匹克中心体育馆举行。瓷砖贴面获奖选手走向领奖台（视觉中国供图）

电力行业是关系国计民生的重要基础产业，而电力电缆就是城市的"能源主动脉"。以天津市为例，外环线以内电缆化率已达98%，电缆安装质量和运维水平直接影响城市的能源安全。

"大家对供电可靠性的要求越来越高，我们现在需要大批高素质的技术能手。"张华说，近年来，随着经济社会高速发展，对电网的要求也在不断提高，"目前，我们公司从事相关岗位的技术人员都是本科、硕士学历的高素质人才，武旭光就是硕士研究生。"

他拿一个小小的电缆头举例，"电缆头埋在地下，时间长了必然面临老化等问题，我们必须保证它在安装后能长期运行，不会出现任何问题，这需要技能人才的工匠精神。"

较之以往，本届大赛增加了起重设备应用技术、石油钻井技术、电力系统运营与维护、计算机软件测试、机器人焊接技术、烹饪（中餐）等在行业中具有先进性、代表性且从业人员广泛的项目，进一步贴近企业的实际生产。

在虚拟现实工程技术赛区，选手们需要用3天时间，通过3D建模、编程动画等方式实现一个可交互的虚拟现实场景。这也是今年大赛中的新职业和新赛项。

该赛项裁判长刘越告诉记者，随着近年来信息技术的飞速发展，与虚拟现实技术相关的岗位需求也在不断增加。"虚拟现实实际上是数字空间和人之间的一个接口。"他认为，这项技术对相关产业的发展会有很大的促进作用。

人力资源社会保障部职业能力建设司副司长王晓君介绍，本届大赛共涉及制造业、信息技术、交通运输、建筑业、服务业、采矿业等15个国民经济行业门类，覆盖国民经济行业门类的75%。

随着我国新兴行业蓬勃发展，涌现出一批新职业。为此，大赛不仅增加了数字技术技能类新职业赛项，还设置了智能制造工程技术、集成电路工程技术、工业互联网工程技术、人工智能工程技术、虚拟现实工程技术5个专业技术类竞赛项目，更符合技术与科技深度融合发展的趋势。

新趋势　新现象
高学历选手期待提高技能

来自长春工程学院人工智能技术研究院的博士丁言和吉林省教育考试院负责网络与信息管理的硕士翟玉楠，参加了区块链应用操作赛项的比拼，这样的高学历选手在此次大赛中并不鲜见。

他俩是吉林大学的校友，是同一个实验室走出来的师兄弟。走上不同工作岗位后，两人一直携手做一些科研项目攻关。"分布式计算、云计算、人工智能、大数据分析、区块链等，一直都是我们研究的重点领域。"翟玉楠说，今年4月听说大赛选拔的消息，就一起报了名。

翟玉楠觉得，国家非常关注技能型人才的发展，"我们想来参与一下，能更好地了解学术研究与技能发展之间的关系，促进我们的学生培养、教学改革和

9月16日，天津，第二届全国技能大赛上，美发项目赛场，选手们在商业长发向下造型及染色模块的比赛中（曲俊燕 摄）

科研升级。"

东北是我国老牌工业基地，新时代推动东北全面振兴，面临着用科技振兴推动产业振兴的新机遇，"我们想发挥自己的专业特长，为振兴东北贡献一份力量。"翟玉楠说。

从此次大赛参赛选手的身份看，职工身份参赛选手和高学历参赛选手大幅增加。其中，博士25人、硕士546人、本科1 131人，高学历参赛选手多数集中在新职业和数字技术技能领域。可以看出，技术技能融合发展对不同学历层次人才技术技能水平提升的需求在加大。

高学历选手中，有不少是来自高校和职业院校的教师。天津职业大学教师翟凤告诉记者，来参赛是对自己的挑战，"教师更应该提升职业技能水平，高水平的教师才能带出高水平的学生。"

厦门技师学院电子光电工程系集成电路专业教师邱文挺是一名硕士研究生，此次他参加了集成电路工程技术项目比赛。他认为，"考点紧贴生产实际和行业标准。参赛能倒逼我们深入钻研、查缺补漏，进而提升集成电路领域的教学效果。"

还有很多来自企业生产一线的技术大咖，比如参加人工智能工程技术项目的杜义康，拥有博士学历，是企业里一名高级工程师，主持和参与过多项国家及省部级重大项目。在多年工作中，他和团队攻克了传统地质判识方法的技术难题，研发了精细化识别系统，目前已经应用于川藏铁路、郑万高铁、宜兴联络线、四川路桥、西十高铁、西延高铁等重大项目。

服务机器人应用技术赛项裁判长庞春告诉记者，"市场需求越来越大，我们缺的就是人才，而竞赛本身可以让更多人投入进来。"

"有人觉得，博士干技术技能工作是大材小用，我不这么认为。"庞春说，职业技能面向生产生活中的方方面面，侧重实际应用。"博士也来参赛，反映了技能提高、技能发展的一种新趋势。"

很多技术工人已经在实际工作中感受到这种趋势,高学历选手中有不少是在实践工作中边干、边学,随着岗位对技能人才综合素质要求的提升,他们不断学习知识、锤炼技能,不断提升学历、综合素养,以便快速适应时代对人才的需要。

新技术　新行业
在国家快速发展中找到人生机遇

天津港电动装卸司机尹明干了 16 年装卸工作,全球首个"智慧零碳"集装箱码头建成并投入使用,他是见证者、亲历者。10 多年来在码头风里来雨里去,他练就了操作于"千米之外"、精准到"厘米之间"的本事。

这次在起重设备应用技术赛项中,他凭着多年的丰富实践经验拿下金牌。

9月16日,天津,第二届全国技能大赛上,糖艺/西点制作项目赛场,裁判员用卷尺量取选手作品的高度(曲俊燕 摄)

天津港集团有限公司副总裁许旭波说,新赛项背后是我国集装箱港口的建设和发展。近年来,起重设备技术突飞猛进,大型起重设备已经完全实现了远程操控。在这个过程中,也培养出一大批由孔祥瑞、成卫东这样的"大国工匠"带领的高技能人才队伍,助力天津港建成世界一流港口。他期待大赛能为新时代港口发展培养更多的知识型、技能型、创新型的港口产业工人队伍。

轨道车辆技术赛项的比赛现场,几个选手在一列轨道车厢里外忙碌着。他们要在最短时间内查找到车辆的故障点并完成修理。

该赛项裁判长是来自中车的调试工人罗昭强。过去 30 多年,他随着中国高铁的建设一路成长，成为特级技师。他说，"现在咱们国家高铁和地铁的运营里程都是世界上最长的，技术也是最先进的，可以说轨道车辆是我国高端装备制造业的一个典型代表。"在轨道车辆的制造和运维保养等领域，都需要大量具有相当能力水平的高技能人才。

轨道车辆必须具备极高的安全性能，对技能操作者提出了很高的要求，"我们需要培养能在现场真正解决实际问题的专家级人才，"他说，一旦车辆出现系统性隐患故障，要能在很短时间内解决问题。

与第一届相比，该赛项有了很大变化。罗昭强表示，最大的变化就是对选手的创新性提出了更高要求，比如一列车在运营过程中有些功能满足不了新的载客需求了，就需要做一些升级改造，现场工程师就要能直接进行改造。随着我国高铁走向世界，也需要一大批高技术人才作为高端装备的有力支撑，"越来越多新技术、新知识融入行业，对年轻人也更有吸引力。"

"谁能想到这几年新能源汽车能发展这么快？"新能源汽车智能化技术赛项裁判长于效宇说，"技术发展已经不能用日新月异来形容了，我觉得是让人瞠目结舌！"

这次比赛除了考"聪明的车"，还考"智慧的路"，还有车路协同系统，要求选手能完成一个复杂的场景，更贴近现实。他谈到，人工智能、5G等新技术发展需要落地场景，新能源汽车是个最佳的选择，"人工智能可以实现自动驾驶，车路协同对应的是车联网、物联网技术，应该说是把现在很多领先技术都集于一身了。"

新兴技术、新兴行业的发展让很多年轻人看到了发展机会。于效宇来自电子科技大学中山学院，他认为，校企必须紧密合作联合培养人才，才能培养出大批社会发展实际需要的人才。"年轻人天生对新技术、新事物感兴趣。"他注意到，近年来，这些新兴专业也越来越成为年轻人的选择，他们在国家和行业的发展中捕捉自己的人生机遇。

小岗位连着大事业
技能人才职业发展通道越走越宽

党的二十大召开时，习近平总书记曾到广西代表团，问了广西汽车集团首席技能专家郑志明代表一个问题："你的职称走的是哪个序列？"郑志明回答："走了两个序列，既是特级技师，也是高级工程师。要不是国家政策好，像我这种职高毕业的钳工评上高级职称，想都不敢想。"

9月17日，天津，第二届全国技能大赛上，砌筑项目赛场，安徽代表团选手杨世龙在比赛中测量已完成的作品（曲俊燕 摄）

大赛赛场也传递出一种声音，技能人才的培养、使用、评价、激励机制正在不断完善，技能人才的职业发展通道正越走越宽。

去年"新八级工"制度的实施，打破了技术工人的职业"天花板"。当了30多年高铁车辆调试工人的罗昭强当上了特级技师，在他看来，新时代赋予每一个技术工人、产业工人人生出彩的机会，"年轻人赶上了好时代。"

"我们的小岗位连着大事业。"这是他常常对徒弟说的话，他鼓励年轻人要学会享受工作的快乐，"我们拧的每一颗螺丝，看似很普通，可一旦拧得不合格，就有可能导致国家的大事业受挫。我们要求零误差，每个人要有这种责任感。"

作为第二届全国技能大赛形象大使，"时代楷模""改革先锋"、国网天津滨海公司配电抢修班班长张黎明说，自己在一线扎根36年，如今成为国家级技能大师工作室带头人。他带的徒弟里有不少博士、硕士学历的年轻人，近年来，团队一直在配网带电作业机器人、移动共享充电桩等领域持续创新。他希望向大家传递一个观念，"简单的事情重复做好就能成为技能人才，而把重复的事情用心做就能成为创新的专家"。

在他看来，大赛不仅是为建设现代化强国选拔创新型、应用型、技能型劳动者的竞技平台，也是广大技能人才施展本领、成就梦想的人生舞台。"我为自己和千千万万的劳动者，能赶上这样一个尊重劳动、尊重创造的伟大时代感到幸福和骄傲。"

记者：胡春艳、李桂杰 2023 年 9 月 26 日

用"金牌"孕育金牌

9月19日,第二届全国技能大赛(以下简称"国赛")落幕,393名选手分别获得金、银、铜牌。获奖者走上舞台中央,在聚光灯下接受奖牌,接受来自观众的欢呼与祝贺。

此次大赛共设有109个项目,其中世界技能大赛(以下简称"世赛")选拔项目62个,国赛精选项目47个。

砌筑比赛就是一个世赛选拔项目。刚从中建五局高级技工学校(长沙建校)建筑工程施工专业毕业的黄睿强获得了砌筑比赛项目的金牌。这个项目共吸引了来自30个省(区、市)的30名代表,比赛角逐出的前5名选手进入国家集训队,之后再通过5进1选拔,获胜者将代表中国出征明年9月在法国里昂举办的第47届世界技能大赛。

记者了解到,多位曾经在世界技能大赛上获奖的选手以裁判长、裁判长助理、教练等身份现身此次大赛现场。

对接世赛标准　培育国赛选手

世赛项目砌筑比赛的裁判长助理伍远州是2022年世赛特别赛砌筑项目冠军,他现在的身份是中建五局高级技工学校的教师。

伍远州告诉记者,今年的国赛比上届难度更大,对选手综合能力素养的要求也更高。一铲灰、一块砖、一次次揉压,看似简单又枯燥的砌筑流程,都是赛场上的评分要点。

国赛比赛时间长度为 15 个半小时，选手根据图纸进行识图、放样、切割、砌筑、抹灰、勾缝、清洁等一系列工序。在比拼速度的基础上，更要拼精度、平整度、垂直度、水平度，作品绝对精度必须精确到 1 毫米，每个步骤都要环环相扣，做到"零误差"。

"世赛砌筑项目的评判标准都是精确到毫米级别，国赛对接世赛，评分标准也是一样，非常严苛，想获得冠军很不容易。"伍远州说。

"要学就要学精，要干就要干好。"这是伍远州经常告诫学生的一句话，也是他夺冠的秘诀。尽管已经问鼎世界技能之巅，但伍远州丝毫不敢懈怠。"我现在的使命是传承这一身技能，和砌筑'新生代'共同成长，接力培养更多'大国工匠'。"

从世赛冠军到国赛教练，伍远州的身份发生了改变，虽然脸上稚气未消，但肩上的担子更重了。他说："以前只要心无旁骛做好'手头功夫'，现在要带徒弟。除了训练，平时还要关注他们的吃穿住行，随时关注徒弟们的心理状态。"

对接世赛标准培育国赛选手，用"金牌"孕育金牌，这是中建五局高级技工学校培养技能人才的方略之一。第二届国赛砌筑项目世赛选拔赛项裁判组组长、中建五局高级技工学校正高级工程师雷定鸣介绍，对于技能人才培养，学校通过层层选拔建立了人才储备梯队。

国赛选手黄睿强就是从零开始练习，经过三四轮选拔才最终进入种子选手"培养池"。有一次，伍远州见黄睿强在训练时出现了懈怠的苗头，便把他带到雷定鸣技能大师工作室，指着满柜的奖牌，逐一向其讲述得奖背后的故事。"想不想有朝一日也能把你的奖牌摆在这里？"伍远州的点拨和良苦用心让黄睿强坚定了技能报国的梦想，开始下狠功。

"终于圆了金牌梦！"从闭幕式领奖台下来，摸着胸口的金牌，黄睿强的眼里含满了泪水。

世赛冠军技能成才带动专业招生由冷变热

本届国赛焊接项目也是世赛选拔项目，来自四川攀枝花技师学院的选手胡泽宏获得了该项目的金牌。攀枝花技师学院对于世赛焊接项目来说，无疑是"冠军的摇篮"。

在普通人眼中，焊接这个工种相对比较艰苦，但是它应用领域广泛，对于技能的要求非常高。通过世赛和国赛的带动，焊工也成了一些青年热爱的职业。

第43届世赛焊接项目金牌获得者曾正超，目前是中国十九冶集团最年轻的首席技师。在世赛舞台，他用娴熟的技艺让焊接组件成为艺术品，在焊接施工现场，他用一双巧手让每一条焊缝致密可靠，让技能之光在焊花中闪耀。

有意思的是，第44届、45届世赛焊接项目金牌选手宁显海、赵脯菠都是来自四川凉山彝族自治州大山深处的普通青年，他们跟曾正超一样，均毕业于攀枝花技师学院，都是技能成才并改变人生的典型。

连续3届代表中国夺得世赛金牌，攀枝花技师学院过去在招生时常遇冷的专业，也成了热门。中国十九冶集团有限公司焊工高级技师、攀枝花技师学院教师、焊接项目国家队教练周树春说："现在到学院报名读焊接专业的学生增加了一倍多！往年招两三个班，现在都是五六个班，这是世赛冠军带来的效应。"

据世赛选拔项目焊接比赛裁判长刘景凤透露，焊接技术有"工业裁缝"之称，同时也是个苦工种。世赛冠军技能成才的励志故事，激发了青年学生技能报国的梦想，鼓舞更多青年学习技能、热爱技能，走技能成才之路。

"金属材料分为黑色金属和有色金属两大类，因此焊接的技术也不相同。从航空航天生产，到航空母舰制造，还有核电站、高铁、桥梁、高楼大厦的建设，都离不开焊接。"刘景凤介绍，第二届国赛焊接项目主要是以电弧焊为主。焊接是特殊作业过程，既要求外在成型美观，对内在的质量要求也非常高，焊工的技能是决定焊接质量最重要的因素。

在刘景凤眼中，一个最优秀的焊工，对所从事的职业一定有敬畏感，要发自内心地想要干好它。"每两年一届的世界技能大赛，对全球的青年技能人才来说是一个非常大的交流技艺、展示技能的机会。同样，我们的国赛也是一次全国青年技能人才的大聚会。自古英雄出少年，这些年轻人聚在一起，爆发出来的青春之力让人倍感振奋。"

记者：李桂杰、胡春艳 2023 年 9 月 26 日

《中国组织人事报》

匠心点燃梦想　共赴技能之约
——写在第二届全国技能大赛开幕之际

剪秋色以入画卷，展技能共耀津门。9月16日，第二届全国技能大赛将在天津拉开帷幕，迎来4 000余名技能健儿同场竞技。

作为我国规格最高、项目最多、规模最大、水平最高、影响最广的综合性国家职业技能赛事，八方高手以技能相约赛场、一展风采，技能成才、技能报国的澎湃乐章将在这里嘹亮奏响。

竞赛效应持续释放，技能人才队伍建设步履铿锵

技能人才是支撑中国制造、中国创造的重要力量。从一颗小小螺丝钉的打磨，到大国重器的顶天立地，从传统手艺的匠心传承，到现代服务的智能便捷，都离不开技能人才的巧艺匠心。

踏上新征程，我国技能人才队伍建设步履铿锵。从对我国技能选手在第45届世界技能大赛上取得佳绩作出重要指示到为第一届全国技能大赛致贺信，习近平

总书记对技能人才饱含关心厚爱和殷切期望。党的二十大报告首次将大国工匠和高技能人才纳入国家战略人才行列。一揽子政策措施，推动高素质劳动者和技能人才加速涌现，现今我国技能人才总量超过2亿人，高技能人才超过6 000万人。

士因习而勇，能因练而精。定期举办技能大赛，为技能人才提供了展示精湛技能、相互切磋技艺的平台，对壮大技能人才队伍，推动经济社会发展起到了积极作用。近年来，我国不断在世界技能大赛上实现的新突破，见证了中国技能健儿的拼搏之路，彰显出中国特色职业技能开发的独特优势。

"在这几个月的训练中，我的技能水平得到非常大的提升，希望在比赛中展现出技能的魅力。"重庆电子技术赛项选手朱政霜激动地说。重庆市通过举办各类大赛，累计辐射带动100余万人参加技能比拼，选拔培养高技能人才5万余人。通过组织选拔、训练、比赛，提升了选手技能水平，带动广大劳动者技能就业、技能成才。

技能健儿的凯旋，也在技工院校、工厂车间掀起技能热潮。"焊接是个苦工种，但是报读的学生增加一倍多！""高校的学生抢着进图书馆，我们技工院校的学生抢着进车间！""'车间明星'激活一池春水！"……不少技工院校教师和企业经理感叹，一位位竞赛选手成为言传身教的"活教材"，技能学子和广大职工热爱技能、学习技能的热情高涨，比学赶超的风气日益浓厚，技能成才、技能报国成为青春宣言，拓宽了青年学子的职业道路。

如今，以世界技能大赛为引领、全国技能大赛为龙头、全国行业和地方各级职业技能竞赛以及专项赛为主体、企业和院校职业技能比赛为基础的中国特色职业技能竞赛体系不断完善，每年有上千万人参与各类竞赛活动。以赛促学、以赛促训、以赛促奖、以赛促建，我国技能人才队伍不断壮大，为中国制造、中国创造夯实了人才基础。

走上技能成才之路,点亮大国制造的未来

今年春晚,一个画面让人印象深刻。大国工匠代表艾爱国、洪家光、刘丽,以及世界技能大赛特别赛冠军代表马宏达、周楚杰精彩亮相,彰显国家对技能人才的重视。

一场场世界技能大赛,让更多技能人才成就了"高光时刻",走入人们的视野。怀一技之长,许多人走上技能成才之路,点亮了大国制造的未来。

他们踔厉奋发,实现报国梦想。第一届全国技能大赛飞机维修项目冠军熊岑辉载誉归来后,冲锋在生产第一线,成为"蓝天战鹰"背后的金牌工匠,实现航空报国梦想;数控铣项目世界冠军杨登辉,当选全国人大代表,走上更大的平台发挥作用,为技工教育发展、技能人才培养建言献策。许多冠军选手感慨,自己赶上了重视技能人才的黄金时代,今后更要以技能报国。

他们身怀绝技,撬动命运的齿轮。凭借一把焊枪,赵脯菠走出大山,站上世界最高领奖台;从班上最不起眼的少年,到刮腻子"刮"成世界冠军,"00后"小伙马宏达火遍全国。他们用奋斗的青春证明了"三百六十行,行行出状元",技能人才也有人生辉煌。

他们精益求精,传承发扬工匠精神。一个动作重复成千上万遍,能将单次滴入溶液的量精确到0.01毫升,"00后"女孩姜雨荷实现了中国队在化学实验室技术项目上金牌"零"的突破;徐澳门悟通了"在一米宽度上挖掘一千米深度"的道理,以惊人毅力完成日复一日的训练,凭借高超技能获得世赛车身修理项目金牌。干一行、爱一行、钻一行,工匠精神在技能青年的血液中流淌。

他们奋勇拼搏,展现技能之美和蓬勃力量。历经无数个挥洒汗水的日夜,石丹从一个青涩的小姑娘蝶变为美发项目冠军,在世界最高领奖台上绽放光芒;美容项目选手王珮以自创的中式美容推拿技法赢得全场赞叹,不仅摘得金牌,更将中华传

统文化带上世界级舞台。他们用双手创造美丽、塑造自信，让世界看到了中国青年的蓬勃朝气。

勇往直前、匠心筑梦。一位位技能健儿，用智慧和汗水绘就出彩人生。技能宝贵、创造伟大的心声不断回响，精益求精、追求卓越的工匠精神更加深入人心，技能之光在充满光荣与梦想的远征中更加闪亮。

大赛亮点纷呈，静待健儿巅峰对决

金秋时节，一场技能盛典将在津门起航。

服务智能制造的工业4.0项目，为生活带来便利的云计算项目，颠覆传统生产方式的增材制造项目，指导健身运动的社会体育指导（健身）项目，让生活更美好的花艺项目，首次亮相大赛的烹饪（中餐）项目……109个竞赛项目，与高质量发展和社会生产生活息息相关，静候八方高手前来打擂。

与上届相比，本届大赛创新频现、看点十足。

赛项"上新"亮点多。国赛精选项目大幅增加，尤其是增加了20个新职业赛项。"新职业的背后是新业态的支撑，是中国经济高质量发展迈出的坚实步伐，同时也意味着发展的新机遇和就业的新空间。"大赛执委会技术保障工作部副部长、天津市就业服务中心副主任李战强说，这对于增强新职业从业人员的社会认同、促进就业创业具有重要意义。

职工参赛比例大幅提升。在参赛选手条件方面，将国赛精选项目的参赛选手明确为相关职业从业人员，这意味着职工的参赛比例大幅提升。"这样可以通过大赛更好地助力职工创新，带动更多职工钻研技能、提高技能，更好地服务生产。"天津职业技术师范大学附属高级技术学校教师、增材制造赛项天津集训队教练组长姚继蔚表示。

配套活动富有新意。采取赛展演会结合的办赛模式，大赛将举办具有观赏性、参与性、互动性的技能展示展演和交流活动。"最受欢迎的十大绝技"展演、技能大集、群众技能体验擂台赛以及技能强国论坛等一系列活动，营造浓厚氛围，让社会公众更多地了解技能，关注技能，体验技能带来的魅力。

各代表团厉兵秣马、全力备赛，技能健儿摩拳擦掌，迎战巅峰对决，在技能舞台绽放光荣与梦想。"我儿时就怀揣航空梦想，如今可以站在国家大赛的舞台上维修飞机，这在以前想都不敢想，一定要争取取得好成绩。"黑龙江选手步凡吉平时工作生产任务重，下班后常常训练到深夜，他憧憬着在大赛中亮出绝活。"每天最少训练 12 个小时，这次参赛要拼尽全力、不留遗憾。"广东时装技术项目选手周芹妃充满期待……

本届大赛选手人数远超上届，赛项设置令人瞩目，赛展演会亮点纷呈，一场"智慧、绿色、安全、特色"的盛会即将展开。让我们心怀热望，拭目以待！

记者：魏杰 2023 年 9 月 15 日

探寻大赛新看点

新 赛 项

走进烹饪（中餐）项目赛场，饭菜的香气扑鼻而来。恰逢选手刚刚完成上午的比赛，大厨们的成品排成一列放在桌上，令人垂涎欲滴。在这里，观众能欣赏到中华美食中冷拼与雕刻的绝技、热菜的色香味俱全和面点的精巧手艺。

烹饪（中餐）是今年新增的赛项之一。本届大赛共设 109 个项目，与第一届大赛相比，国赛精选项目数量大幅增加。

除了新增 20 个新职业和数字技术技能类赛项以外，起重设备应用技术、石油钻井技术、电力系统运营与维护、机器人焊接、计算机软件测试等项目也在本届大赛"初次登场"。石油钻井技术重点考核选手佩戴正压式空气呼吸器、检查地面防喷器控制装置、钻具接头螺纹扣型识别、起放空游车、复杂情况下的压井操作能力；电力系统运营与维护涵盖中压及高压电缆，以电缆附件安装、电缆运行维护与检修为考查方向；机器人焊接重点考核选手使用焊接机器人进行焊接的技能。

新 面 孔

在不少赛项现场，能看到老师傅与小工匠一拼高下，选手来源广泛，出现了更多新鲜面孔。职工选手占比 54.1%，比第一届大赛增加 7.6 倍。

物联网安装调试项目选手杨勇就是来自海南省技师学院的一位教师，也是这个赛项不折不扣的"新面孔"。看重物联网技术在各领域的广泛应用，几年前，他从电子技术专业转型，开始教授物联网相关专业。"大赛给我提供了很好的机会，让我能锻炼、检验自己的水平，实现以赛促教的目标。"来到大赛现场，杨勇感到很兴奋。

高学历参赛选手也大幅增加，博士选手从上届的2人增加到本届的25人，硕士选手从上届的69人增加到本届的546人。比如人工智能工程技术项目，参赛选手学历基本在硕士以上。高学历参赛选手多数集中在新职业和数字技术技能领域，揭示了技术技能融合发展的趋势。

新 赛 场

碧空如洗，海天一色。天津港（集团）有限公司第二集装箱码头迎来了一批特殊的"客人"。这是大赛的分赛场，选手们在这里开展起重设备应用技术的比拼。

除了国际会展中心的主赛场，本届大赛还在天津港（集团）有限公司第二集装箱码头、中国石油大港钻井技术培训中心、国网天津培训中心设置了3个分赛场，起重设备应用技术、石油钻井技术、电力系统运营与维护项目分别在3个分赛场进行激烈角逐。

这是全国技能大赛首次设置分赛场。在分赛场上，不仅能看到选手切磋技艺，还能领略大国重器的风采。起重设备应用技术项目启用了最新研发的电子裁判系统，比赛判罚精度准确性至厘米级、时间准确性为毫秒级，推动技能竞赛专业性和公正性有效提升。

新 玩 法

"哇！"S7场馆传来阵阵欢呼声。只见社会体育指导（健身）项目吸引了许多观众，大家不时对赛场上选手的惊人体能和技艺发出赞叹。

公众可预约参观、技能展示交流活动多、互动体验性强，是本届大赛的又一亮点。为了增强社会公众对大赛的关注，近距离体验技能的魅力，本届大赛主赛场于9月17日至18日面向社会公众开放，公众在官方平台成功预约后可进场观赛。美容、移动机器人、花艺、餐厅服务等观赏性强的赛项，赛场周围围满了观众。

一走进比赛主场馆，就看到打卡点排着长队，现场观众拿着纪念册集章，兑换纪念品。大厅里的大赛吉祥物天天、津津成为大家热捧的"新星"，许多人围着天天、津津的大玩偶摆出各种姿势，拍照留念。群众技能体验擂台赛、技能大集等则让观众可以一试身手，亲身体验技能的魅力。

新 视 野

"技能强国"论坛是本届大赛中的新板块。论坛采用"1+3"模式举办，分别是1个主论坛和大国工匠、技工教育、终身职业技能培训3个平行论坛。

专家云集，交流碰撞。论坛邀请了大国工匠代表，企业、技工教育专家、技工院校和职业技能培训机构代表，人力资源专家代表等出席，共同探讨技能人才队伍建设、"新八级工"制度、技工院校工学一体化、企业新型学徒制等热议话题，呼吁广大劳动者用劳动、技能、创新和拼搏谱写新时代劳动者之歌，共同建设技能强国。

记者：谢小杭、魏杰、吴叶柳 2023年9月18日

20个新职业赛项亮相第二届全国技能大赛树立现代产业人才培养风向标

人工智能工程技术、无人机装调检修、供应链管理、全媒体运营……第二届全国技能大赛，20个新职业和数字技术技能类赛项"闪亮登场"。

新职业赛项比些啥？对技能人才有哪些要求？对技能人才培养起到什么作用？比赛日，记者走入赛场，一探究竟。

赛项模拟实战、贴近生产生活

一间间看上去不大的房间里，摆放着衣柜、写字台、置物柜等多件家具，衣服、化妆品、花束等各类物品凌乱地放在地上，每队两名选手分工协作、争分夺秒，在规定时间内加紧整理收纳。

"过去一说起整理收纳，大家就想到叠衣服、挂衣服，其实这个行业最主要的是合理规划空间、搭配色彩。"家政服务（整理收纳）项目裁判长谈檀介绍，选手们不仅要"拼手速"，更要把物品整理得便于取用又美观。

家政服务（整理收纳）便是此次新职业赛项之一。近年来，随着产业蓬勃发展、社会分工日益细化，许多新职业应运而生，部分从业人员多、对行业有引领作用的新职业走上本届大赛的赛场。

除了贴近生活的现代服务业赛项，数字技术技能类赛项也亮相赛场。"集成电路的重要性不言而喻，集成电路工程技术项目被纳入大赛，体现了国家的重视。"

作为一线教练,深圳职业技术大学电信学院(集成电路学院)副院长余菲感到欣喜。赛场上,选手聚精会神盯着计算机屏幕进行操作,午饭时间到了也顾不得起身用餐。项目裁判长赵毅强介绍:"集成电路产业包括设计、生产、封装测试,比赛项目面向集成电路工程技术人员而设立,以职业标准为牵引、以产业驱动为导向,涵盖了产业这三个方面。"

随着电商购物走入人们的生活,互联网营销师等新职业蓬勃兴起。推广、策划、直播、复盘……在互联网营销项目赛场,选手们个个都成了技能全面的"六边形战士",不断切换着不同的比赛任务。"能进入大赛,说明我们新职业得到了社会的广泛认可。"河南互联网营销项目选手张瑞娟感到振奋。

赛项模拟生产经营实战场景,选手们"真刀真枪"、激烈比拼。会写、会拍、会剪、会推,作品发布后的流量数据也是评分点,全媒体运营项目选手们紧锣密鼓地创作着;虚拟现实工程技术赛场,选手们或操作软件,或戴上头盔测试,他们要为一枚开元通宝钱币和一个炮筒进行建模和制作,把它们做成数字化展品,这项技术在博物馆数字展示中运用广泛;无人机装调检修项目赛场正中央是一片试飞场地,选手要把零件组装成无人机,现场试飞并完成相应的任务……

"大赛既保留了世赛项目,又新增这么多赛项,透露出我国新职业、新工种迅速崛起,对相关领域技能人才的需求旺盛。"广州市技师学院副院长陈实说,这些赛项纳入大赛,对于增强新职业从业人员的社会认同、促进就业创业具有重要意义。

技术技能融合发展成新趋势

拥抱新职业,顺应新趋势。赛项的"考点",包含了新职业对人才的需求。

在多位受访者看来,新职业赛项登上赛场,为的就是充分发挥职业技能竞赛引领示范作用,进一步改善新职业人才供给质量结构,为加快发展现代产业体系,推动经济高质量发展提供有力人才保障。

"我国对互联网营销人才的需求每年大概在500万人以上，但目前行业中还存在不规范的行为，随便拿起手机就可以直播，真正按照行业标准和规范来做的互联网营销人才较少。"互联网营销项目裁判长助理时应峰认为，互联网营销呼唤遵守职业规范、具备综合技能水平的从业者，大赛要求更高、标准更规范，树立了很好的导向。

许多新职业的产生伴随人们对更高生活品质的追求，对从业者职业技能的要求也在不断攀升。"整理收纳其实处理的是人、物、空间的关系，其中整理是一种技巧，而收纳是一种理念。"黑龙江家政服务（整理收纳）项目选手赵莲花感到，这是一项非常综合的职业，要具备较强的逻辑思维能力，还要擅长与客户沟通交流、处理人际关系，甚至涉及心理学的内容。

"只是操作熟练还不够，一旦思路卡壳了就很麻烦。"山西增材制造设备操作项目选手张红志对"动手又动脑"深有体会。项目裁判长刘永利介绍，这一赛项要求选手熟练掌握增材制造设备，还要熟悉设计软件操作，具备一定的理论基础，对机械设计、机械原理、机械制图、机械加工的工艺都必须熟练。

技术技能融合发展的趋势，对从业者的学历、能力、技能水平等都提出了更大挑战。智能制造工程技术、集成电路工程技术、工业互联网工程技术、人工智能工程技术、虚拟现实工程技术等5个专业技术类竞赛项目亮相大赛，参赛选手中博士、硕士比比皆是，这一现象让人工智能工程技术裁判员、萧山技师学院数字与信息技术学院院长李四明感到十分欣喜，"社会上有一种误区，认为技能人才与工程技术人才是两个不同赛道，并且有高下之分。赛项的融合，有助于引导整个社会的共识，促进更多既掌握技能又懂工程技术的复合型人才涌现出来。"

推动新职业人才加速涌现

"以前我都不敢直播，从学校走到省赛再到全国技能大赛，慢慢地，我的状态越来越好，现在已经练出来了。"第一天比赛结束后，广西互联网营销项目选手覃惠春神态轻松地走出赛场。

许多选手感到，作为新职业，有这样一个切磋技艺、提升技能的平台，十分宝贵。"第一次参加这么高规格的赛事，拿奖还是次要，我更想通过大赛与一些经济发达地区的选手相互交流学习，打开自己的思路。"张瑞娟十分珍视这次参赛机会。

赛事要求，新职业赛项的参赛选手必须是职工，他们多来自院校或企业。"院校老师是引领者、传播者，他们来参赛，能引导学生和公众对这些新职业从知道，到熟知，再到认知，更好地传播推广技能。"谈檀对此十分认可。

以赛促学、以赛促改，李四明告诉记者，萧山技师学院计划根据人力资源社会保障部发布的数字技术工程人员的国家职业标准，结合比赛要求，重新修订人才培养方案，把工程师所需的能力放进去，培养更多综合性复合型的数字化人才。

"企业生产标准融入赛题当中，赛后，许多院校再把比赛相关的内容转化成教学资源，促进了院校教学与实际生产的融合，能够培养出适合企业需求的人才，填补人才缺口。"大赛设备设施支持单位、新大陆集团人工智能事业部总经理林祥利说。

人才培养也离不开良好的社会氛围。集成电路工程技术项目赛场旁，架起了一块大屏幕，30秒一切换，实时显示选手的赛况，同时有解说员进行讲解。不少观众驻足围观，近距离感受技能力量，加深了对行业的认识。"社会对行业的关注度提升了，各方面更重视了，有利于进一步推动人才培养和行业发展。"余菲说。

记者采访中，选手、院校、企业、人力资源社会保障部门、行业部门等各方均表示，将发挥好技能大赛的风向标、指挥棒作用，加大培养、使用、评价、激励力度，合力推动新职业技术技能人才队伍不断壮大。

记者：魏杰、吴叶柳 2023年9月18日

大赛折射各地技能人才培养水平提升

"题比以前难了,但选手水平普遍比以往高。"第二届全国技能大赛现场,信息网络布线项目裁判长卢勤感叹道。参赛选手技能水平大幅跃升,是大家的普遍感受。

如果将竞赛选手比作塔尖,他们背后庞大的技能人才队伍就是塔基。一组数据是有力佐证:本届大赛,报名参加全部109个比赛项目的代表团有18个。经对选手参赛身份进行审核后,符合报名条件能够参与所有赛项的代表团有12个。特别是山西、安徽、湖北、湖南、四川、贵州等6个中西部省份参加全部项目的比赛。另有23个省份代表团参与比赛项目超过赛项总数的90%。

代表团积极参与大赛,折射出各地技能人才培养水平的提升。大赛期间举办的代表团专场媒体见面会上,辽宁、山东、河南、四川等代表团分别介绍了技能人才队伍建设工作的特色亮点和参赛情况。

发挥典型力量,影响带动技能人才队伍不断壮大。辽宁省常态化开展大国工匠进校园、大赛冠军巡回宣讲等活动,依托大国工匠众多的优势,在全省建设214个国家级、省级技能大师工作室(站),支持广大技能大师带徒传技,形成薪火相传的浓厚氛围。

用好评价激励手段,让技术工人有奔头。山东省开展企业技能人才自主评价,设立特级技师岗位,推进"新八级工"职业技能等级制度,打破技术工人发展的"天花板",让优秀技能人才名利双收。

以赛促学、以赛促建，竞赛风向标引领技能人才培养。河南省实施技能竞赛"百千万"计划，每年组织不少于100项职业（工种）竞赛、1 000场赛事活动，10 000名以上选手取得职业资格证书或职业技能等级证书，引领全省各级职业技能竞赛蓬勃开展，掀起了重视技能、学习技能、提升技能的热潮。

搭建平台载体，推动融合发展。四川省创新推进西部高技能人才培育总部、职业能力建设创新改革先行区、西部工匠城等技能人才的重大产业项目，发布技能四川重点项目建设机会清单，推动"教培产城"融合发展，打造技能人才培育的平台。

各地人力资源社会保障部门表示，要以参加全国技能大赛为契机，加大技能人才培养力度，激励更多劳动者特别是青年一代走技能成才、技能报国之路。

记者：魏杰、吴叶柳 2023年9月19日

高手聚津门 赛场展绝技

金秋九月，相聚津门。9月16日至19日，第二届全国技能大赛在天津举办。本届大赛以"技能成才、技能报国"为主题，来自全国36个代表团的4 045名选手参赛，在109个项目上展开角逐，全力冲刺最高领奖台。

时装技术项目（本报记者 张立 摄）

油漆与装饰项目（本报记者 张立 摄）

赛项设置，新意十足。与第一届大赛相比，本届大赛增加了20个新职业和数字技术技能类赛项，如全媒体运营、互联网营销等，这些赛项对于增强新职业从业人员的社会认同感、促进就业创业具有重要意义，同时，新增智能制造工程技术、人工智能工程技术等5个专业技术类竞赛项目，更加符合技术技能融合发展的趋势。

高手过招，比拼激烈。一双巧手将损坏的车身恢复成"出厂设置"；一把铲刀砌筑起一堵带有"天津之眼"元素的艺术墙；美发项目上演发丝上的"时尚秀"；花艺项目"变"出一把把漂亮花束；通过建模与制作，把文物做成数字化展品；安装操作移动机器人,把药品精准无误送达病房……赛场上,老师傅与小工匠一拼高下,高学历参赛选手也大幅增加,选手们神情专注、各展所长,技能之美、工匠精神在这里流淌汇聚。

新能源汽车智能化技术项目(本报记者 张立 摄)

烘焙项目(本报记者 张立 摄)

赛展演会,精彩纷呈。大赛同期举办技能展示交流、绝技展演等活动。展示交流活动中,各代表团共组织了190多个展示项目,其间安排现场展演30项具有传统特色的绝技绝活。十八街麻花、敦煌壁画修复、宣纸捞纸、大足石雕等中华绝技亮相现场、引人驻足,最终由专家和观众投票评选出"最受欢迎的十大绝技"。此外,通过技能大师见面会、技能大集、群众技能体验擂台赛等活动,观众近距离体验了一把技能的魅力。

原型制作项目(本报记者 张立 摄)

珠宝加工项目(本报记者 张立 摄)

精细木工项目（本报记者 张立 摄）

抹灰与隔墙系统项目（本报记者 张立 摄）

作为我国规格最高、项目最多、规模最大、水平最高、影响最广的综合性国家职业技能赛事，大赛旨在以赛促训、以赛促培、以赛促建，不断完善技能人才培养、使用、评价、激励机制。这场"智慧、绿色、安全、特色"的技能盛会，必将进一步营造劳动光荣、技能宝贵、创造伟大的时代风尚，推动精益求精、追求卓越的工匠精神深入人心，激励更多青年用技能点亮青春梦想，以匠心铸就精彩人生。

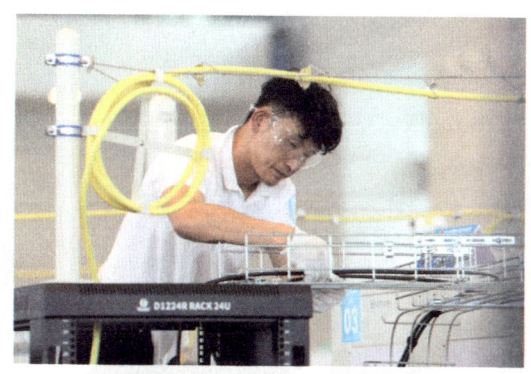
信息网络布线项目（本报记者 张立 摄）

轨道车辆技术项目（本报记者 张立 摄）

媒体眼中的
中华人民共和国
第二届职业技能大赛

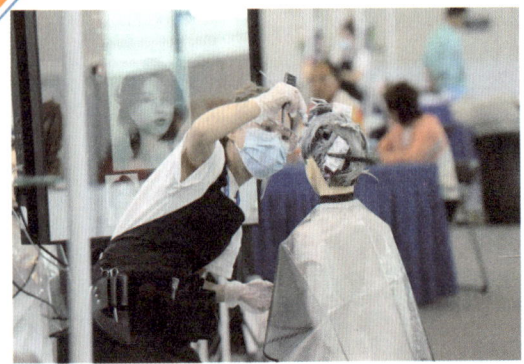

美发项目（本报记者 张立 摄）

装配钳工项目（本报记者 张立 摄）

观众体验写字机器人（本报记者 张立 摄）

烘焙项目正在为成品打分（本报记者 张立 摄）

观众欣赏糖艺/西点作品（本报记者 张立 摄）

建昌帮传统中药炮制技艺——水泛丸制作展示（本报记者 张立 摄）

记者：魏杰、吴叶柳 2023年9月19日

光荣与梦想在这里绽放
——第二届全国技能大赛获奖选手风采

9月19日,第二届全国技能大赛落下帷幕。闭幕式上,大赛获奖选手名单揭晓,393名选手获金、银、铜牌。

匠心筑梦,勇往直前。一个个技能健儿跃上领奖台,绽放着属于他们的风采;技能成才、技能报国的足音,在这里铿锵踏响。

在技能舞台上绽放光芒

"没有想到过能拿冠军。"走下领奖台,来自河南农村的电工项目选手李文航既惊喜,又有些不敢相信。凭借技能,这名曾经中考失利的"网游少年",走出了一条"逆袭"之路。

中考失利、沉迷网络,他被父母送到开封技师学院学习技能。焊接电线、设计电路,在动手动脑中他找回了久违的学习乐趣与自信,并在各类比赛中一路过关斩将。拿到本届大赛电工项目金牌,李文航脸上满是自豪:"现在的我已经远远超出了父母的期待。"

"能走上技能这条路我感觉特别幸运。"来自上海的花艺项目金牌选手蒋晨琪沉浸在夺冠的喜悦中。一副大大的黑框眼镜、一头富有青春气息的短发,面对记者提问,蒋晨琪滔滔不绝地讲起了她在赛场上的得意之作。从一个对花花草草不感兴趣的稚气学生,到拿到花艺项目金牌,她在技能舞台找到了自己的一方天地。

赛场上，既有千里走单骑的神勇，也有团队精神的闪闪发光。

制造团队挑战赛，是本届大赛109个赛项中唯一的一个三人团队挑战项目，涉及多个工种，也是公认高难度的项目之一。天津队选手陈俏锐、黄岳兵、潘燧今年2月份刚刚组队，半年多的时间，便赢得本届大赛冠军，离不开背后各司其职、合作无间的团队力量。

"当我遇到困难，他们总会鼓励我，对我说不要着急、慢慢来，对我很有帮助。我们平时都在一起训练、聊天，增加亲密度，大家为了共同目标去努力。"黄岳兵说。

一技之长，绽放光芒。技能健儿们用精湛的技艺赢得了属于自己的荣耀，也展示了技能的力量。

以奋斗之姿砥砺成长

"他的衣服就没有干过，始终就是大汗淋漓！"当记者问起备赛的过程，轨道车辆技术项目冠军马朝凯立刻指了指自己的搭档张义龙。比赛中，单单一个整车外观检查模块，就包含370多项，二人在一个半小时之内全部逐个确认，背后功夫令人赞叹。

宝剑锋从磨砺出。一位位大赛冠军的诞生背后，无不饱含辛勤的汗水。

一把铲刀、一方砖块，每日重复简单而枯燥的切割、砌墙等动作，就是砌筑项目金牌选手黄睿强的备赛日常。长达15个小时的比赛，不仅拼速度，还要拼体力和精度。为了让自己适应高强度的比赛，控制手臂的力度，黄睿强从搬砖开始练起，有时候一天下来能搬200多块、相当于800多斤的砖。

赛场上，拼体力、搏技能，更考验意志。

上午还运行流畅的程序，突然出现了问题。电气装置项目比赛中，赵智俊遇到突发状况。他沉着冷静地排查，敏锐地发现是由于赛场下午的室温有所升高，导致智能温控系统发生程序不匹配的问题。"这在训练中从来没有遇到过。"赵智俊说。

于纤毫处见功夫，源于日复一日的付出。电气装置是一个无法速成的项目，体力与脑力并重。"每天6点起床，第一件事是练体能。"切割、端平等基本功也需长期训练，直到练出了肌肉记忆。此外，还要练习电路设计、编程、安装和调试。4年备赛、稳扎稳打，赵智俊终将金牌收入囊中。

钻研技艺、奋力拼搏，技能健儿们以奋斗之姿践行工匠精神，奏响了嘹亮的奋斗之歌。

以匠心传承走向未来

闭幕式上，来自全国各地各行业的大国工匠、劳动模范、世赛冠军等作为颁奖嘉宾，为本届大赛获奖选手颁奖。技能之光在闪耀，工匠精神在传承。

拿到本届大赛的金牌，就意味着进入了国家集训队，来自广东的移动应用开发项目金牌选手马贞鹏激动万分："这次比赛证明了我的能力，也让我看到了自己在逻辑思维上的不足。接下来我要有针对性地做一些重点训练，争取参加世赛，为国争光！"

"我肯定会坚持学习好我的专业，继续坚定地走技能之路。"16岁的任格格，就读于河南技师学院服装设计与制作专业，是此次赛事中年龄最小的选手之一。抱着学习的心态参赛，她一举拿下世赛选拔项目中的时装技术项目铜牌，未来的发展之路更加清晰。

"除了专业知识的提升，大赛对精细度的要求相当高，需要格外专注，这对我有很大启发。"获得汽车喷漆项目金牌后，来自上海的选手常晨将重新回到一线技术岗位，"我会把大赛的要求带回去，以更加饱满的状态和精益求精的工匠精神做好每天的工作。"

"综合能力得到锻炼,补齐了短板,技能得到很大的提升。"电力系统运营与维护项目冠军武旭光、于连坤是国网天津电力公司的职工,二人更加坚定了信心,要把技能成才、技能报国落实到生产一线,落实到工作实际中去。

记者:魏杰、吴叶柳 2023年9月20日

跨越古今的绝技盛宴

让千年文物重焕光彩的敦煌壁画修复技艺；科技感十足的无人机集群编队；在 2 毫米直径铅笔芯里打直径 0.2 毫米小孔的铅笔芯钻微孔技艺；把一簇绿叶制成口感上佳的唐代蒸青茶饼……

9 月 19 日，第二届全国技能大赛"最受欢迎的十大绝技"评选活动结果揭晓，敦煌壁画修复、无人机集群编队等十个项目脱颖而出。传统技艺与现代技术的碰撞、交锋，为现场观众带来了一场场令人惊叹的技能盛宴。

800 架无人机组成巨龙腾空而起，蜿蜒盘旋于天津地标天塔周围，呈现"飞龙绕塔"景观。9 月 16 日晚，一场科技与文化完美融合的无人机表演惊艳亮相，成为大赛期间的一大看点，并迅速走红网络。凭借高超的技术，无人机集群编队入选十大绝技。

在空中达到厘米级的定位水平、精心制作的灯效及 3D 立体建模融为一体、从硬件到软件均实现自主可控……绚烂惊艳的无人机群表演背后是"硬核"科技的支撑。

"要实现绕塔飞行这种高难度的表演，需要运用到集群控制算法、高精度定位等技术，还要克服塔身对于无人机信号的遮挡，优化现场组网方案。"展演现场，宣讲团队成员王子峰自豪地向观众介绍。

既有科技感十足的现代技术，又有历史悠久的非遗文化，技能展演让观众跨越古今、一饱眼福。

双人配合，动作协调一致，将纸浆从水中捞出成形，每张纸的误差控制在1克以内。展演台上，捞纸大师周东红和搭档密切配合，捞出一张张纸面匀称、洁白如玉的宣纸。

一张宣纸，要经过大大小小的108道工序，历经3年方可制成。捞纸是宣纸生产过程的重中之重，也是迄今难以被机器替代的工序之一。这也是一项被时间验证的绝技，制作出的宣纸不蛀不腐不脆，可经久流传上千年。

"我这双手好比一杆秤，掌握着一张纸的厚薄和均匀，很高兴能把我的技艺展示给观众，让大家了解宣纸捞纸这项技艺。"周东红说。从事捞纸以来，他的双手常年泡在水里，一遍又一遍重复同样的工序。即便是到了冬天，水温很低，他依然捞纸不辍。30余年，周东红牢牢守护着这项绝技。

"非常震撼，肃然起敬！"技艺的传承与坚守，感动了现场许多观众。

除尘、注射黏合剂、回帖、喷湿、加固、滚压……敦煌壁画修复技艺展演人李波凝神屏息，小心翼翼地完成6道工序。一块起甲的壁画模板被修复完好，平整如新，恢复了原来的面貌。

为了展演，他特制了一块还原度很高的模板以便于展示。然而，真实的修复场景要比这复杂得多。敦煌壁画是闪闪发光的文化瑰宝，但"年老多病"，表面翘起、酥化，甚至开门声大一点都会掉落。壁画修复需要高超的技艺，必须全神贯注，十分消耗精力，还需要修复者拥有深厚的艺术造诣、文化修养以及化工知识等。

"不仅要针对壁画的起甲、酸碱、粉化、空鼓等病害做分门别类的处理，还要本着最小干预的理念，尽量不去干预壁画本体。"敦煌研究院职工李波从事壁画彩塑保护工作30余年，从修复工具、修复材料到修复工艺，摸索出一套完整且有效的保护修复工艺，让一幅幅流传千年的珍贵壁画起死回生。

"太棒了！""真厉害！"每一个项目展台前都围满观众，人群中不断传来一声声感叹。从媒体上得知消息后，天津市民韩凤兰特意坐一个多小时地铁赶来。在绝技展演现场，她流连忘返，直呼精彩："以前从来没这么近距离地接触过这么多绝技绝活，简直大开眼界！"

精益求精、一丝不苟、追求卓越的工匠精神感染着现场的观众，劳动光荣、技能宝贵、创造伟大的风尚更加深入人心。参加展演的技能大师纷纷表示，要执着坚守、砥砺传承，鼓舞带动更多青年崇尚技能、钻研技艺，让中华绝技薪火相传。

记者：魏杰、吴叶柳 2023 年 9 月 20 日

奏响技能成才技能报国的澎湃乐章
——第二届全国技能大赛观察

高手云集，巅峰对决。近日，第二届全国技能大赛在天津落下帷幕。在这场规格最高、项目最多、规模最大、水平最高、影响最广的综合性国家职业技能赛事上，4 000 余名技能高手同台竞技，393 名选手站上金、银、铜牌领奖台。

大国重技，成才有路。技能之美、工匠精神在这里大放光芒，劳动光荣、技能宝贵、创造伟大的时代风尚不断回响，技能人才大军壮大的步伐铿锵，必将激励更多劳动者特别是青年以技能点亮精彩人生、实现报国之志。

高手对决、交流切磋，呈现一场全方位的技能盛典

一个个移动机器人，把各类药品精准无误送达病房；一件件文物经过建模与制作，成为精美的数字化展品；一堵堵绚丽的"天津之眼"艺术墙在砌筑项目现场一字排开；烘焙赛场上排列着造型各异的精致面点；花艺项目里"变"出一把把漂亮花束……3 天紧锣密鼓的比拼，技能高手们全力攀登技能高峰，以巧艺匠心成就了一件件令人惊叹的作品。

大赛为技能人才提供了展示精湛技能的舞台，各行各业的技能高手在赛场上尽情展示高超技艺和昂扬向上的精神风貌，生动地诠释了技能之美。

竞赛，意味着对技能极限的追求。在日复一日的训练中，选手技能大幅提升，也更加感悟到工匠精神的价值。"赛题要求 110 千伏电缆绝缘表面的打磨，精细度

要达到0.4微米以下，也就是咱们头发丝的1/100。只有到这个程度，电缆才能更加安全稳定地运行。"回望苦练技艺、斩获金牌的历程，电力系统运营与维护项目冠军于连坤、武旭光不约而同地感到，随着技能水平的提升，自己对工匠精神的理解更加深入，今后工作中更要一丝不苟地守护万家灯火。

大赛比拼异常激烈，更是一个交流切磋的平台。许多选手坦言，摘金夺银固然高兴，但前来取长补短更令人欣喜。"说实话，在自治区赛拿了金牌感觉自己挺优秀的，但来到这次大赛，看到各地的选手都非常厉害，他们在主题创新、展示台设计、文化内涵等方面都非常不错……"当记者问到参赛收获，来自新疆的苏比力努尔·帕尔哈提首先一口气说出了同台选手的许多优点。斩获餐厅服务项目（国赛精选项目）铜牌的她，是喀什技师学院的一名教师，她要把这些好经验带回去。

在这里，成长之路与报国梦想同频激荡。轨道车辆作为我国高端装备制造业的典型代表之一，需要大量实操能力强的高技能人才。赛场夺魁，让轨道车辆技术项目冠军马朝凯和张义龙的未来之路更加明晰："希望我们的专业技术能更加精进，努力融入国家轨道车辆行业中去，为国家做出自己应有的贡献。"

大赛同期还举办技能展示交流、绝技展演等活动。各代表团共组织了190多个展示项目，其间安排现场展演30项具有传统特色的绝技绝活。无人机集群编队、敦煌壁画修复、宣纸捞纸等十个项目获评"最受欢迎的十大绝技"。此外，通过技能大师见面会、技能大集、群众技能体验擂台赛等活动，更多观众近距离感知技能的魅力，体验了一场全方位的技能盛典。

各地参赛积极、地区差距缩小，技能人才整体水平提升

"以往30个队里面，厉害的只有5名选手，但是这一次有更多选手进入第一梯队。参与大赛的人越来越多，训练水平也更高了，选手整体水平有很大提升。"数控铣项目（世赛项目）裁判长助理杨登辉兴奋地说着大赛最大的变化。

不仅技能选手整体水平有所提升，地区差距也在缩小。本次大赛，信息网络布线项目（世赛项目）裁判长卢勤看到，"30个代表团的选手参加，人数是历届最多的，尤其是中西部地区都在向着沿海地区赶超，参赛热情很高。"更多高技能人才涌现，来为我国的信息高速公路保驾护航，让他感到欣喜。

参赛情况和获奖情况的数据，也佐证着地区差距的逐渐缩小。本届大赛，符合报名条件能够参与所有赛项的代表团有12个，特别是山西、安徽、湖北、湖南、四川、贵州等6个中西部省份参加全部项目的比赛，另有23个省份代表团参与比赛项目超过赛项总数的90%。比赛结束，共有18个代表团获得金牌、29个代表团获得奖牌、全部代表团均有选手获得优胜奖，部分西部省份实现奖牌零的突破，技能人才队伍建设成果在大赛中得到检验。

整体水平的提升，有赖于各方对技能人才培养的重视和投入。政府、院校等各方深度参与，将竞赛标准转化为人才培养标准，将选手的培养路径融入技能人才培养过程，有效提升了技能人才培养培训质效。

"我们打造高技能人才国际合作先导区、'巴蜀工匠'协同培养融合区、'巴渝工匠'创新发展集聚区等，大力培养数字技能人才。大赛前期，我们开展了高水平选拔、高质量集训，建设市级竞赛集训选拔基地144个，组建专家组64个，在严格技术技能训练的同时，还加强选手意志品质、体能等全方位训练，全面提高选手综合素质。"重庆代表团相关负责人告诉记者，本次大赛重庆代表团斩获5金2银4铜67优胜，金牌、优胜数量均实现增长，位列全国第一方阵、西部第一，充分展示了重庆技能人才队伍建设成果和技能竞赛水平。

紧跟产业发展新趋势，技工院校以赛促教，为技能人才培养打下坚实根基。面对首次亮相大赛的20个新职业赛项，广东多所技工院校从容应对。"学院以既有专业为基础，通过调整优化，对传统专业进行数字化改造，对接新职业岗位需求。"广州市技师学院副院长陈实告诉记者，学院开设了多个新专业，对接培养智能制造工程技术人员、人工智能工程技术人员、区块链应用操作员、全媒体运营师等新职业人才，此次大赛便有选手上阵出战。

本届大赛，职工选手和高学历选手大幅增加，尤其在5个专业技术类赛项比赛现场，博士硕士云集，打响了一场场"学霸"擂台赛。这背后是人才培养的跟进。"选手大部分都是硕士及以上学历，很多是院校的老师，通过比赛也能把相关的技术技能融入教学，培养更多行业真正需要的、能够独立完成项目的综合性人才。"人工智能工程技术项目裁判员许辉表示，新开设专业、配套师资逐渐跟上，顺应了技术技能融合发展的趋势，能够引领带动广大技能人才刻苦钻研技能，提高技能水平。

技能竞赛优秀选手到技工院校任教，也促进了竞赛、教学、科研水平的整体提升。"参加比赛，可以把物联网相关的所有知识技能都过一遍，对物联网的了解就更全面，对以后的教学和专业建设都会有直接的帮助。"既是选手、又是老师，来自海南省技师学院的杨勇深有感触。

以赛促培、以赛促建，竞赛效应有待进一步放大

大赛虽已落幕，技能人才培养之路依然方兴未艾。各方表示，将进一步发挥大赛引领示范作用，不断完善技能人才培养、使用、评价、激励机制，激励更多劳动者走技能成才、技能报国之路。

"通过实地观摩，进一步认识到技能人才对促进就业、支撑发展、助力创新的重要作用。"这次大赛，四川绵阳共12名选手参加，成绩不俗。绵阳市人力资源和社会保障局党组书记、局长文峰说，通过比赛找准了技能人才培养的发力点："绵阳作为中国唯一科技城，将大力实施技能创新引航工程，建设技能人才创新创业孵化中心，推广以技能大师命名的先进操作法和生产工艺，构建'技能＋科技'发展模式，在科研和技术攻关项目实践中着力培养创新型高技能人才。"

如何进一步放大竞赛效应，壮大技能人才队伍？作为本届大赛的东道主，天津

市人力资源和社会保障局党组书记、局长沈超表示，将进一步发挥"海河工匠杯"技能大赛引领带动作用，紧紧围绕天津优势产业、战略性新兴产业和未来产业，设置比赛项目，直接培养选拔一批产业急需的企业一线高技能人才。激发大赛聚合效应，带动各行业顶尖人才、先进技术设备和优质教育资源之间密切联动、深度融合，坚持职业学校教育和职业培训并重，在教育教学、实习实训、专业建设、平台搭建等方面持续改革创新。

技工教育是培育技能人才的重要渠道。"我院很多专业毕业生已成为企业首选，个别毕业生的待遇不低于同期研究生的水平。"北京市工业技师学院院长蔡夕忠自豪地说，学院将坚持就业导向、对接区域经济和民生，不断提升技工院校办学水平，为学生提供高质量的就业，为企业提供能即时可用的高技能人才。

技能人才培育也需要企业的深度参与。大赛为企业提供了展示先进产品、发现和选拔人才、推广技术标准的平台，作为世赛选拔赛项车身修理项目的设备设施支持单位，麦特汽车服务股份有限公司销售总监姜居锋对此感触颇深："通过这些年的技术创新，我们的一些标准和设备已经能够达到世界领先，亟需推广出去。"他期待，通过技能大赛平台，把企业最新的技术带到行业中去，同时深化校企合作，推动职业技能教育整体水平的提升，从而带动整个行业的发展。

"技高者奖"的鲜明导向，有助于营造良好氛围。河南省人力资源和社会保障厅出台一系列激励政策，将世界技能大赛获奖者、全国技能大赛金牌获得者纳入事业单位招聘"绿色"通道，可适用人才引进编制政策，按规定办理有关手续等。河南省人力资源和社会保障厅职业能力建设处处长姚磊说："要加大竞赛激励力度，增强技能人才的职业荣誉感、自豪感、获得感，吸引更多人投身到技能成才、技能报国的时代洪流中来！"

记者：魏杰、吴叶柳 2023年9月28日

《中国劳动保障报》("中国劳动保障报"微信公众号)

展技能风采 扬工匠精神
——中华人民共和国第二届职业技能大赛开幕式侧记

鼓声阵阵,气势如虹!在激昂的音乐中,一场新中国成立以来规格最高、项目最多、规模最大、水平最高、影响最广的综合性全国技能大赛拉开帷幕。

传工匠精神，展中华风采。36个代表团的入场，引起阵阵掌声。现场大屏幕上，大国重器、大国工匠、技能人才的影像不断切换，折射出技能成才、技能报国的重要内涵。

这次技能大赛是各参赛选手竞技的舞台，更是对教学成果的检验。走上舞台的开封技师学院教师宋永昌表示，这是他职业生涯中非常重要的时刻。他说："竞赛来源于教学又反哺教学，相信会有越来越多的学生受益。相信所有的技工教育者会共同努力，构建高质量教育体系，为技工教育的发展做出贡献！"

"技能人才是实施人才强国战略、就业优先战略和创新驱动发展战略的宝贵资源。举办全国职业技能大赛，为广大技能人才搭建展示技能、切磋技艺的平台，有利于促进形成技能就业、技能成才、技能报国的时代新风。"开幕式上，李强总理的重要批示让现场的观众心潮澎湃。

9月16日14：30，在万众瞩目下，中华人民共和国第二届职业技能大赛在天津开幕。

"李强总理对全国技能大赛的重要批示，显示出全国技能大赛在选拔培养技能人才、培育大国工匠方面的引领作用。"中石油天然气集团有限公司人力资源部副总经理侯占宁说，中国石油将进一步以国家（行业）职业技能竞赛为引领，聚焦技能人才队伍建设，为推进中国式现代化建设提供有力的人才支撑。

"听到李强总理对全国技能大赛的重要批示，我深刻体会到技术技能人才对促进国家发展的重要意义，也感受到作为竞赛工作人员担负的责任重大。"福建省人力资源和社会保障厅职业技能鉴定指导中心竞赛科科员倪冠韬说，"我们希望能通过参加全国技能大赛，学习国家级赛事组织办赛的先进经验和方法，将其融入福建竞赛的日常工作中，提升福建竞赛的办赛水平和质量，进一步做到以赛促训、以赛促学、以赛促评，让更多的人走技能成才、技能报国之路。"

开幕式现场（本报记者 卢刚 摄）

"神州大地点亮创新的光芒，技能铸就精彩、创造辉煌……"开幕式最后，铿锵有力的大赛主题曲《给梦一双翅膀》响起。主题曲体现了激励广大青年走技能成才、技能报国之路的时代要求，歌颂了新时代劳动者在推进中国式现代化的新征程上，争做担当民族复兴重任的时代新人的新风尚。

"一技之长，能动天下。本次大赛是对教练和选手们的一次技能大检阅。我们深信，在党和国家各级领导的热情关怀和大力支持下，参赛选手一定能不负众望、从容应战，在赛场上展现技能人才的时代风采。"天津市电子信息技师学院教师张洪豪说。

信息网络布线项目（本报记者 李云鹏 摄）

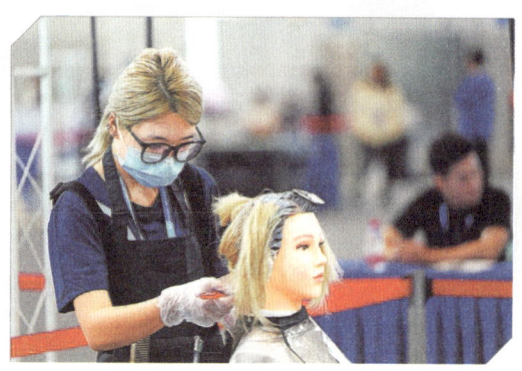

美发项目（本报记者 李云鹏 摄）

虚拟现实工程技术项目（本报记者 卢刚 摄）

精细木工项目（本报记者 卢刚 摄）

油漆工项目（本报记者 卢刚 摄）

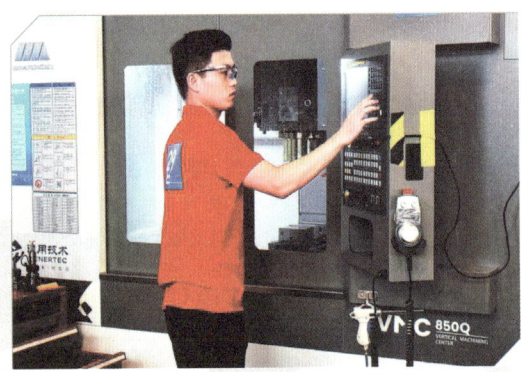
数控铣项目（本报记者 余列江 摄）

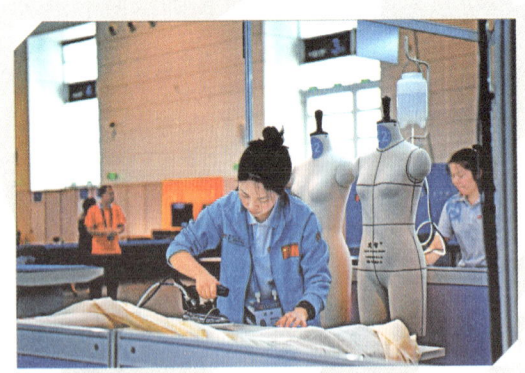
时装技术项目（本报记者 卢刚 摄）

汽车维修项目（本报记者 卢刚 摄）

电气装置项目（本报记者 卢刚 摄）

工业4.0项目（本报记者 孙兴伟 摄）

"我们要以李强总理的重要批示为指引，踏踏实实从脚下做起，以竞赛为平台切磋技艺，用技能创造更好的未来。"移动机器人项目选手、浙江机电技师学院学生王京亚信心满满地说。

作者：赵泽众 2023 年 9 月 17 日

展技能风采　筑强国之梦
——第二届全国技能大赛闭幕式侧记

渤海之滨，海河之畔，鸾翔凤集，星光璀璨。

9月19日，第二届全国技能大赛在天津圆满落幕。

这是一场我国前所未有的技能交流盛会——赛事规格最高、竞赛项目最多、参赛规模最大、技能水平最高、影响范围最广。36个代表团、4 045名选手、109个竞赛项目、3 270名裁判人员……

这是为能工巧匠们搭建的自由广阔竞技舞台——世赛选拔项目、国赛精选项目，重点增加了20个新职业和数字技术技能类赛项，别开生面，亮点纷呈。

这是新时代技能人才昂扬奋进的精神面貌和创新成果的精彩展示——让更多人感受到劳模精神、劳动精神、工匠精神的时代伟力和新时代创新创造的澎湃活力。

经过4天激烈角逐，来自全国各地的393名选手获得大赛金、银、铜牌。本次大赛有62个项目为世界技能大赛选拔项目，获奖选手将代表中国参加明年9月在法国里昂举办的第47届世界技能大赛，与全球技能高手一较高下、再攀高峰。

闭幕式现场（本报记者 卢刚 摄）

以技能点亮青春梦想

闭幕式现场屏幕上，青年"小匠"们神采飞扬，稚嫩的脸庞、自信的笑容一一闪过，汇聚成一幅青春逐梦的画卷。

今年21岁的覃慧是重庆城市管理职业学院的在读学生，凭借精湛技艺在此次大赛中夺得美容世赛项目金牌。"非常荣幸与全国各地的技能高手比拼技艺，获得奖项对我来说是巨大的鼓励，接下来，在即将开展的国家队训练中，我会继续精进技能，争取在下

美容项目获奖选手走下领奖台时，喜笑颜开（本报记者 孙兴伟 摄）

青海省参加大赛的师生代表在开幕式标识牌前合影留念（本报记者 孙兴伟 摄）

一次选拔赛中发挥出最大实力，取得优异成绩！"

青年强则国家强，青年兴则国家兴，掌握独门绝技、过硬本领的青年技能人才是支撑中国制造、中国创造的重要力量。本届大赛全部选手平均年龄26.4岁，这些技能"小匠"们在赛场上激烈比拼，绽放青春风采，点亮技能人才队伍的未来。

16岁的任格格，就读于河南技师学院服装设计与制作专业，凭借着扎实的专业技能，夺得时装技术世赛项目铜牌。她是此次赛事获奖者中年龄最小的选手。

"得知自己获奖的那一刻我特别激动。其实，最初我就是抱着学习的想法来参赛的，毕竟还年轻，有许多学习内容和进步空间。这次拿奖既是对我以往努力的肯定，也是对以后的激励。接下来，我要努力学习，冲刺世赛，争取为国争光添彩！"她信心满满地说。

坚守匠心锤炼绝活绝技

这是技能点亮梦想、技能成才的最好时代。一位位能工巧匠投身到中国制造和中国创造的历史大潮中，坚守匠心、锤炼匠艺，奋勇拼搏，不负韶华。

从飞机维修、工业机械、增材制造等先进制造业，到工业机器人系统操作、工业机器人系统运维、无人机调检修等战略性新兴产业，再到美容、美发、烘焙、家政服务等现代服务业项目……本次大赛涵盖结构与建筑技术、创意艺术与时尚、社会及个人服务等六大领域，紧贴生产生活实际，为各行各业的劳动者提供了展现风采的舞台，尽显匠心匠艺，凝聚了强大的创新创造动能。

几吨重的集装箱在选手们的远程操作下，腾挪转移，精确到"厘米"之间；机器人沿着选手设定线路，模拟完成药品摆放、病床搬运等任务；汽车喷漆比赛中，选手们纷纷上演划痕"消失术"，让车辆完美如初……选手们的高超技艺令人叹为观止，更提升了人们对技能人才、对工匠精神的尊重与崇尚。

移动机器人项目（本报记者 卢刚 摄）

花艺项目（本报记者 卢刚 摄）

"在备赛期间，我们需要使用测膜仪反复测量车身表面油漆的厚度，以确保在追求美观的同时，能够保持均匀度并符合标准要求，比赛期间更是做到细致、精致。"永达集团职工、汽车喷漆赛项金牌获得者常晨说，自己将保持比赛中的良好习惯，以更加饱满积极的状态去面对工作，以精益求精的工匠精神，助力企业高质量发展。

网络系统管理项目裁判组在认真讨论选手的比赛分数（本报记者 卢刚 摄）

裁判在评判烘焙选手产品质量（本报记者 卢刚 摄）

餐厅服务项目（本报记者 卢刚 摄）

器物有形，匠心无界。"择一事终一生"的执着专注，"干一行专一行"的精益求精，"偏毫厘不敢安"的一丝不苟……这次获奖的参赛选手中，许多人以实际行动践行工匠精神，激励着更多劳动者争做高技能人才和大国工匠。

汇聚创新创造的磅礴力量

人才造就伟业，时代呼唤人才。本届大赛上，众多新职业纷纷亮相，有力激发技术技能人才创新创造活力。

为了在智能制造工程赛项一举夺魁，淄博市技师学院教师高鹏和昃向淋准备了6年，终于在这次大赛的智能制造工程赛项成功夺金。

"本次国赛加入很多新职业赛项，这对整个社会起到重要的导向作用。'中国制造2025'核心是智能制造。拿智能制造工程这一技术来说，它涉及新一代信息技术和信息制造的深度融合，对传统制造业升级转型有巨大帮助。"高鹏说，新技术快速发展，也带来了对人才需求方面的挑战，许多企业缺乏智能制造领域的专业人才。幸运的是，国家近年来制定了智能制造相关标准，并通过举办职业技能竞赛等活动，引导更多从业者参与创新创造，以智能制造产业发展助推中国式现代化进程。

本次大赛期间，一些企业负责人来到赛场，认真观摩比赛、挑选人才。

"我看到了很多优秀的增材制造设备操作技能人才，这对3D打印技术的发展具有重要的推动作用，为企业发展提供了人才支撑。"天津博盛睿创科技有限公司相关负责人王海军说。

 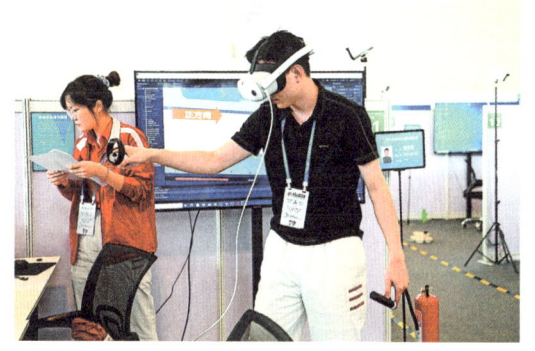

观众在观看美发技能比赛成果（本报记者 卢刚 摄）　　虚拟现实工程技术项目（本报记者 卢刚 摄）

落幕的瞬间亦是新的起点。闭幕式上还举行了会旗交接仪式，第三届全国技能大赛将于 2025 年在河南举办。

技能成才，匠心筑梦。在竞赛引领下，一颗颗冉冉升起的技能之星汇聚成磅礴的力量，一支规模宏大、结构合理、技能精湛、素质优良，基本满足我国经济社会高质量发展需要的技能大军正在形成。他们将为全面建设社会主义现代化国家、实现中华民族伟大复兴的中国梦，提供有力技能支撑。

记者：王东丽 2023 年 9 月 20 日

为国家、为民族培养更多高技能人才
——我国积极构建职业技能竞赛体系

第二届全国技能大赛是一场盛况空前的综合性国家职业技能赛事，全国36个代表团、4 045名选手参赛，角逐109个项目奖牌，其中不乏新职业、智能化技术、战略性新兴产业项目；大赛采取集中开放办赛、赛展演会集成模式，将技能竞赛和技能展示交流活动相结合，全国各省（自治区、直辖市）人力资源社会保障部门、技工院校、职业技能培训机构、高校、科研机构、行业协会、企业纷纷踊跃参会；大赛的成功举办，是我国积极构建具有中国特色职业技能竞赛体系的生动注脚。近年来，我国高度重视发挥职业技能竞赛在技能人才队伍建设中的"指挥棒"作用，有力促进技能人才队伍建设工作，有力促进院校教学与企业生产融合，有力促进高质量充分就业。

促进行业培养紧需人才

"大赛贴近企业生产实际,以世赛选拔赛项'焊接'为例,4个比赛模块低碳钢组合件、压力容器、不锈钢结构件、铝合金结构件,都是企业最常用的基本技能。"重庆市科能高级技工学校党委副书记、校长张攀观摩本届大赛后,对于赛项设置非常认可。

本届大赛109个竞赛项目全部服务于实体经济,涉及制造业、信息技术、交通运输、建筑业、服务业、采矿业等15个国民经济行业门类,超过七成属于生产性、生活性服务项目。

新增20个新职业赛项,是本届大赛一大亮点。尤其智能制造工程技术、集成电路工程技术、工业互联网工程技术、人工智能工程技术、虚拟现实工程技术等5个数字技术技能类新职业项目,是我国全力加快发展的战略性新兴产业项目。

在本届大赛"轨道车辆技术"赛项现场,有一整节红白相间的地铁车厢引人注目。

"就在不久前,作为中国高铁首次全系统、全要素、全产业链在海外落地的重大标志性工程,时速350公里的雅万高铁成功开通。"中国中车集团有限公司党委书记、董事长孙永才颇为自豪。轨道交通作为"一带一路"倡议走出去的"先头部队",需要培养更多青年技能人才。

"轨道车辆技术主要是轨道车辆维修、维护、保养等相关工作。技能人才培养要求高、难度大、周期长,但对于轨道交通安全非常重要,对于交通运输行业意义重大,希望更多青年技能人才加入。"该赛项设备支持单位郑州捷安高科股份有限公司总经理高志生寄语。

在"轨道车辆技术"赛项对面,就是"新能源汽车智能化技术"赛项场地,二者共同位于国家会展中心(天津)S12馆。

精细木工项目（本报记者 李云鹏 摄）

"新能源汽车智能化技术"是大赛新增赛项之一。近年来，我国新能源汽车行业强势崛起，该赛项紧扣产业发展方向，促进行业紧需人才培养。

"参赛选手需要掌握感知设备的基本装调以及标定测试规范、智能网联汽车规划决策方法、车路协同知识和技能。"该赛项保障场地经理、天津中德应用技术大学汽车与轨道交通学院副院长胡顺堂表示，该赛项为智能网联汽车以及车联网产业发展提供并选拔了一批优秀人才。

迈向成长的关键一跃

对于北京北方车辆集团有限公司"中华技能大奖"获得者马小光来说，2009年是关键一年。这一年，马小光参加第三届全国职工职业技能大赛，荣获数控铣工比赛第一名。

马小光夺金经历并非一帆风顺：2005年，参加北京市第一届数控大赛，"图纸一拿来就蒙了，仅完成三分之一工作量"；2006年，"只完成一半工作量"；2007年，"最重视的一年"，获北京市第七名；2008年，北京市前六名有两人放弃，"替补"进入第三届全国数控技能大赛，获得第八名；2009年，参加第三届全国职工职业技能大赛，7小时鏖战，一举夺魁。

全国数控技能大赛、全国职工职业技能大赛均为人力资源社会保障部参与举办的大赛。从最初"完成三分之一工作量"，到获得全国大赛冠军，5年参加大赛经历，让马小光技能技艺更上一层楼。"参赛回来，在我眼里任何一个产品和工艺都能改善，车间里任何一个产品都能提高 20% 以上效率，切削方式完全转变。"马小光回忆道。

2022 年 10 月，中共中央办公厅、国务院办公厅印发《关于加强新时代高技能人才队伍建设的意见》，要求完善职业技能竞赛体系，广泛深入开展职业技能竞赛，完善以世界技能大赛为引领、全国职业技能大赛为龙头、全国行业和地方各级职业技能竞赛以及专项赛为主体、企业和院校职业技能比赛为基础的中国特色职业技能竞赛体系。

"人力资源社会保障部每年会同有关部委、行业组织、大型央企，组织国家级一类大赛近 10 项，二类竞赛 60～80 余项，带动各地各行业开展各级各类竞赛活动，全国每年有上千万人次的企业职工和院校师生参赛。"人力资源社会保障部职业能力建设司有关负责人表示。

各级各类职业技能竞赛成为广大技能人才竞技比拼的广阔天地。

"我国轻工行业职业技能竞赛覆盖 19 个行业、61 个工种，累计参赛参训参选人员超过 50 万人，产生'全国技术能手'522 名、'轻工技术能手'2 066 名，35 名选手荣获全国五一劳动奖章。"中国轻工业联合会副会长刘江毅欣喜地表示，轻工行业职业技能竞赛成效显著，办赛质量和水平得到行业充分认可，吸引广大技能人才参赛，带动更多从业人员提升技能。

轻工行业以高质量竞赛引领技能人才追求卓越。"在人力资源社会保障部指导下，中国轻工业联合会搭建国家一类职业技能大赛、二类职业技能竞赛、行业职业技能竞赛统筹发展的竞赛体系。"刘江毅说。

"光埋头坐在车间里是不行的，得走出去看看，找找目标和方向。"对马小光而言，迅速促进他个人成长的，莫过于连续五年参加北京市及全国数控技能大赛。英雄所见略同。与马小光观点完全一致的，还有国网天津滨海公司配电抢修班班长张黎明。

车辆轨道维修项目（本报记者 李云鹏 摄）

在本届大赛技能展示交流活动中，张黎明展示了创新成果——配网带电作业机器人。无论酷暑还是严寒，该机器人均可代替电力工人完成极其危险的高空带电作业。

"创新从来都不是闭门造车，碰撞才有火花，交流才有成长，开门才有创新。"张黎明说，"全国技能大赛，给我们搭建了一个切磋创新技艺的大平台、展示工匠风采的大舞台。"

夺牌不是目标

"以世赛为引领，以国赛为主题，以各类竞赛作为支撑，营造出为国家、为民族培养高技能人才的浓厚社会氛围。"在本届大赛期间举办的技工教育论坛上，有关专家的发言引起广大技工教育工作者共鸣，"竞赛是载体，夺牌不是目标，为国家、为民族培养高技能人才，才是我们真正的目标。"

我国2010年10月加入世界技能组织，2011年首次组团参加世界技能大赛，10余年来带动制造业、服务业水平持续提升。

"10多年前，世界技能大赛规则、标准、技术文件，我们并不了解，从工具摆放、个人防护用品穿戴，到工艺方法、加工习惯，与世赛标准都有一定差距。"中国航发沈阳黎明航空发动机有限责任公司首席技师洪家光接受记者采访时说，"引进世赛理念和方法后，彻底摆脱传统点对点、师带徒的窠臼，全面提升工艺技术质量意识，实现立体化培养高技能人才。"

"加快世赛成果转化应用，对完善中国特色职业技能竞赛体系，培养造就大批德才兼备的高素质技能人才，必将起到重要助推作用。"世界技能大赛中国（天津）

研究中心主任徐国胜指出。

在中国人事科学研究院企业人事管理研究室主任、研究员范巍眼中，全国技能大赛是我国经济社会发展到新阶段后具有前瞻性和战略性的谋划布局。

"院校专业设置往往是滞后的，是一种'慢节奏'。例如，我国区块链、人工智能相关技能人才的数量和质量都跟不上产业快速发展需要。"范巍说，"竞赛更快反映企业一线生产实际，是一种'快节奏'。加快大赛成果转化，以赛促训、以赛促学的人才培养模式，将大大缩短企业技能人才培养周期。"

记者：游翀 2023年9月20日

难忘技能盛宴　奔赴明亮未来
——写在第二届全国技能大赛闭幕之际

9月19日,天津市奥林匹克中心体育馆。随着全场合唱《技能之帆》,在依依惜别中,在难舍难分中,中华人民共和国第二届职业技能大赛圆满落下帷幕。

4 045名技能高手,四大竞赛场地,一场技能盛宴。开幕式上各代表团闪亮登场、引发欢呼,赛场上选手争分夺秒、挥汗如雨,绝技展演中高潮迭起、精彩不断……一幕幕场景,让人振奋、令人难忘。

两届全国技能大赛,串起了有关技能的点点滴滴。从2020年到2023年,时间的推移不仅见证了一个个技能人才的成长进步,而且记录了这支队伍的规模不断壮大、结构持续优化。从广州到天津,变化的是城市和地域,不变的是技能的独特魅力和技能人才的澎湃活力。从"新时代、新技能、新梦想"到"技能成才、技能报国",赛事主题既一脉相承、一以贯之又顺时应势、与时俱进,铭刻下技能梦与强国梦的相辅相成、个人成长与民族复兴的同频共振。

闭幕并非终章,技能永不散场。

这是一场盛大的聚会,搭建起展示技能、切磋技艺的平台。职业技能竞赛的看点是技能,主角是技能人才。围绕技能进行展示与竞技,促进技能人才交流与提升,是举办职业技能竞赛的题中应有之义。本届大赛,选手呈现出丰富性、多样性和广泛性:有经验丰富、本领过硬的企业职工,有朝气蓬勃、初露锋芒的技工院校学生,还有身怀绝技、业绩突出的灵活就业人员,其中不少人有硕士、博士学历。

他们的绝活绝招，展示在装调检修、人工智能等一项项技术中；他们的心灵手巧，体现在时装、家具等一件件作品里。参赛选手不仅身怀炉火纯青的技能，而且胸怀执着专注、精益求精、一丝不苟、追求卓越的工匠精神。你看，那精雕细琢、有条不紊的动作，那屏气凝神、目不转睛的神情，那静若处子、动若脱兔的状态。回首大赛，骄傲和荣耀不只闪耀在登上领奖台上的一时一刻，还绽放在挥洒汗水、奋力拼搏、超越自我的时时刻刻，也彰显于交流经验、互相学习、取长补短的每时每刻。台上一分钟，台下十年功。选手们的精彩表现充分表明，技能人才只有勤学苦练、精进技能、砥砺精神，才能筑牢成才和报国根基，有所作为、有所成就。

这是一次热切的聚焦，营造起崇尚技能、尊重劳动的风气。无论是拓宽技能人才职业发展空间，还是引导更多青年选择技能就业，都需要全社会认同技能就业、认可技能成才、礼赞技能报国。职业技能竞赛既是技能人才亮绝活、唱主角、展风采的舞台，也是群众关注技能、亲近技能、了解技能的平台。本届大赛，群众赶技能大集，赏传统绝技，亲身操作设备、制作产品，体验技能的乐趣，感受技能的魅力。很多人与世赛冠军、"中华技能大奖"获得者等技能大师零距离互动，面对面聆听他们的成长故事和心路历程。网络上，"云端直播"展示巅峰过招；社交媒体中，吉祥物表情包广受欢迎。赛场内外、线上线下，技能大赛有热度，技能人才成热点，推动劳模精神、劳动精神、工匠精神深入人心。要以本届大赛掀起技能热为契机，充分发挥大赛的磁场效应，让更多技能人才走到聚光灯下，成为"技能明星"，吸引广大青年用技能点亮精彩人生。

这是一回强劲的聚力，凝聚起技能成才、技能报国的力量。技能成才、技能报国，一个响亮的主题，一种执着的追求，也是亿万劳动者的生动实践。当前，实施人才强国战略、就业优先战略和创新驱动发展战略，为技能成才、技能报国提供了广阔天地。举办职业技能竞赛是推进技能人才工作的重要抓手，是带动劳动者技能成才、技能报国的重要举措。本届大赛规模扩容增量，紧贴发展形势，亮点纷呈。

职工选手占比一半以上，新增一批新职业和数字技术技能赛项，在企业一线设置竞赛项目……一个个创新点，既是本届大赛的特点和亮点，也体现了全国技能大赛这一新时代综合性职业技能竞赛品牌更加成熟、质量更高，激励和引领学技能、练本领的效果更明显。赛后，既要把大赛的好经验好做法运用于各级各类大赛实践中，推动职业技能竞赛工作更加科学化、规范化、专业化，完善中国特色职业技能竞赛体系；又要做好赛事成果转化运用，切实增强大赛对技能人才工作的激活、牵引和带动作用，不断开创技能人才队伍建设新局面。

画上句号，亦开启新的篇章。技能就业、技能成才、技能报国，前景可期、使命光荣、未来光明！

2023 年 9 月 20 日

群英展风采 拼搏竞风流
——第二届全国技能大赛国赛精选赛项概览

大赛比武拼技能，国赛场上竞风流。

这是一场精彩纷呈的"技能全运会"——作为目前我国规格最高、项目最多、规模最大、水平最高的综合性国家职业技能赛事，第二届全国技能大赛在国家会展中心（天津）火热进行，109个赛项、4 045名选手同台竞技，一展中国新时代工匠的风采。

在47个国赛精选项目中，27个传统赛项由于通用性、广泛性、引领性强，从业人员多且办赛条件成熟，比赛场上各路"高手"过招，亮出绝技，分秒之间的比拼格外激烈，竞技过程让观摩者频频点赞。

"我很喜欢焊接这项工作，参赛前经过了认真训练和准备，各模块都尽了最大努力，希望能取得不错的成绩。"来自青海水电技师学院的青年教师李超业说，这次能与全国各地的优秀选手同台竞技，非常"过瘾"，不

仅开阔了眼界，还在切磋技能的过程中学习别人的优点，进一步提升技能。

青海省代表团相关负责人介绍，此次大赛青海共有75名选手参加65个项目的比拼，涉及结构与建筑技术、制造与工程技术、社会及个人服务等多个领域，选手们克服从海拔2 000多米到低海拔的不适，积极备赛，全力以赴参赛。

"昨天是超水平发挥，今天是结构化布线和速度测试，4个半小时的表现符合预期。"走出赛场，山东选手高子见激动地说，几天比赛让他收获颇丰，一方面在赛场上比拼和学习技能，另一方面认识了新的朋友。作为技工院校教师，他希望把比赛中学到的技能、掌握的经验传承给更多学生。

山东工业技师学院副院长董振涛告诉记者，学院共有11名选手参加10个赛项的比拼，为了让大家赛出好成绩，学院从资源对接、集训、设备和后勤保障等多方面做了充分准备。"各地都很重视国赛，派出了最优秀的选手，这意味着竞争更激烈、比赛更好看、技能精益求精。"董振涛说。

技能绽光芒，夫妻齐上阵。在新能源汽车智能化技术项目比赛现场，来自江西代表团的邱志卓和杨阳是赛场上唯一的"夫妻档"选手。

"这是双人赛，很多任务都需要两人配合实现，我们的默契度比较好。"邱志卓介绍，以摄像头标定为例，他在车里运行程序，杨阳在车外做摄像头标定，他要通过说话指导妻子进行标定，高默契度能帮助他们快速、精准完成任务。"参加上一届国赛时，我们获得了该项目第四名，这次希望取得新突破。"邱志卓满怀期待。

场上选手奋力竞技，场下教练暖心陪伴。观摩嘉宾崔英杰是上一届国赛的选手，因表现出色留在开封技师学院任教。今年，他作为河南选手陈博文的教练观赛。

"之前我就一直指导他训练，比赛这几天也都在现场，让他更安心更有底气。"崔英杰介绍，在塑料模具工程项目上，这届国赛的要求更高了，尤其是在加工模块，更注重多个小件的组合布局，更考验选手的统筹能力、系统思维。作为"过来人",崔英杰坦言,对选手技能提升和职业发展而言,国赛是很好的平台。

比拼技能的同时,大赛也成为技能展示、技能人才培育的"风向标",让技能成才、技能报国成为更多人的共识。

"现在,越来越多师生以练好技能、参加国赛为目标,大赛的引导和激励作用十分明显。"安徽阜阳技师学院机电系教师朱启军表示,此次学院共有 44 名选手参与 33 个赛项的比拼,占全省参赛选手近 1/3。

室内装饰设计项目裁判长助理杨常嘉认为,国赛的意义是广泛深远的。"通过比赛项目,可以带动更多青年人从事技能、沉下心练好技能,也让社会各界能够参与到技能工作中,发现和认可技能的价值,引导更多人走技能之路,有利于形成多元化的就业观。"杨常嘉说。

"很震撼,选手们都好厉害,体验非常好!"赛事第二天,天津市民李爱娇一早带着儿子来参观,她感慨,观赛后才发现有这么多职业和技能。在一些跟机器人相关的赛项前,小学生孙佳宣目不转睛。"操作、焊接、维修机器人的技术都特别炫酷,长大后我也想做这样的工作。"他兴奋地说。

作者:杨勤 2023 年 9 月 21 日

更好发挥职业技能竞赛的引领带动作用

今年 9 月 16 日至 19 日，中华人民共和国第二届职业技能大赛在天津举行。作为新中国成立以来，规格最高、项目最多、规模最大、水平最高、影响最广的综合性国家职业技能赛事，这一赛事在加强我国高技能人才队伍建设、推动我国技能人才工作等方面发挥了重要作用。

技能人才是我国人才队伍的重要组成部分，是支撑中国制造、中国创造的重要力量。党的二十大明确提出，加快建设国家战略人才力量，努力培养造就更多大师、战略科学家、一流科技领军人才和创新团队、青年科技人才、卓越工程师、大国工匠、高技能人才。这足以说明培养大国工匠、高技能人才在强国建设、民族复兴道路上的重要地位和紧迫性。职业技能竞赛是培养、选拔、评价技能人才的有力手段，是加强技能人才队伍建设的重要内容。无论是去年新修订的《中华人民共和国职业教育法》，还是中共中央办公厅、国务院办公厅去年印发的《关于加强新时代高技能人才队伍建设的意见》，都多次提及职业技能竞赛，充分说明其在推动技能人才工作中具有的重要作用。

如今，我国逐渐形成以世界技能大赛为引领、中华人民共和国职业技能大赛为龙头、全国行业职业技能竞赛和地方各级职业技能竞赛以及专项赛为主体、企业和院校职业技能比赛为基础、具有中国特色的职业技能竞赛体系。各类职业技能竞赛不仅为广大技能人才提供了展示精湛技能、相互切磋技艺的平台，更选拔出了一批拥有一技之长、看家本领的技能人才，为经济社会发展注入了澎湃技能力量。

但也要看到，我国竞赛体系建设还面临一些问题。比如，目前国家层面关于职业技能竞赛的制度较为陈旧，有待完善；西部地区产业单一，基础薄弱，职业技能竞赛整体水平低于东部地区；职业技能竞赛专家、裁判员等人员相对缺乏；职业技能竞赛宣传方式、形式、产品有待丰富……解决这些问题，有利于更好发挥职业技能竞赛以赛促训、以赛促培、以赛促评、以赛促奖、以赛促建的引领带动作用，推动我国技能人才工作实现新发展。

在竞赛制度方面，应尽快制定出台全国职业技能竞赛管理办法，提高竞赛组织工作的标准化程度。在办赛队伍方面，可结合实际制订并实施职业技能竞赛专业化人才培养培训计划，提高办赛队伍专业水平，为高质量、规范化办赛提供支撑。在赛事项目方面，既要紧盯产业发展变化趋势和新职业发展情况，积极探索举办数字技术、服务制造等领域职业技能竞赛，切实发挥竞赛对新兴职业发展的推动促进作用，也要紧盯技术前沿，不断改进提高比赛题目和评判标准，使竞赛更切合企业生产服务一线实际。在赛事宣传方面，举办技能中国行、青年技能营、世赛先进事迹报告会等活动，用好各类渠道讲好技能人才故事，激励更多劳动者特别是青年一代走技能成才、技能报国之路。

作者：括羽 2023 年 9 月 25 日

带动更多人技能就业

9月19日,第二届全国技能大赛在天津闭幕。在这场具有比赛竞技性、活动集成性、群众互动性的大赛中,36个代表团的4 045名选手在激烈的角逐中展示出自信的风采,393名选手获得109个项目的金、银、铜牌,36名选手获得参赛代表团最佳选手奖,13名选手获得西部技能之星奖,12个代表团获突出贡献奖,24个代表团获优秀组织奖。

三百六十行,行行出状元。自古以来,我国就有重视技能、学习技能的优良传统。从中国建筑鼻祖、木匠鼻祖的鲁班,到被尊为造纸鼻祖、"纸神"的蔡伦;从活字版印刷术发明者毕昇,到桥梁专家李春;从被喻为"衣被天下"的"女纺织技术家"黄道婆,到被制革、制鞋行业奉为祖师的孙膑……他们的传奇故事印证了,无论从事什么行业,只要热爱本职工作、勤奋努力干事,都有可能取得优异成绩。

近年来,我国高度重视技能人才队伍建设,持续通过广泛宣传以及形式多样的工作,推动形成劳动光荣、技能宝贵、创造伟大的浓厚社会氛围,对劳动的认可、对劳模的尊重、对工匠的推崇深入人心。"嫦娥"奔月,"祝融"探火,"北斗"组网,"奋斗者"深潜,港珠澳大桥飞架三地,北京大兴国际机场"凤凰展翅",国产大飞机翱翔蓝天……中国制造、中国创造、中国建造共同发力,不仅深刻改变了神州大地的面貌,也极大提升了我国的综合国力。无论是传统制造业还是新兴制造业,无论是工业经济还是数字经济,无论是基础设施还是大国重器,背后都离不开技能人才的有力支撑。他们身上蕴含的工匠精神，始终是创新创业创造的重要精神源泉。

劳动者素质对一个国家、一个民族发展至关重要。当今世界，综合国力的竞争归根到底是人才的竞争、劳动者素质的竞争。高质量发展是全面建设社会主义现代化国家的首要任务，离不开技能人才的坚实保障。党的二十大报告首次将大国工匠、高技能人才纳入国家战略人才行列，体现出技能人才在强国建设、民族复兴中的重要地位和作用。举办全国技能大赛，为技能人才提供了展示精湛技能、相互切磋技艺的平台，对壮大技能人才队伍、推动经济社会发展能够起到积极作用。

加快建设国家重视技能、社会崇尚技能、更多人学习和掌握技能的技能型社会，既是促进人口高质量发展的题中之义，也是推动经济社会高质量发展的必要之举。期待各地各行业以全国技能大赛的成功举办为契机，扎实做好技能人才工作，促进形成技能就业、技能成才、技能报国的时代新风，努力造就一支规模宏大、结构合理、素质优良的技能劳动者队伍，为推动高质量发展、全面建设社会主义现代化国家贡献力量。

作者：刘纯银 2023 年 9 月 25 日

以赛为媒 让"技能饭碗"香起来
——职业技能竞赛助推高质量充分就业

人才资源是第一资源，技能人才是人才队伍的重要组成部分，是支撑中国制造、中国创造的重要力量。

职业技能竞赛是加强技能人才培养选拔，促进优秀技能人才脱颖而出，培育大国工匠的重要途径，对激活技能人才活水、解决就业总量矛盾、缓解就业结构性矛盾具有重要意义。

以赛促学、以赛促教、以赛增技。近年来，从中央到地方高度重视发挥职业技能竞赛在技能人才队伍建设中的"指挥棒"作用，坚持以竞赛为引领，以就业为导向，积极开展多样化的技能竞赛活动，营造崇尚技能、尊重人才的良好氛围，"有技能、好就业，长技能、就好业，高技能、就业好"的理念更加深入人心，成为社会共识。越来越多的劳动者走上技能成才、技能报国之路，助力实现高质量充分就业，也为推动高质量发展、实施制造强国战略、全面建设社会主义现代化国家贡献智慧和力量。

让更多技能人才脱颖而出

编程、设计电路、焊接，凭借出色技能，曾经的"网游少年"李文航夺得电工项目冠军，走出了一条"逆袭"之路；操作数控机床、切削材料、精加工，胡丽超把成品尺寸误差控制在0.02毫米内，凭着精湛技艺，荣获数控铣项目（世赛项目）

金牌……在日前结束的第二届全国技能大赛上,各行各业选手同台竞技,展现高超精湛的技能水平、昂扬向上的精神风貌,尽显技能之美、劳动之光。

记者注意到,本届大赛项目设置充分结合国家产业发展趋势、企业生产实际,赛项涉及3/4的国民经济行业门类,新设新职业和数字技术技能赛项,紧跟新职业发展趋势,体现技术与技能有机融合、传统与现代相互辉映。通过推动比赛项目与产业需求深度结合,实现以赛促学、以赛促训、以赛促用,对壮大技术工人队伍、助力高质量充分就业具有积极作用。

技能是立身之本,也是就业之基,高技能竞赛带动高质量就业。"推动经济高质量发展,迫切需要大批高素质技能人才。尽管本届大赛参赛选手只有4 000余名,但间接带动上千万人参加技能比武、岗位练兵,达到了影响一批青年劳动者、吸引一批技能爱好者、聚集一批高技能从业者的作用。"人力资源社会保障部职业能力建设司相关负责人表示。

技能竞赛助力产业发展、服务重大战略,赛项设置紧贴生产生活实际,锻炼选手实际应用能力,为缓解结构性就业矛盾、推动高质量发展添势蓄力。第一届全国技能大赛86个项目,覆盖国民经济行业大类的70%,所有比赛项目均服务于实体经济;全国乡村振兴职业技能大赛,聚焦乡村振兴产业发展需求,激励更多劳动者筑梦大地、振兴乡村;"一带一路"国际技能大赛,搭建技能融通、增进友谊平台,带动各国整体提升技能发展水平、促进就业创业,为高质量共建"一带一路"注入强劲动能;众多技工院校参赛选手在世界技能大赛舞台崭露头角、摘金夺奖,激励更多青年走技能成才、技能报国之路。

提升人才供需匹配精度

技能竞赛是弘扬技能风尚的窗口,更是提高劳动者素质、增强就业创业能力的重要途径。各地人力资源社会保障部门鼓励广大技工院校教师学生积极参与大赛,以实战检验教学效果，促进大赛成果与技工教育改革转化，带动学校人才培养模式改革，实现技能人才培养与市场需求和产业需求相适应、相匹配。

"通过将竞赛标准转化为人才培养标准，引入职业竞赛的新规则、新技术，将选手的培养路径融入技能人才培养过程，能够有效提升培养培训的质效，加快构建一支高素质技能人才队伍。"天津市人力资源和社会保障局党组书记、局长沈超表示，在发挥技能竞赛引领作用上持续发力，进一步发挥"海河工匠杯"技能大赛引领带动作用，紧紧围绕本地优势产业、战略性新兴产业和未来产业，设置比赛项目，直接培养选拔一批产业急需的企业一线高技能人才。激发大赛聚合效应，带动各行业顶尖人才、先进技术设备和优质教育资源之间密切联动、深度融合。

广大技工院校通过吸纳办赛、参赛经验，一方面，将先进竞赛标准与高超工艺融入教材、教学和评价标准，实现以赛促教、以赛促训、以赛促学，进一步提升劳动者的专业技能和就业能力，加快建设知识型、技能型、创新型劳动者大军。另一方面，吸引优秀选手到技工院校任教，促进竞赛、教学、科研水平整体提升。

"我们学校通过开展技能月、技能比武等活动营造人人皆可成才、人人尽展其才的良好环境，鼓励师生勤练技能、学好技能，促进自身的专业成长，以更好地服务于教学工作和社会生产生活。"郑州财经技师学院教师李天鹤说。

"通过赛改融合、以赛促改、赛果转化，把世界技能大赛理念、标准与一体化课程教学改革相互融合、相互汲取，不断向纵深推进一体化课程教学改革。"江苏省常州技师学院党委书记梅向东说，学校每年定期开展技能节，配套相应制度，让技能竞赛成为检阅推广一体化课程教学改革的平台，形成教师在一体化课程改革中，干事有机会，展示有舞台，干成有奖牌的良好氛围。

据梅向东介绍，其学校累计毕业生就业 8 000 余人，就业率保持在 98% 以上。"即使在今年就业形势比较严峻的情况下，依然有平均 3.5 个岗位要一个人，最多达到 23 个岗位需要一个人的火爆场面，学生工资达到每月 1.4 万元，就业五年的学生中年收入最高超过 30 万元。"

在职业技能竞赛的推动下，赛教融合、产教融合深度发展，技能人才专业水平不断提升，在竞争激烈的就业市场中，许多技能型人才成为企业争抢的"香饽饽"。

高技能人才市场紧缺、未来可期

登上天津港第二集装箱码头七彩廊道远眺，数吨重的集装箱正在通过智能远程操控起重设备精准装卸。而一公里外的赛场里，第二届全国技能大赛选手们基于视频信息和设备信息对岸桥进行远程操控。

"千工好招，一匠难求。从制造业大国迈向制造业强国，根本要点就是提升技术工人的职业素养和技术水平。我们本次比赛的三个项目都源自生产实践，代表了我们行业比赛操作的最高标准。通过国赛展示为整个行业设定了基准，为行业从业者确立了最高标准和奋斗方向。"第二届全国技能大赛起重设备应用技术赛项裁判长、来自浙江省海港集团的全国劳模竺士杰说道。

当前，我国高度重视技能人才队伍的培育，技能人才工作取得积极进展，但我国技能人才尤其是高技能人才缺口大。推动产业升级、实现高质量发展，对技能人才的数量和质量提出更高要求、迫切需求。技能竞赛是新形势下增强企业活力、促进企业发展的重要途径，对于培养和吸引高技能人才，深化校企合作，缓解技术工人"招工难"困境具有重要作用。

"随着高质量发展的需求，我们需要培养新一代港口的产业工人。天津港高度重视一线员工的技能培训，积极参加国家级竞赛项目，并组织了自己的竞赛活动，例如'孔祥瑞杯'技能大赛，覆盖机械司机、流水装卸工等重点工种。此外，我们还鼓励员工参加'海河工匠杯'等竞赛，通过各种竞赛激励政策，培养复合型人才，以满足港口高质量发展需要。"天津港人力资源相关负责人表示。

"千金在手不如一技傍身"。技能竞赛让技能人才打开了触碰梦想的窗户，也让企业有机会接触更多优秀技能人才。第一届全国技能大赛后，广东获奖选手与优秀企业就业对接会上就出现"抢人"现象，这些优秀技能人才被南航、腾讯、广园等大型知名企业争相聘用，集中在先进制造业、战略性新兴产业、现代服务业等领域，有的企业甚至为获奖选手开出上百万元年薪。

借助第二届全国技能大赛搭建的平台，天津多所职业院校与企业签约，将在技能培训、学院建设、技能竞赛等领域展开合作，深化产教融合，进一步增强学生的实践能力和就业竞争力，培养更多实用型复合型人才，促进高质量充分就业。

记者：王东丽 2023年9月27日

北 京 市

北京市代表团夺得1金3银1铜42优胜

9月19日，中华人民共和国第二届职业技能大赛（简称"第二届全国技能大赛"）在天津市落下帷幕。北京市代表团共夺得1枚金牌、3枚银牌、1枚铜牌和42个优胜奖；共有47个项目获奖，占报名参赛项目的半数以上。

其中，在社会体育指导（健身）项目（国赛精选）比赛中，北京选手朱建安凭借丰富的竞赛经验、高超的技术和稳定的心态，出色地完成了所有模块的比赛，最终夺得该项目金牌。时装技术（世赛选拔）项目北京选手余娜、珠宝加工（世赛选拔）项目北京选手张宇鹏、制冷与空调（世赛选拔）项目北京选手王俊杰夺得银牌。电子技术（国赛精选）项目北京选手杨鹏伟拿到一枚铜牌。

本届大赛，共有来自全国36个代表团的4 045名选手参赛，并为优秀选手制定了激励奖励政策。对各竞赛项目获得前3名的选手，颁发金、银、铜牌；对排名在参赛人数1/2以上的选手颁发优胜奖。技能类各竞赛项目优胜奖及以上获奖选手可直接晋升技师（二级）职业技能等级，已具有技师（二级）职业技能等级的可晋升高级技师（一级）。在世赛选拔项目中，单人项目前5名、团队项目前3名选手将入围第 47 届世界技能大赛中国集训队。

朱建安：金牌见证十年成长

"今年是我从业第 10 年，这块金牌见证了我的成长。"从一名健身教练到全国技能大赛的冠军，"90 后"小伙儿朱建安完成了自己职业生涯又一次突破。

在第二届全国技能大赛上，朱建安获得了社会体育指导（健身）项目的金牌，站到最高领奖台上，他的笑容很自信。朱建安不是第一次参加技能大赛，此前曾参加过两次区域和行业竞赛，但这是第一次站上全国大赛的领奖台，意义非比寻常。

竞技比赛，顶尖高手最关注的是如何超越自我，朱建安也是如此。在整个比赛中，他最在意的不是自己的高光时刻，而是需要克服困难完成的部分，"体能环节，是我付出最多的，克服了很大的困难才完成"。今年 8 月，朱建安在紧张备战全国大赛时受了伤，一直到比赛前，都没有完全康复，在整个比赛中都需要克服疼痛的影响，体能环节的比拼尤其激烈，朱建安一边强忍着疼，一边要把动作做标准，心里一直在默念"专注！专注！再坚定点！"正是这样的坚持，让朱建安站上了最高领奖台。

坚持、专注，这不仅体现在技能大赛的赛场上，还贯穿了朱建安整个职业生涯，正是 10 年的坚持，让他成为健身领域的一名专家。从小喜欢运动的朱建安毕业于北京体育大学，一毕业就成了一名健身教练，这些年，他利用业余时间考取了国内外二十多张专业教练证书。在获得全国体育行业职业技能大赛冠军后，他还获得了全国五一劳动奖章和"全国技术能手"称号。如今，全国技能大赛冠军的头衔，为他的职业生涯再添浓墨重彩的一笔。

余娜：妙手裁云锦

金针玉尺裁缝处，处处皆是匠人心。在第二届全国技能大赛时装技术（世赛选拔）项目比赛现场，来自北京市工贸技师学院选手余娜手中的剪刀在布料上看似信马由缰地"游动"，实则刃刃精准；裁好的布料被抻展开、放置在缝纫机下，经她一番行云流水般的操作，顺滑的包边已然完成；随后她快步走到烫台前，熨斗一起一落，布料已经十分熨帖。这一切，只在分秒转瞬间。

第二届全国技能大赛时装技术（世赛选拔）项目共设有四个竞赛模块，分别是款式设计、半身裙制版排料、立体剪裁、女装设计制作。比赛考验选手对流行趋势把握以及设计能力，检验裁剪制作技艺水平，同时也能体现选手对服饰材料以及专业设备的应用水平和能力。历经3天4个模块的激烈比拼，最终余娜成功夺得这一项目银牌。

"能够取得这个项目的银牌，我非常开心和激动。感谢大赛为我提供展示时装技术技能水平的舞台，能够和高手同台竞技，让我学到了很多。参加本届大赛也开阔了我的眼界，让我更加清晰地看到了自己今后的努力方向，未来我会更加努力地学习，奋发有为，用技能和匠心走'技能成才、技能报国'之路。"余娜说。

拿到时装技术（世赛选拔）这个项目第二名，也意味着余娜已经入围国家集训队。一年后，世界技能大赛将在法国里昂国家会展中心举办，届时我们将有可能会再次见到她在赛场上的风采。

张宇鹏：向世赛发起冲击

"这只是开始，我要向世赛发起冲击！"来自北京工美高级技校的青年教师张宇鹏获得第二届全国技能大赛珠宝加工（世赛选拔）项目银牌，拿牌的喜悦刚上眉梢，他又想起即将到来的世赛集训。的确，此次全国大赛只是通往世赛集训队的入场券，对于张宇鹏来说，一切才刚刚开始。

此次全国大赛中，获得前五名的选手将进入世赛集训队，最终再通过"五进一"的比赛，选出一名选手代表中国征战第47届世界技能大赛。张宇鹏早在2019年就在心中种下了参加世赛的种子，那一年，他在珠宝加工项目北京世赛选拔赛中拿到了第二名的成绩。自此之后，他成了参赛专业户，转战于各个行业大赛，通过一次次的比赛，积累着经验。如果没有机会参与比赛，他也尽量争取机会去现场观摩，一刻不停地穿梭在比赛现场，向各位选手和前辈学习技艺。

不仅在比赛中累积经验，张宇鹏还特别注意在教学、备课过程中为自己充电，在教书育人的过程中他积极搜集传统文化知识，力求在追求工艺的过程中加入传统工艺和文化，以作品为依托讲好中国传统文化故事。这次的比赛还真的用上了储备的知识，在最后一个模块的比赛中，题目给了一些中国传统文化的元素，像窗花、荷叶、古代服装等，要以此为灵感设计一件珠宝，最终，张宇鹏设计了一个莲蓬胸针，以其惟妙惟肖的形态打动了评委。"我还要争取把中国文化带到世赛赛场上！"马上开始集训的张宇鹏信心满满。

王俊杰：汗水浇灌奖牌

在第二届全国技能大赛现场，一个被汗水浸湿的身影吸引了大家的注意，整个赛程中他的工装湿了又干、干了又湿，他却毫不在意，只专心致志地应对比赛。他就是代表北京出战制冷与空调（世赛选拔）项目的选手王俊杰。

比赛当天，温度居高不下，烈日透过搭建在户外的比赛顶棚为选手们又增加了一重考验，在这种情况下，王俊杰没有被外界因素干扰，沉着冷静地完成了比赛，并最终取得了这个项目银牌。

王俊杰是北京电子信息技师学院23级技师班学生，2018年来到学校，学的是制冷设备运用与维修专业，经过两年的理论学习考试，2020年进入集训队训练。入学以来的这5年，王俊杰经历了从最初的制冷好就业的粗浅认识，到现在的发自内心的热爱，每一步变化都见证了他的成长。

"我们学院是世界技能大赛中国集训基地和北京集训基地，所以平时训练都是按照全国最高标准进行的，这对我参赛获得奖牌太重要了，感谢学院为我们提供这么好的专业学习条件，后面我还得把比赛中练就的技能用于我的技师学业学习，争取在大赛和技师学业学习上都能取得好成绩。"赛后，王俊杰对记者说。

杨鹏伟：电子技术"尖兵"

电子电路设计与装调、广电和通信设备故障检修、电子技术程序设计……在第二届全国技能大赛比赛现场，北京选手杨鹏伟有条不紊地完成设计、检修和调试各个流程。"该赛事以真实工作任务为载体，与实际生产设计相结合，重点考察电子技术人员的综合能力。"赛后，杨鹏伟表示。

凭借稳定发挥，杨鹏伟顺利完成了所有模块的比赛任务，最终也成功拿到了这个项目的铜牌。

杨鹏伟就职于北京新风航天装备有限公司六分厂，从事电子技术相关工作。"我学习电子技术有12年的时间了。我选择学习这个技能项目是因为我对电子技术充满了兴趣，它是现代科技和工程的重要组成部分，同时，电子技术在航天、通信、信息技术等领域有广泛的应用。"杨鹏伟告诉记者，在他训练和学习过程中，印象最深的事情是，当他第一次成功地设计并制作了一个可以正常工作的电子电路时，那种成就感和喜悦是无法言喻的。

"能够拿到这块铜牌，感谢我就职单位的全力支持和集训单位北京电子信息技师学院的全程专业培训，以及梁自旺教练的悉心指导，也让我更加坚定了学习电子技术的决心，让我对自己走技能成长、技能报国之路充满了信心。"

《北京人才市场报》 作者：黄伟、杨曼 2023年9月22日

津门竞技　绽放京彩
——第二届全国技能大赛北京选手参赛侧记

逐梦赛场展绝技，技能报国正当时。

16日至19日，第二届全国技能大赛在国家会展中心（天津）举行。北京市代表团在本次大赛中共夺得1枚金牌、3枚银牌、1枚铜牌，42个项目57名选手获得优胜奖。获奖项目占报名参赛项目的半数以上。

从企业职工到在校学生，从"大师傅"到"小工匠"，从硕士博士到中专大专……本届大赛，北京市代表团120名选手拿出"看家本领"，围绕电力系统运营与维护、集成电路工程技术、移动机器人、增材制造、全媒体运营等91个赛项与来自全国各地的能工巧匠面对面一较高下，在展现不凡身手的同时，更以实际姿态展现技能成才、技能报国的光荣与梦想。

"小工匠"李新颖是北京市代表团最年轻的选手，今年7月8日，她刚过完16岁生日。李新颖参加的家具制作（世赛选拔）项目，要求在16个小时之内，做出一个完整无瑕的作品。"门、箱体、抽屉、铁皮，每个部分都要单独送检，最后组装完成后，进行整体打磨，尺寸要控制在正负0.5毫米。不仅要求有美观度，触摸起来的手感还得好。"李新颖表示，能够站在全国技能大赛的舞台上，对自己来说已经成功了！

师从中国非物质文化遗产传承人的张瑞强，是一位技能大师，他参加的是木工（国赛精选）项目比赛，测量、画图、切割、组装，在现场，一块块木头在他的手下变成一个个精致的作品，让人不由地感慨技能之美。张瑞强参加本届大赛后，对于传统技艺的传承有了更深刻的理解，"把非物质文化遗产发扬光大，需要守正创新。将先进制造设备与传统手工技艺结合，才能让传统技艺焕发新的光芒。"他说。

穿上队服，他们是第二届全国技能大赛普普通通的参赛选手；走下赛场，他们是支撑大国重器的重要力量，用精湛技艺雕刻着新型工业化的强国梦想。就职于中国空间技术研究院的北京选手徐昊杰正是这样的优秀人才。

在数控车项目竞赛现场，徐昊杰一会儿坐下操作计算机，一会儿起身操作数控车削中心。随着显示屏上由字母、符号、数字组成的指令不断跳动，车削、钻孔、铣平面……车削中心掉落出切削材料的铁屑。最终他有条不紊地完成了收尾工序。徐昊杰告诉记者："世赛选拔赛是'盲题'，比赛前不公开题目，考核选手整体素质和随机应变能力，而国赛是'明题'加现场30%左右的变动，考验的是在同样的生产要求下，选手如何能够做精做细、更胜一筹，这样的考核方式能够有效实现以赛促练、锤炼技艺。"

在这场全国能工巧匠的"对决"中，不仅有职工、大中专院校和技校学生，也有博士、硕士生参赛。本届大赛，全国共有25名博士参赛，北京选手李靖和刘安英就是其中的两人。她们参加的是连锁经营管理（国赛精选）项目比赛。李靖毕业于北京工业大学管理科学与工程专业，获博士研究生学位，现为北京经济管理职业学院工商企业管理专业的专业带头人。刘安英，毕业于北京航空航天大学，获管理科学与工程博士学位。作为本届大赛新增20个新职业项目之一的连锁经营管理项目，比赛分为经营沙盘、经营门店、案例分析三大模块，三个比赛日中，比赛总用时超过了13个小时。"我们将认真总结此次参赛经验，并融入日常教学当中，力争培养更多的行业人才。"李靖和刘安英表示。

回顾整个备赛参赛历程，北京市制定详细集训方案，采取集中训练、赴外省拉练训练、参加行业比赛、举办邀请赛等多种形式，有针对性地开展集训备赛；大赛现场，120名参赛选手奋勇争先、勇攀高峰……奖牌背后，凝聚了他们拼搏的汗水和辛勤的付出。

一场技能之巅的较量，一次书写光荣的比拼。截至目前，北京市技能人才总量达340万人，其中高技能人才达到115万人。他们活跃在生产一线和创新前沿，已经成为推动首都高质量发展的重要力量。

以赛促训、以赛促培、以赛促建。到"十四五"期末，首都技能人才占就业人员的比例达到31%，高技能人才占技能人才的比例达到35%。到2035年，北京市技能人才队伍规模持续壮大、素质大幅提升，为推动首都高质量发展提供技能人才保障。

《北京劳动就业报》 作者：黄伟、杨曼 2023年9月26日

天　津　市

涵养技能人才"蓄水池" 天津创新技能培训打造"工匠之城"

说到天津，"人人都会说相声""早点之都""万国建筑博览会""幸福之城"印象深入人心；但当我们溯源她的城市基因，这座"洋气"的城市在100年前就开始转动她的工业齿轮，中国近百个"工业第一"都诞生于此，荣耀百年的积淀，无愧"工匠之城"的美誉。

近年来，作为北方重要的制造业基地，天津始终将技能人才队伍建设摆在突出位置，从培训、培养、使用、激励等环节持续发力，努力锻造高素质、技术精、专业强的技能人才队伍。值此金秋，第二届全国技能大赛来到天津，赛事如火如荼，论剑谈笑风生，让这座城市积淀百年的"工匠之魂"激情迸发。

创新培训模式
完善人才梯次培养体系

古人学问无遗力，少壮工夫老始成。

精湛的技艺靠一点一滴的积蓄、日复一日的锤炼而大成，天津立足产业发展特点，瞄准企业实际需求，构建涵盖岗前培训、企业新型学徒制培训、紧缺职业技能培训、项目制培训、师带徒培训等各类形式的技能人才梯次培养模式，贯穿技能人才终身职业技能培训全过程，畅通技能人才成长通道。

对企业新入职职工，鼓励企业和院校开展"企校双师带徒、工学交替培养"合作，推行企业新型学徒制培训。

2019年，天津市机电工艺技师学院与天津市天发重型水电设备制造有限公司签约了新型学徒制培训班，我市首批100余名企业职工启动新型学徒制培训。企业负责人告诉记者："通过校企合作、工学交替、工训结合的培养方式，企业职工技能水平得到有效提升，为企业转型升级储备了技能人才。"

对企业优秀技能人才，依托技能大师工作室带头人以及企业选拔的技能名师，开展"师带徒"培训，为企业培养技术骨干力量。对新业态、新技术、新工艺所需技能人才，鼓励人才创新创业联盟盟内企业、重点产业链链上企业组织开展项目制培训，自主确定培训内容，自主开展水平评价，为企业培养急需的高技能人才。

近五年来，全市企业职工参加各类补贴性职业技能培训达70万人次，职业技能培训"蓄水池"作用不断彰显。

我市还坚持"需求引导培训、补贴对应等级"的原则，面向企业职工、院校学生、失业人员、农村富余劳动力等重点就业群体开展职业技能培训。支持高校毕业生参加与专业相关的职业技能培训，失业人员和农村富余劳动力参加就业为导向的技能培训，提升就业能力。

"学院以中德应用技术大学为教学教研主体，荣程集团配合开展一系列活动，成立'荣程班'，选拔优秀学生进入'荣程班'，参加校企特色课程，实现了'毕业即就业，上岗即定岗'。"2021年，荣程集团与中德应用技术大学共建成立了天津金属材料与质量管理工程产业学院，公司负责人介绍，截至目前，已经完成两届学生培养，共计54人入职企业。

近五年来，全市开展补贴性职业技能培训近110万人次，让"活到老、学到老"有动力、有路径、有方法。

紧扣用工需求
构建企业技能培训平台

"我们将焊接机器人操作工、装配钳工等紧缺特色职业（工种）列为企业重点培训项目，累计开展职工技能培训3 000人次，享受政府各项资金支持610万元，"中建钢构天津有限公司相关负责人表示，"这在降低生产经营成本的同时，为我们提供了有力的技能人才支撑。"2019年，该公司获批天津市首批"海河工匠"企业培训中心、企业公共实训基地，2020年获批国家级高技能人才培训基地。

我市制定了企业技能培训平台支持政策，将培训补贴和项目建设经费覆盖到企业。从战略性新兴产业、支柱产业企业中，遴选认定了488家企业培训中心，将培训补贴资金直达企业，用于开展职工内训。

按照"优中选好，好中选强"原则，将18家设施设备先进、技术水平领先、行业影响力大、培训效果好的企业培训中心，升级认定为企业公共实训基地，面向社会提供公共实训服务，培训补贴最高上浮25%，促进相关行业企业共同发展，实现了职业技能培训"社会资源专业化、专业资源社会化"。

支持头部企业、行业领军企业利用资源优势，建设国家级、市级高技能人才培训基地和技能大师工作室，加强顶尖技能人才选拔培养，给予相关企业最高500万元建设经费资助。

优化评价方式
激发企业选人用人活力

我市进一步优化以职业能力为导向、以工作业绩为重点、注重职业道德和知识水平的技能人才评价方式，形成了职业资格评价、职业技能等级认定、专项职业能力考核之间的有机衔接。

支持企业用足用好技能人才评价政策，激发企业选人用人活力。一方面，向企业下放技能人才自主评价权，支持企业自主开展职业技能等级认定工作。另一方面，打通高技能人才与专业技术人才职业发展通道，建立了工程技术、工艺美术等 8 个领域职业技能等级与专业技术职称比照认定制度，高技能人才可申报工程系列相应职称，专业技术人才可参加相应等级职业技能评价。天津港集团、中海油、航空机电等 68 家企业获批开展企业技能等级认定资格，累计开展技能等级认定 10 万人次。

我市还完善了以职业能力为导向、工作业绩为重点，注重工匠精神培育和职业道德养成的技能人才评价体系。将以往由政府部门统一考核评价，变为用人单位自主评价。指导企业依据自身生产实际和岗位特点，自主设置技能岗位评价标准，建立企业技能人才自主评价体系，激发企业用人活力。全市共备案开展职业技能等级认定的自主评价用人单位 84 家。

以赛代练促训
为技能人才搭建"武"台

在第一届全国技能大赛中，我市选手取得 2 金 1 铜 23 优胜，按照金牌 20 万元、铜牌 10 万元、优胜奖 3 万元的标准，分别给予获奖选手和教练团队奖金激励。以赛代练，以赛促训，以奖促学，增强了技能劳动者的获得感与职业荣誉感、自豪感，坚定走技能成才、技能报国之路。

我市科学规划年度竞赛项目，形成了以"海河工匠杯"技能大赛为带动、行业和区域竞赛为主体、企业岗位练兵和技术比武为基础，社会广泛参与、财政资金适度保障的职业技能竞赛体系。

一年一届的"海河工匠杯"技能大赛，设置制造业根基项目和世赛选拔项目两大类，100余个赛项。每届大赛直接参赛选手2万人，同时带动每年近10万名劳动者参与岗位练兵和技术比武。

"'千工易寻，一技难求'，技术工人队伍是支撑中国制造、中国创造的重要力量。"天津市人力资源和社会保障局党组书记、局长沈超表示，"天津以制造业立市，将加速发展集战略性新兴产业和先进制造业于一身的高端装备制造业，培育新兴装备制造产业集群。我们将持续加大制度创新、政策供给、投入力度，弘扬海河工匠精神，提高技术技能人才社会地位，大力培育支撑中国制造、中国创造的高技能人才队伍。"

《天津日报》记者：廖晨霞 2023年9月17日

借助全国技能大赛平台
提升我市技能人才队伍水平
——"津"牌国手国赛"亮剑"

站在天津港第二集装箱码头有限公司的观景台上，全球首个"七彩"智慧码头尽收眼底，高高矗立的风力发电机源源不断地把绿色能源输送到港内的各个角落，保障绿色良港的日常运行；忙碌的起重设备已实现远程自动化操控，智慧港口的建设日新月异……作为第二届全国技能大赛的分赛区之一，这里将迎来来自全国的25名起重设备应用技术高手。

据了解，在第二届全国技能大赛中，天津港集团将承办起重设备应用技术赛项，举办地点位于天津港第二集装箱码头有限公司。"为高质量承办好有关赛项，助力集团公司高技能人才队伍建设，天津港集团制定了承办此次赛项的实施方案并成立赛项执委会，组织落实各项任务。"起重设备应用技术赛项天津集训基地教练组长郭伟介绍，该赛项是本次国赛的新增赛项，共分为场桥、岸桥操作两大方面内容，经过六进三、三进一的层层选拔，天津港职工尹明成为天津市代表选手，将代表天津站上运筹帷幄的操控台，与各路高手一决雌雄。

"从最早的手拉肩扛，到现在通过远程控制平台完成装卸任务，随着科技不断发展，传统的码头起重司机工作范畴也发生了翻天覆地的变化，但在应对自动化系统调试、纠错过程中，对人工技能基本功的要求仍然至关重要。"郭伟告诉记者，赛程包括抓箱、放箱、嵌箱、套箱环节，"考核的就是司机的基本功，既要求操作的准度，又要考核操作的效率。最精细处，比如嵌箱环节，左右的余量只有一厘米。"

"反复磨炼技艺源于现实生产实践中的需要，只有技术过硬，才能保证生产安全。"在天津港成卫东技能大师工作室，"大国工匠"、首届"海河工匠"称号获得者成卫东告诉采访团记者。

"以作业中使用的拖车为例，一个班次要摘挂托盘上百次，如果技术不熟练，每次挂托盘时都要耽误十几秒。"为此，他设计出"拖车倒车打靶"等特色技术，带领团队勤学苦练，"打靶"距离也从7米增加到20米，"靶心"准度限制在直径15厘米，通过不断提高精准性，解决了拐弯时发生的扫尾现象。精雕细刻出的"快""准""稳"工作法，使工作效率提高了16.7%。

记者在采访中了解到，在高技能人才培养上，天津港集团逐步搭建起以技能培训为基础，以职业技能等级认定为引领，以技能大师工作室为平台，以"师带徒"为重点，以技能竞赛为抓手的多维高技能人才培养体系。创新提出技能人才"继续教育"机制，率先开展企业自主职业技能等级认定工作，带动技能人才队伍再提升。

走进位于中建钢构天津有限公司的第二届全国技能大赛建筑金属构造赛项和机器人焊接技术赛项天津集训基地，郑江和赵海龙正心如旁骛地进行练习。距离开赛只有短短一个月时间，紧张的氛围扑面而来。

"机器人焊接赛项是本次大赛新增赛项，我们按照全模块训练计划，正在进行紧张有序的冲刺练习。"中建钢构天津有限公司首席培训技师、机器人焊接技术赛项教练组长李朋朋介绍，"这次比赛考核的内容非常贴合焊工实际的生产操作，特别是加入了手工焊接操作。这是最考验焊工技术的。"

作为世赛选拔项目，建筑金属构造赛项强手如云，竞争激烈程度更甚。为了全力备战，这几天，中建钢构天津有限公司技术主管、建筑金属构造教练组长陈旭带着天津代表团参赛选手郑江整天"泡"在实训基地。他告诉记者:"建筑金属构造是一个相对比较成熟的老牌赛项,也是一个比较考验选手综合实力的项目,需要集钳工、铆工、焊接等诸多种技能于一身,所以对选手的整体压力还是比较大,我们翻阅以往历届赛题,对选手进行有针对性的训练,全力以赴冲刺,希望能够摘得奖牌为天津市增光添彩。"

近年来,天津市聚焦先进制造研发基地定位和"1+3+4"现代工业产业体系建设,不断完善技能人才培养、使用、评价和激励政策,深入实施"海河工匠"建设工程,大力推进职业技能提升行动,培养造就了一支有理想守信念、懂技术会创新、敢担当讲奉献的技能人才队伍。据天津市人力资源和社会保障局职业能力建设处处长吴立国介绍,截至目前,全市共有273万技能人才,其中高技能人才84万,占比达三成以上。希望能借此次大赛平台,以赛促建进一步带动我市技能人才队伍再提升。

《天津日报》记者:廖晨霞 2023年8月17日

精准育才　蓄积中国创造重要力量

新时代，新技能，新梦想。昨天，第二届全国技能大赛主论坛——技能强国论坛在国家会展中心（天津）举行。如何厚"技"薄发，优化技能人才成长环境，厚植技能人才的成长沃土？来自全国政产学研的专家学者们齐聚一堂，描绘了一幅幅培育高素质技能型人才的精准"画像"。

技能人才是支撑中国制造、中国创造的重要力量。天津的技能人才实力几何？看一组来自现场的最新数据：本市大力实施科教兴市、人才强市行动，培养造就出一批有理想、树信念、懂技术、会创新、敢担当、讲奉献的高技能人才队伍，截至目前，全市拥有技能人才 2 730 万人，其中高技能人才 83 万人，占比超 30%。大力推进的"海河英才"行动计划，累计引进各类人才 46.7 万人；深入实施的"海河工匠"建设工程，5 年内开展职业培训超 100 万人次；发力产教融合发展方面，"十四五"以来，累计培养输送技能人才 2.16 万人，就业率始终保持在 98% 以上。

"育苗"技能人才，离不开载体建设。如今在天津，已有 1 个国家级公共实训中心，18 个国家级高技能人才培训基地和 45 个市级高技能人才培训基地，30 个国家级技能大师工作室和 77 个市级技能大师工作室。同样，奖励优秀人才，天津也是"大手笔"。设立技能人才市级最高荣誉，每年选树 10 名"海河工匠"，每人给予 20 万元奖励；每两年评选 100 名"天津市技术能手"，每人给予 2 万元奖励；目前已累计选拔"海河工匠"40 人，"天津市技术能手"657 人。全市还有"中华技能大奖"获得者 7 人，"全国技术能手"226 人，67 名优秀高技能人才享受国务院颁发的政府特殊津贴。各行各业技能人才活跃在各条战线，成为引领天津新经济、培育新动能、推动高质量发展的重要力量。

成为受欢迎的高素质技能型人才，是广大学子以青春书"匠心"的目标。论坛现场，主讲嘉宾们从新时代技能人才培养路径等方面，分享"真经""秘籍"。

"技能人才如何应对人工智能带来的新挑战？"中国新一代人工智能发展战略研究院执行院长龚克在《新时代国家高技能人才培养路径》的主题演讲中直言："对于AI（人工智能）这个新兴的先进生产力，恐惧是没用的，正确选择是主动学习、驾而驭之。"他提出推进职业教育的绿色化、数字化双重转型，"要优先培养社会责任、道德伦理，强化科学基础和数字能力，打破专业壁垒，大力加强综合性实践训练等。且高技能人才必然是善于运用智能工具的优秀数字化人才，也必然是践行可持续发展的绿色化人才。"

"制造业有个金规铁律：从制造产品到制造精品、极品，除装备和技术参数外，生产操作者的手法与匠心密不可分。一线'师傅们'的聪明才智不可或缺，更无以替代。"作为机床行业"国家队"，中国通用技术（集团）控股有限责任公司在探索"以高质量人才引领制造业高质量发展"上经验丰富，党组副书记、董事张振戎以企业身份亮出培育人才的"路径图"：加强规划引领和政策牵引、畅通技能人才发展通道、加大高技能人才引进力度、加强高技能人才队伍建设、加强班组建设、开展技能人才多元培养、完善技能人才评价激励、组织各类技能大赛。

《今晚报》记者：史莺 2023年9月18日

打造高技能人才培养生态圈

正在本市举行的第二届全国技能大赛中，联想集团作为大赛高级合作伙伴共支持了7个赛项，包括提供汽车技术、工业控制、工业机械、制造团队挑战赛、CAD机械设计、原型制作、区块链应用操作赛项的设备设施与技术服务。对此，联想集团副总裁、联想教育总裁李祥林表示："本次赛事中的合作更加聚焦于对战略新兴技术的培育与推动。"

早在比赛开幕前几天，来自联想集团的工程师就已抵达赛场，安装赛事所需的竞赛平台服务器、台式机、竞赛平台等上百台软硬件设备。同时采用先进的网络架构和安全协议，搭建了一个专业可靠的技术环境，确保整个比赛系统的可靠性和安全性。此外，工程师们还优化了比赛平台的运行效率和性能，使其能够更好地适应各种复杂的应用场景。

本届技能大赛以"技能成才、技能报国"为主题。如何培养时代所需的高技能人才？李祥林认为，除了以赛促学之外，政府、学校、企业中任何一方都不可缺失，企业更需利用其自身产业优势，发挥其主体作用，搭建技能人才的蓄水池。联想通过"紫领工程"持续培养高技能、复合型的新IT人才。该工程内部协同联想教育、供应链及公益基金会，外部携手高校、职业院校与供应链上下游企业，共同打造高技能人才培养的生态圈。今年5月，多名学生从联想集团与天津滨海职业学院合作共建的联想人工智能产业学院毕业，入职联想集团天津产业园，从事产品测试、产线技术支持、质量控制、计划物料等岗位工作，形成技能人才从培养到承接以及持续培训的闭环生态。截至目前，联想已与超过470所学校建立合作关系，累计培养超过4万名高技能复合型人才。

据介绍，代表联想集团最高智能制造水平的联想（天津）智慧创新服务产业园将于今年10月全部交付使用，建成后预计员工规模超过3 000人，将助力本市技能人才的吸纳以及培养。李祥林说："联想还将进一步深化与天津市的战略合作，推动科教兴市人才强市建设，不断充实技能人才队伍，持续释放人才活力，增强人才创新能力，为制造业的高质量发展提供澎湃动力。"

《今晚报》记者：岳珊 2023年9月18日

以"技"会友 以赛促建

昨天,第二届全国技能大赛赛后新闻发布会在津举行,第二届全国技能大赛组委会委员、大赛执委会副主任、天津市人力资源和社会保障局党组书记、局长沈超介绍了天津作为本次东道主的办赛经验。

"我们构建了精准快速的运行体系,利用大数据、'互联网+'技术,搭建线上大赛赛事指挥调度中心,确保各项工作快速平稳开展。建立扁平高效的督办体系,通过挂图作战、倒排工期,确保事事有清单,件件能落实。"沈超说。

借此次大赛契机,天津锻造了一支高效团结、保障有力、技艺纯熟的专业队伍。对标世界技能大赛组织模式和技术标准,组建了2 300多人的赛务和技术保障队伍;着眼提升安全保障水平,组建了来自应急、气象、卫健、通信、电力等部门的专业应急队伍;通过"海河工匠杯"技能大赛选拔、专家推荐、高校遴选等程序,组建了一支技艺精湛、实力雄厚的参赛队伍,142名队员代表天津参加全部109个赛项的角逐,并取得了优异的成绩。

为构建多元共享、共同参与、合作共赢的大赛机制。本次大赛持续深化"政府+企业"的市场化办赛模式,专门成立了国赛运营有限公司,共有300余家企业为大赛给予设备设施和服务保障赞助。许多企业在大赛结束后,计划将比赛使用设备无偿赠予天津相关职业院校,充分展现了企业在技能人才队伍建设工作中的社会责任和担当。

为打造尊重技能、展示技能、传播技能的宣传阵地,赛前组织预热采访活动,推出"国赛项目早知道""奋进新时代的技能力量"等系列宣传视频；赛中邀请众多媒体记者进行多角度、深层次的跟踪报道；赛后将深入挖掘选手先进事迹，持续宣传大赛成果。

"第二届全国技能大赛的成功举办，让我们深受鼓舞、倍感自豪。天津有着尊重劳动、崇尚技能的浓厚社会氛围，能够为技能人才展示技艺和发展成长搭建广阔的平台、创造良好的条件、提供充分的支持。我们将以本次大赛为契机，积极建立以竞赛为重要抓手的技能人才培养、选拔、激励机制，从而带动更多的劳动者热爱技能、提高技能。"沈超表示。

《今晚报》记者：李杨 2023 年 9 月 21 日

第二届全国技能大赛 9 月开赛　天津工匠"练兵场"上秀实力

津云 2023 年 8 月 4 日

天津，工匠之城

你好天津 2023 年 9 月 11 日

赛场准备好了

微观见闻 2023 年 9 月 15 日

聚焦第二届全国技能大赛：109 个赛项全部开赛　现场切磋热力十足

天津广播电视台 2023 年 9 月 16 日

天津紧跟产业发展需求
加快培养高素质技术技能人才

天津广播电视台 2023 年 9 月 18 日

河 北 省

141名河北选手炫技能亮绝活

有人在娴熟地操作机械手、数控机床等设备，有人在机器的轰鸣声中精细地进行切割作业，也有人在四溢的蛋糕香中亮出一道道甜品……9月16日，第二届全国技能大赛在天津开幕，一场技能的"嘉年华"拉开帷幕。本届大赛中，河北全面展示智能技能"双能绝技"、工匠智匠"双匠风采"，共派出141名选手参加108个项目的比赛。作为国内规格最高、项目最多、规模最大、水平最高、影响最广的综合性国家职业技能赛事，这场堪称技能圈内"奥运会"的比赛，也将技能人才再次推到了聚光灯下。

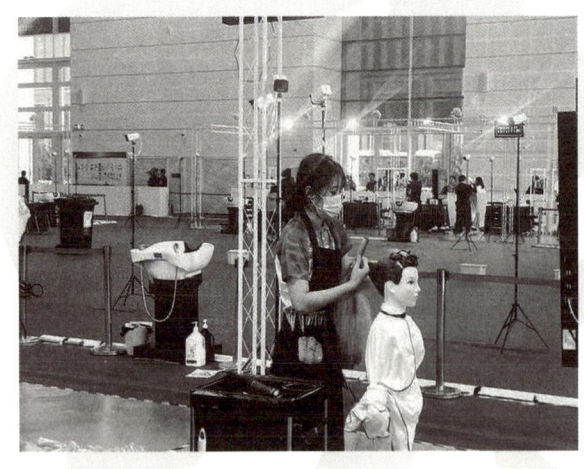

美发项目参赛选手对发型模特进行发型设计和修剪

141名河北选手比拼绝活

第二届全国技能大赛以"技能成才、技能报国"为主题,赛期4天,共设109个比赛项目,来自全国各省(区、市)、新疆生产建设兵团和有关行业的36个代表团、4 045名选手参赛,是新中国成立以来举办的赛事规格最高、竞赛项目最多、参赛规模最大、技能水平最高、影响范围最广的综合性国家职业技能赛事。

参加国赛精选项目CAD机械设计项目的河北参赛选手耿诗垚是第二次参加全国技能大赛。他表示,这次比赛自己的心态更沉稳了,"没有第一次紧张了。在赛前我做了很多准备,包括和其他省份的同行进行交流、拓展软件开发的能力等。这次我的目标是争取进入前三名,我也会为此全力以赴。"

据悉,此次河北代表团共有141名选手赛场展英姿,参加108个项目的比拼,参赛选手分别来自技工院校、职业院校、企事业单位、大学等,其中年龄最大的48岁、最小的16岁,平均年龄不到28岁。此次大赛中,河北参加世赛选拔项目的有71人,参加国赛精选项目的有70人。参赛项目中既有电工、焊接、装配钳工、砌筑等传统产业项目,也有全媒体运营、互联网营销等新职业和数字技术技能类赛项,还有美容、美发、烹饪、花艺、茶艺、健康和社会照护等与人民生活息息相关的项目。

技能大师现场创作石影雕作品

技能大师现场展"绝技"

随着两斤多重的铜錾不断敲击,黑色花岗岩石板上留下了一条条流畅的波纹,手臂图案渐渐呈现。此次大赛同时举办技能展示交流活动,在河北展区,中车展示、定瓷展示、石影雕技艺吸引了不少人的目光。

沧州石影雕技艺传承人方士英在现场创作人像,引来了不少观众驻足围观。"石影雕是雕刻在石板上的影像艺术,真实程度可以媲美摄影作品。"方士英介绍说,石影雕就是利用钢锥、铜錾等工具在黑石板上敲击,以深浅不一的"点",勾勒出层次鲜明、形象逼真的黑白灰画面。

"这个技艺起源于清末。"方士英介绍说,创作石影雕作品,就像在石板上"刺绣"一样,创作时要用手腕的力量稳住铜錾,敲击时不能偏移,更不能出错,因为没法擦拭和涂改,"手的力度不同,会在图上出现白色和灰色、黑色。在传承的基础上,我还加入了摄影光学效果,更加形象。"

不远处,定瓷制作技艺传承人庞永辉和弟子在现场展示定瓷刻花和拉坯技艺。"这次是想把我省的定瓷文化和艺术展示给大家,同时也是想在现场给大家带来高品质的文化生活体验感。"定瓷制作技艺传承人庞永辉被誉为"全国拉坯状元","定窑刻花展现出的不仅是俊美,更是灵动的意蕴。"

第二届全国技能大赛河北展区

技能大师现场展示定瓷拉坯技艺

"河北自古以来能工巧匠辈出，既是中国近代工业摇篮，也是新时代大国工匠筑梦之地。"相关负责人介绍说，"隋朝李春修建赵州桥，元朝郭守敬改进浑天仪，清朝在唐山建设首座机械矿井，如今复兴号高铁也在这里成功下线，近年来，河北高度重视技能人才队伍建设，高位推动部署技能强省行动，取得累累硕果。"

数字是最好说明。截至 2022 年底，全省技能人才达到 1 064.7 万人，高技能人才 324.1 万人。共有技工院校 221 所，其中技师学院 27 所、高级技工学校 14 所、技工学校 180 所，在校生 17.8 万人。

让更多人走上技能之路

来自邢台技师学院的王旭政以往都以选手的身份在全国各地参加比赛。今年，他作为教练带领学生参加比赛，"这次比赛，邢台技师学院选手宋鑫楠代表河北参加商务软件解决方案项目的比赛。这个项目简单来说，就是一个做软件开发的比赛项目，要求选手运用软件开发技能以及编程语言、软件工程和数据库等方面的知识，使用大赛提供的软件开发平台，分析用户需求，设计软件解决方案，开发计算机桌面端、安卓端的应用程序。"

王旭政说，虽然看似简单，但其实这是一个考验选手知识储备和软件开发技能的比赛项目，为此他们做了很多准备。"赛前，我们做了很多针对性训练，每天训练十几个小时，有老师一对一指导，此外还进行了一些对外的学习交流，希望此次比赛选手可以取得好成绩。"

和王旭政一样，现场不少教练和裁判都曾经是选手。他们纷纷表示，通过比赛，可以把技能人才的水平凸显出来，让技优者上、技优者先，促进年轻人更好地在技能成才这条道路上学到更多东西。"参加本次大赛，将进一步激发学子热爱技能、学习技能和提高技能的积极性，提高岗位适应能力，达到以赛代训的目的。"

"参加这样的全国性赛事，能够激励更多劳动者特别是青年人走技能成才、技能报国之路，对河北培养创新型、应用型、技能型劳动者大军具有重要的促进作用。"有业内人士表示，技能人才现在越来越吃香。培养高质量、复合型的高技能"紫领"人才，已然成为这些年各地共同的呼声。除了以赛促学之外，政府、学校、企业一方都不可缺失，企业更需利用其自身产业优势，发挥其主体作用，搭建技能人才的"蓄水池"。

《燕赵都市报》记者：杨佳薇、何晨曦 2023年9月18日

呼唤"新工匠"！新职业齐登场

9月16日，第二届全国技能大赛在天津拉开帷幕，与上届大赛相比，一批新职业、新项目纷纷登场。如何培养新职业新技能人才？如何打造高技能人才？河北选手在赛场上给出了答案。

赛场上，选手正在认真地进行比赛

现场：同台竞技 老将小将齐比拼

信息网络布线项目的赛场内，选手们精细地规划、布线、安装；增材制造项目赛事现场，选手们紧盯着计算机，一点一点地用线条勾勒出需要建模的物品；木工项目比赛现场，选手们推拉刨锯，空气中飘散着淡淡木香。

在第二届全国技能大赛现场，本次参赛的河北代表团中既有专注于传统技能的工匠在精细木工、飞机维修、砌筑等项目上展现毫厘之间的精益求精，也有擅长现代技能的智匠在虚拟现实工程技术等项目上展现"智能+技能"的双能精彩。各路精英集结一起，队伍结构多元丰富，年龄最小的选手16岁，最大的48岁，可谓老将小将齐比拼。

聚焦：以赛促学　新职业、新项目纷纷登场

随着经济社会不断发展，一批又一批新职业获得国家"认证"。这些新职业、新项目纷纷登场，在引人注目的同时，也为相关产业的发展提供了人才支撑。

据悉，相比上届大赛，此次大赛增加了20个新职业和数字技术技能类赛项，如全媒体运营、互联网营销等。这些赛项对于增强新职业从业人员的社会认同感、促进就业创业具有重要意义。同时，新增智能制造工程技术、人工智能工程技术等5个专业技术类竞赛项目，更加符合技术技能融合发展的趋势。

在涉及新职业的比赛现场，除了社会类参赛人员，一张张青春的面孔展示着新一代职业技能人才的风采。1994年出生的河北选手田杰宇在本次的全国技能大赛上参加人工智能训练项目。硕士毕业后，他一直在河北轨道运输职业技术学院机辆学院任教，研究方向为机器学习与铁道车辆智能化，系统教授人工智能概论、车辆制动装置、铁道车辆动态监测技术等课程。

"近几年，很多学校在专业设置上紧跟市场脚步，将一些新职业、新技术纳入课程体系，以增强职业教育的适应性。"省人力资源社会保障厅相关负责人介绍说，20个新职业和数字技术技能类赛项，河北都有选手参赛，让更多青年参赛有利于加快培养和选拔一大批创新型、应用型、技能型劳动者，为河北提供坚实的技能人才保障。

深入：多方合作　培养更多新技能人才

38岁的电工项目选手常燕臣来自唐山工业职业技术学院，出生于普通农村家庭

的他通过学习技能改变了命运——参加全国职业院校技能大赛自动化生产线安装与调试赛项获得国家级二等奖，因表现优异留校任教。

在比赛现场，不少参赛者表示，坚信知识改变命运，技能改变未来。供应链管理项目选手孙明贺就用 13 年的技能大赛经历，成就了自己的出彩人生，从普通的教师成长为全国物流行指委思政专业委员会委员。

近年来，河北省围绕 12 大主导产业和 107 个县域特色产业，构建"1+1+12"技能人才政策体系，培养大批适应产业发展的大国工匠，全省共有 11 人获"中华技能大奖"、65 人获"全国技术能手"荣誉称号。

未来如何培养时代所需的高技能人才，推动产业结构升级？新职业技能人才培养如何布局？这也是此次大赛上各方思考的问题。比赛为全省技能人才提供了很好的平台和舞台。而除了以赛促学，政府、学校、企业中任何一方都不可缺失。要让更多年轻人了解新职业、喜欢新职业、从事新职业；让人才培养评价机构紧跟发展形势，改革创新，培养更多新技能人才；让新技术产业企业能招聘到更多更好的人才，解决"产业缺青年，青年缺就业"的结构性问题。

《燕赵都市报》记者：杨佳薇、何晨曦 2023 年 9 月 19 日

山 西 省

山西技能精彩绽放津门

9月16日至19日，第二届全国技能大赛在天津举行。这是我国规格最高、项目最多、规模最大、水平最高、影响最广的综合性国家职业技能赛事。山西代表团142位选手出战所有109个项目的比赛，山西技能展示人员以开放进取的姿态参与交流，山西技能闪亮登场第二届全国技能大赛大舞台，展现山西特色、山西精彩。

本届大赛以"技能成才、技能报国"为主题，来自全国36个代表团的4 045名选手参赛。17日，我省142名选手已全部投入109个项目的激烈角逐，16日开始，山西代表团派出的109名裁判也陆续开始执裁。本次大赛采取集中开放办赛、赛展演会集成模式举办，技能竞赛和技能展示交流活动同步进行。我省"人人

持证、技能山西"建设成果展示精彩亮相大赛展区。与此同时,大同结艺、繁峙刺绣、阳泉盘合、隰县面塑、超轻黏土泥塑等山西技艺闪亮登场。展示人员秀出传统与创新结合的独家技艺、与时俱进的绝活表演,与现场观众近距离互动,展示山西技艺的独特魅力,讲述山西技能人才队伍建设的生动故事。

一纸一剪,指尖非遗"阳泉盘合"绚丽绽放,来自阳泉的梁盛萍演示和讲解山西省级非遗项目——"阳泉盘合"的技艺与其中独有的民俗风情、美好寓意,吸引了众多观众。作为三晋技术能手、"阳泉盘合"山西省级非遗项目省级传承人,近年来梁盛萍致力于剪纸教育

教学,不仅编写教材、走进课堂,还开设抖音账号直播传授剪纸技艺。内行看门道,来自天津的杨柳青年画传承人霍庆顺在"阳泉盘合"展台前久久驻足、倾听。听说霍庆顺是第一批国家级非物质文化遗产项目杨柳青木版年画代表性传承人,杨柳青年画坊"玉成号"画庄也在同场展示,梁盛萍当即跟随他来到天津市展区,观摩杨柳青年画展示,交流传统技艺传承与创新体会。

技能传承与创新,离不开传统文化的滋养和精益求精的工匠精神。山西面塑常见,但在核桃壳里创作十八罗汉、放大镜下人物形象栩栩如生的微型面塑却不常见。来自临汾的苏栩带来的"隰县面塑"展示让观众一边用手机微距功能拍摄,一边啧啧称奇。苏栩介绍,面塑是家传技艺,在当地不仅开设了传习所传授技艺,而且有工坊,制作面塑产品,带动脱贫户就业增收。如今,面塑产品不仅做到了不腐不坏,而且创新开发了挂件、吊坠、摆件等多种新型文创产品。

泥塑在山西技能展示人员孔青琴匠心巧手间有了更多创新与灵动。小小姑娘发

缕飞扬、裙裾舞动，新郎新娘拱手致礼、形态萌萌，年轻的孔青琴带来"超轻黏土泥塑"展示，新型环保材料赋予泥塑技艺更轻、更易塑的特点。在第二届全国技能大赛展示区现场，孔青琴还用超轻黏土现场制作了大赛的吉祥物"天天""津津"，一捏一剪一画间，涌动的是三晋年轻一代对泥塑技艺的传承与创新。

在第二届全国技能大赛山西展示交流区，山西元素突出，山西技能惊艳亮相，前来山西展区参观、交流的人络绎不绝。"大同结艺"展示人员现场制作、推介别具山西特色的胸针、挂件等文创产品。"繁峙绣娘"是山西省级劳务品牌，繁峙刺绣花色繁多、色彩艳丽，绣娘现场展示精细绣工。

来自山西航天清华装备有限责任公司的特级技师李晓波带来了使用普通台钻、"铅笔芯上钻微孔"绝技绝活，毫厘之间尽展精湛技艺。他还将参加大赛"最受欢迎的十大绝技"展演与评选。

山西技能之精彩，根植于山西"人人持证、技能山西"建设持续深入推进的沃土。近年来，我省坚持技能强省、技能富民战略，强力推进全民技能提升工程，坚持不懈推进新时代技能人才工作，连续举办四届省级职业技能大赛，以赛促训、以赛促培、以赛促建，不断完善技能人才培养、使用、评价、激励机制，努力营造劳动光荣、技能宝贵、创造伟大的社会风尚，各类人才培训基地、大师工作室、特色劳务品牌蓬勃发展，技能就业、技能成才、技能报国蔚然成风，技能人才队伍快速发展壮大，为我省高质量发展提供强有力的技能人才支撑。

"山西日报"微信公众号 记者：高建华 2023年9月17日

内蒙古自治区

直击国赛！内蒙古选手竞技展风采

"比赛开始！"一声令下，选手们全神贯注、争分夺秒，上演一场指尖上的"速度与激情"。9月16日至19日，第二届全国技能大赛在天津举行。比赛现场有哪些精彩瞬间？内蒙古选手们表现如何？记者带你一看究竟。

在烹饪（中餐）赛区，内蒙古选手、包头服务管理职业学校教师单彪正运用多种烹调技法，制作中式菜肴。单彪从事烹饪工作16年，这是他第一次参加全国技能大赛。"在一个全新的环境里进行比拼，心里多少有点紧张，但上场后立即进入状态，两天的比赛发挥很正常，希望能取得好成绩。"单彪信心十足地说。

量尺、标记、切割、镶贴……在室内装饰设计比赛现场，选手于庆站在操作台旁，边看图纸边全神贯注地切割墙砖，有条不紊地忙碌着。于庆也是第一次参加国赛，经过之前3个月不分昼夜

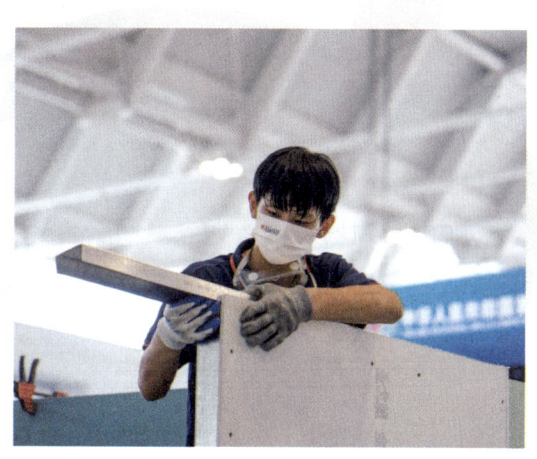

地练习，于庆可以将模拟比赛时间缩短至国赛要求控制范围内，顺利参加此次比拼。

在区块链应用操作赛场，选手金耀辉正在搭建应用测试模块的测试环境，配置虚拟用户和交易，验证智能合约的功能和性能。作为赤峰工业职业技术学院软件技术教研室负责人，金耀辉今年指导学生参加金砖国家技能大赛内蒙古区赛，获得第二名的好成绩。他希望通过此次国赛提升自己的专业水平，同时将大赛所思所学融入日常教学工作中。

在比赛现场，记者见到了内蒙古建筑职业技术学院大三学生丁宇航，他参加的项目是商品展示技术。每场竞赛平均需要5~6个小时，丁宇航要全神贯注，用足够的耐力，在比赛时间内按要求完成竞赛任务。21岁的他虽是第一次参加国赛，但强烈的求知欲被激发，激励他在今后的学习中苦练技能。

"在调色方面，首先要判断色系，由几种颜色组成，各占比例多少……"内蒙古选手刘天然说。在油漆与装饰项目赛区，刘天然以眼睛为"尺"、技能为"刻度"，精确临摹图案、调配颜色，努力绘制出理想中的装饰画。20出头的刘天然是内蒙古农业大学学生，成绩优异。"希望通过这次比赛，将自己所学所见带回去，与小伙伴们一起交流分享，提升大家的技能技艺水平。"刘天然说。

在茶艺项目比赛现场，记者看到了第一届全国技能大赛内蒙古代表队铜牌获得者——鄂尔多斯理工学校教师袁琳。与上届国赛作为参赛选手相比，她是本届茶艺项目内蒙古选手辛欣的指导老师之一，她为内蒙古选手加油鼓劲，希望大家赛出好成绩。

内蒙古代表团团长，自治区人力资源社会保障厅党组书记、厅长翟瑛珺表示，将以此次国赛为契机，组织全区各盟市、各行业积极参加各项技能赛事活动，为各类群体搭建交流学习、提高技能技艺的舞台，持续壮大全区技能人才队伍，激励更多青年技能成才、技能报国，为完成好两件大事提供高素质技能人才支撑，为自治区高质量发展聚力赋能。

内蒙古日报·草原全媒 记者：梅刚、王鹏 2023年9月18日

拥抱技能　一起向未来
——内蒙古征战第二届全国技能大赛选手的故事浓缩了个人成才的多元化路径

九月的天津，秋高气爽。

33岁的乌兰察布姑娘陈慧娟来到津门河畔，来不及看看地标性建筑天津电视塔、解放桥、天津之眼，就一头扎进了赛场。

规格最高、项目最多、规模最大、水平最高、影响最广——9月16日至19日举行的第二届全国技能大赛是综合性国家职业技能赛事。包括陈慧娟在内的127名内蒙古选手与全国4 000余名技能人才同台竞技，切磋技艺。

赛场外，苦练本领；赛场上，分秒必争。内蒙古选手的故事，印刻着三百六十行，行行出状元的追求，倾注着技能成才、技能报国的理想。

国赛是竞技场　更是大课堂

赛场上，来自兴安盟高级技工学校的崔嘉政既兴奋又紧张。

他 2020 年获第一届全国技能大赛信息网络布线项目优胜奖。从学校选拔，到盟市赛、自治区赛，再到成为本届大赛信息网络布线项目优胜奖选手，荣获参赛代表队最佳选手奖。这一路，崔嘉政勤学苦练、脱颖而出。

来自内蒙古交通职业技术学院学生陶珈琦，在本届大赛汽车技术项目中同样获得优胜奖。自 2022 年进入该校学习，始终在汽车检测与维修专业上勤学苦练。

 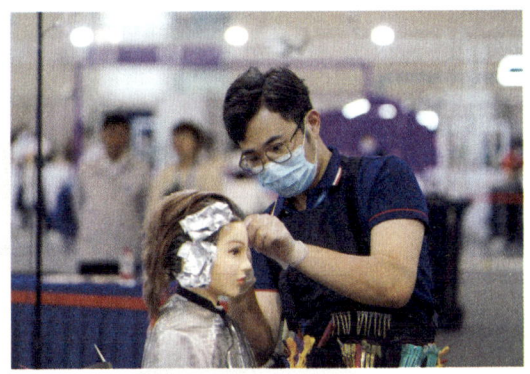

像崔嘉政、陶珈琦这样的"00后"在内蒙古选手中占到 54.3%，多为技工院校学生，这也是内蒙古组织参加各类技能大赛，培养更多技能人才的初心。崔嘉政说："能在国赛上争得荣誉，是对技能学习的最好检验，更是认识自身不足、提升技能的绝佳机会。"

参赛选手中有 20 名企业职工。

来自内蒙古红岗机械有限公司的李佩员在机器人焊接技术项目中取得优胜奖，并获西部技能之星奖。中国二冶集团钢结构工程技术分公司高磊，中国航天科工集团第六研究院四十六所王晓波，内蒙古第一机械集团有限公司孙新宇，鄂尔多斯乐动健身俱乐部特木尔，内蒙古乌兰美文化旅游开发集团有限公司陈慧娟、荆建茹等职工获得优胜奖，涵盖社会体育指导（健身）、家政服务（整理收纳）、增材制造设备操作、装配钳工等7个项目。

"能够在国赛上为内蒙古争得荣誉，非常激动。更重要的是，我们在比拼中提升了技能水平、综合能力，让职业生涯更加出彩。"李佩员说。

"焊接是按照图纸要求进行精确组装，并按照图纸规定方法和标准进行焊接操作的竞赛项目，需要掌握精湛的技术。"高磊说，这次大赛对我来说更像是拓宽视野、增长见识的课堂，帮助我了解行业发展趋势，与优秀同行切磋交流。

学一技之长　传工匠精神

本届大赛内蒙古选手陈殿青获得移动应用开发项目优胜奖，这是内蒙古继第一届全国技能大赛后再次获得该奖项。成绩背后是艰苦的付出。过去1年多，每天10多个小时的训练对陈殿青而言早已是家常便饭。

已经记不得有多少次，半夜睡不着，陈殿青会回到学校实训室继续训练。日复一日地精雕细琢、精益求精，但重复训练只是技能提升的基础，练就绝活并不只是熟能生巧。

"时常会碰到一些难题，比如在调试代码时经常会出现未曾遇到的漏洞，我们必须多琢磨、找方法、求创新，反复多次尝试，不断迭代，优化算法，使设计效果符合行业最新标准。"陈殿青说。

陈殿青所在的内蒙古电子信息职业技术学院，从2020年派出选手参加第一届全国技能大赛,目前已建立起一套技能人才选拔体系,并通过"走出去""引进来"吸收先进技术、丰富比赛经验。

第一届全国技能大赛内蒙古共有 69 名选手参赛,其中 1 名选手摘得铜牌、4 名选手荣获优胜奖。本届大赛内蒙古共派出 127 名选手参赛,其中机器人焊接技术、家政服务(整理收纳)、增材制造设备操作等 7 个项目是首次参赛,填补了该领域竞技人才的空白。

"此次大赛内蒙古选手赛出了风采、赛出了成绩,实现了量质双增长。"自治区人力资源社会保障厅职业能力建设处处长张晓东说,通过比赛对完善技能人才培养体系起到引领推动作用,对推动职业教育发展起到积极促进作用,对弘扬劳模精神、劳动精神和工匠精神起到示范带动作用。

学一技之长,传工匠精神。由内而生的力量鼓舞着青年技工,在磨砺技能的道路上从不止步,工匠精神在苦乐参半的训练中闪耀夺目的光芒。

技能成才　技能报国

技能成才、技能报国。对于参加第二届全国技能大赛的内蒙古选手而言，这是他们坚持的信念和前行的方向。

家政服务（整理收纳）是第二届全国技能大赛新增赛项，来自内蒙古乌兰美文化旅游开发集团有限公司的陈慧娟和荆建茹是首次参赛，最终取得优胜奖的好成绩。陈慧娟说："整理收纳是一个可以重新定义生活家的职业，通过这次大赛，我要更加努力地提升能力，打磨专业，让自己的一技之长服务更多家庭。"

同样是获得优胜奖，来自赤峰工业职业技术学院软件技术教研室负责人的金耀辉，是同龄人眼中的榜样。学计算机的他，曾供职于互联网头部企业。在技能学习中找到自己的所长、在教学育人中提升学生的技艺水平，金耀辉对技能之路信心十足。

选手丛培源是一位灵活就业人员，凭借对木工的兴趣和吃苦耐劳的精神，他在选拔中过关斩将，从农村一步步走上全国技能竞技舞台，不仅代表内蒙古参赛，还以优异成绩获得了优胜奖。

本届国赛网络安全赛项竞争激烈，吸引企业网络安全工程师及上海交大、哈尔滨工业大学等高校教师、研究生、本科生参赛，呼和浩特市文化艺术职业学校中职

毕业生郭治博和郭文凯，在高手云集的比赛中争分夺秒、沉着应战，最终获得优胜奖。

心中有梦、眼中有光，脚下有路、志在四方。内蒙古参赛选手的故事，浓缩了个人成才的多元化路径，折射出内蒙古厚植技能人才成长沃土，对培养造就"大国工匠"的渴望。

近年来，内蒙古深入实施"技能内蒙古行动"和"技术技能人才引育提质工程"，着力健全技能人才培养、使用、评价、激励机制，技能人才队伍建设迈入快车道。截至2023年8月底，内蒙古累计开展政府补贴性培训86万人次，技能劳动者总量达到387万人，其中高技能人才达114万人。全区有11名"中华技能大奖"获得者、94名"全国技术能手"、2 300多名"全区技术能手"，这些高技能人才为推动内蒙古高质量发展提供了有力的人才支撑。同时，内蒙古还大力加强载体建设，现已建成29个国家级、99个自治区级高技能人才培训基地，50个国家级、92个自治区级技能大师工作室。此外，内蒙古自开展特级技师、首席技师评聘工作以来，共评选出47名特级技师、15名首席技师，标志着我区打破高技能人才成长天花板，激励引导更多技能人才投身技术技能创新，走技能成才、技能报国之路。

自治区人力资源社会保障厅党组书记、厅长翟瑛珺说："我们要为技能人才搭建好交流、合作、发展的平台。通过组织大规模、高规格、高标准、高质量的职业技能竞赛，为发现和选拔高技能人才创造条件。进一步加强宣传引导，弘扬劳动光荣、技能宝贵、创造伟大的时代风尚。同时，充分发挥市场引导和社会荣誉双重激励作用，提高技能人才政治待遇、经济待遇和社会地位，畅通职业发展和晋升路径，让技能人才有前途、有奔头。"

第二届全国技能大赛落下帷幕，这既是终点，更是起点。拥抱技能，内蒙古技能人才一起向未来。

内蒙古日报·草原全媒 记者：梅刚、王鹏 2023年9月22日

辽 宁 省

辽宁省在第二届全国技能大赛上获得"突出贡献奖"

第二届全国技能大赛日前在天津市奥林匹克中心体育馆闭幕。经过激烈比拼，辽宁省作为12个获得"突出贡献奖"的省份之一，选派142名选手参加全部109个项目，1人获得银牌、2人获得铜牌，3人进入第47届世界技能大赛国家集训队，8人荣获"全国技术能手"荣誉称号。

辽宁整体成绩全面提升。此次大赛，辽宁在传统项目上保持一定优势，代表朝阳市参赛的谭临溪获得茶艺项目银牌，来自沈阳的选手张磊、翁楠在虚拟现实工程技术项目中表现出色，获得铜牌。辽宁选手在36个项目中有45人获优胜，比上届20人获优胜翻了一番多，团体总分上届81分，本届超过150分，接近翻一番。参赛选手在工业控制、车身修理、货运代理、起重设备操作技术等项目取得较好成绩，在智能制造及数字技能项目取得了新突破，在原型制作、数控车、数控铣、人工智能训练等项目中成绩领先。

辽宁良好形象全面展现。9月15日，辽宁代表团团长受邀参加代表团媒体见面会，他从辽宁工业门类齐全、政策体系完备、发展环境优越等三个方面宣传辽宁，展示新时代辽宁全新风貌，就培养更多"李志强班"式的优秀高技能人才回答记者提问，吸引更多人才汇集辽宁，助力振兴。辽宁省杰出技能人才代表洪家光、李志强分别在技能强国主论坛和大国工匠分论坛上发言，宣介辽宁省重视技能人才、培养技能人才的良好氛围，在顶尖高技能人才领域传播辽宁声音。

近年来，辽宁省大力推进技能人才队伍建设，着力构建以世赛为引领，国赛、省赛为龙头，市赛、行业大赛为主体，职业院校技能比武、企业岗位练兵为基础的职业技能竞赛体系。省人力资源社会保障厅相关负责人说，下一步，辽宁将继续坚持竞赛来源于生产一线、服务于生产一线，认真总结前两届国赛和第一届省赛经验，抓紧筹备第二届省赛，持续加大技能人才培养力度，努力打造一支更好保障企业用工、支撑高质量充分就业的技能人才铁军，为推动新时代东北全面振兴贡献技能人才力量。

东北新闻网 2023 年 9 月 21 日

吉 林 省

逐梦技能强国　彰显吉林担当
——吉林省代表团参加第二届全国技能大赛

第二届全国技能大赛开幕式上，吉林代表团登场（石雷 摄）

金秋九月，古运河畔，天津国际会展中心内，为期三天的中华人民共和国第二届职业技能大赛（简称"第二届全国技能大赛"）让技能之光闪耀天津。

来自五湖四海的能工巧匠们齐聚津门，在激烈角逐中挑战极限、突破自我。

这是一个与兄弟省份比武过招的平台，这是一次积极交流提高技艺的盛会。集成赛展演会，比拼绝技绝活，在这个国内职业技能领域最高的竞技台，来自全国36个代表团的4 000余名技能高手一较高低，既是技艺的角逐，更是工匠精神的比拼。

第二届全国技能大赛主会场天津国际会展中心外景（石雷 摄）

本届大赛是在全面贯彻落实党的二十大精神的开局之年举办的一项重大赛事，也是新中国成立以来举办的规格最高、竞赛项目最多、参赛规模最大、技能水平最高、影响范围最广的综合性国家职业技能赛事。它给广大青年提供了充分交流、沟通、竞技的平台，它承载了广大青年对技能成才、技能报国的不懈追求与期望。

技能之花再绽放
技能吉林新突破

因技能而来，为技能喝彩。9月16日，第二届全国技能大赛正式开赛，站在我国最高的技能竞技舞台上，吉林省派出了133名选手、101名裁判，参加101个赛项比赛，今年5月至6月，省人力资源社会保障厅组织开展了吉林省选拔赛等各项筹备工作。

擂战鼓，壮声威，踏征程。吉林省代表团团长、省人力资源社会保障厅党

珠宝加工项目比赛现场（石雷 摄）

组书记、厅长王冰为吉林代表团出征送行时说："通过参加此次赛事，充分展示我省技能人才水平和工作成果，通过大赛展现良好风貌，与兄弟省份'比武过招'，积极交流学习，提高技能技艺，促进我省技能人才队伍不断发展壮大，为吉林高质量发展提供坚强的技能人才保障。希望各位参赛选手赛出水平、赛出风格、赛出成绩。"

吉林展区展示琳琅满目的朝鲜族特色美食（石雷 摄）

吉林省代表团以大赛为契机，加深交流合作、展示吉林技能风采，借此提振吉林省技能人才队伍士气，营造人人皆可成才、人人尽展其才的良好氛围。

为期三天的比赛，数千名能工巧匠用汗水和智慧诠释了"技能有多高，人生的舞台就有多大"，4 000 余名选手在 109 个竞赛项目中同台竞技、激烈比拼。

最终，我省收获 2 个项目银牌、3 个项目铜牌、40 个项目优胜。与上届大赛相比，在获奖数量大幅提升的同时，参赛选手在各自项目成绩的排名也实现了较大提升，获奖项目涉及行业领域更加广阔，传统加工制造业项目继续保持强劲的竞争力，信息网络技术和服务业等新职业项目显现出一定的冲击力，全国技能大赛在技能人才队伍建设方面的风向标和指挥棒的作用已经凸显，全省技能人才规模、质量双双提升，技能人才队伍规模大幅提升。

同时，参赛选手向公众展示了其精湛技艺，助推"三百六十行、行行出状元"观念深入人心。

这场前所未有的"技能全运会"，成为全方位检验技能人才水平的练兵场，为各行各业的劳动者成长搭建了平台。

看大赛背后的"技能趋势"，培育大国工匠，打造技能强省。省委、省政府始终高度重视技能人才培养工作，将其纳入全省经济社会发展大局。近年来，省人力资源社会保障厅坚决落实省委、省政府部署，精心构建技能人才培养、评价、使用、激励制度体系，重点实施了一系列技能人才项目，努力培养造就一支结构合理、技艺精湛、素质优良的技能人才队伍，推动技能人才工作取得积极成效。

厚植技能底色
让高技能人才发光出彩

三天赛期虽短，但大赛意义深远，它让更多人走近"技能世界"，了解不同职业的特点和价值，感受技能之美、劳动之美。

一群人，一条心，一起拼！不一样的赛场，吉林技能选手展现出一样的拼搏精神。

在制造团队挑战赛项目上，三位选手正在专注操作着……制造团队挑战赛是本届大赛的唯一一个团队赛事，吉林省由黄庭威、袁逸、覃海军三人参加本

烹饪（中餐）项目比赛现场（石雷 摄）

项目，"通过参加国家大赛，和国内顶尖对手同台竞技、互相学习。这宝贵的经历是一剂'强心针'，会为他们三个人的技能提升注入强劲动力。"

本项目教练赵继伟表示，为了在本届大赛取得好成绩，他们三人从今年2月就开始准备，很多时候训练到凌晨才休息。特别是综合制造科目，团队推翻了无数个模块，才能达到如今配合默契，熟练掌握的程度。

量尺、划线、做型……在室内装修设计项目上，吉林省参赛选手寇文博有条不紊。他根据比赛要求图纸，全神贯注量尺，分割材料……一块块材料应手而落，整齐地放在手边。

据他的主教练介绍，寇文博以前学习的是计算机设计，但本次国赛比赛项目

是室内装修镶贴。他曾多次想放弃比赛，但为了心中的职业梦想，他还是从零开始练习，经过两个月不分昼夜练习，终于可以将时间控制在国赛要求控制范围内，零误差率达到80%以上，满足了比赛要求，圆了参加国家比赛的梦想。

台上一分钟，台下十年功。选手们的比赛时长虽然只有几个小时，但他们在场下为精进技能的艰苦付出，却是长年累月、持之以恒。全国技能大赛对接国际、国内最新最先进的技术技能标准。

我省选手参加油漆与装饰项目比赛（石雷 摄）

从这场技能含金量高的全国技能大赛，我们可以窥探我省未来布局产业发展及技能人才培养的方向。我省正加快建设一支知识型、技能型、创新型高素质产业工人大军，为高质量发展提供强大的人才支撑。正如"十四五"规划提出，加强创新型、应用型、技能型人才培养，实施技能提升行动，壮大高技能人才队伍。

在这个过程中，我省职业技能竞赛体系，起到了重要的推动作用。观察在此次全国技能大赛中获奖的选手，能够保持高水平的稳定发挥，除了自身努力付出，职业竞赛系统培养、科学训练也是重要原因。

构建职业技能竞赛体系，我省人力资源社会保障部门积极探索形成了"赛、评、奖、用"四位一体的技能人才选拔机制。不断创新省级职业技能竞赛方式，建立健全了以世赛为引领，以国赛为龙头，以省赛为主体，以地方、行业技能大赛和企业岗位练兵为基础的职业技能竞赛体系，探索形成了"赛、评、奖、用"四位一体的技能人才选拔机制，使一批优秀技能人才脱颖而出，为推动新时代吉林全面振兴全方位振兴提供了重要的人才支撑。

肩负技能新使命
技能逐梦正当时

奖牌由汗水浇铸，高光由勤勉汇成，吉林选手在天津舞台展现出吉林技能人才的高超技艺，也让更多人看到了他们身上所体现的执着专注、精益求精、一丝不苟、追求卓越的工匠精神。

心有翼，自飞云宇天际，梦无垠，当征星辰大海。大赛，让一批批优秀技能人才脱颖而出，无疑，这对我省技能人才队伍建设具有风向标意义，它必将大大激发广大劳动者参与技能培训、提高职业技能的意愿和热情，同时，对于提高技能人才培养质量、建设与现代产

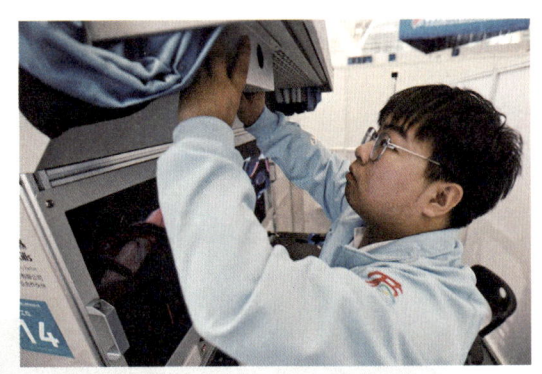

我省选手在光电技术比赛中（石雷 摄）

业体系相适应的技能人才队伍、为经济社会发展提供充足的技能人才支撑，也将起到积极的推动作用。

比赛落幕，但逐梦技能强国的脚步永不止步，技能人才的培养任重道远，我省正努力让越来越多的技能人才大有作为。近年来，省人力资源社会保障厅聚焦制约技能人才工作的短板弱项，完善政策措施体系，加大体制机制改革创新力度，从根本上推动技能人才队伍高质量发展。

不断健全技能人才发展政策体系，在全国率先打通技能人才与干部队伍的发展通道。改革完善技能人才评价制度，在全国率先实现高技能人才与专业技术人才职业发展贯通。

与此同时，我省紧跟新形势新业态，谋划技能提升行动新举措，在全省大力开展职业技能提升行动；夯实基础，聚焦平台载体建设，打造技能人才培养新模式，

推进技工教育发展，加强培训机构建设，鼓励企业开展培训，打造人才培训基地。

截至目前，全省累计打造国家级高技能人才培训基地22个，国家级技能大师工作室40个，省级首席技师工作室60个，省级师徒工作间40个，全省共有9人获"中华技能大奖"，114人获"全国技术能手"荣誉称号。

飞机维修比赛项目现场（石雷 摄）

技能有多高，人生的舞台就有多大。

近年来，我省大力弘扬工匠精神，把培养更多高技能人才和大国工匠摆在更加突出位置。不断优化人才成长环境，高规格开展技能人才表扬表彰活动，大力度实施高技能人才表彰激励。全省选树了李万君、李凯军等一批在全国叫得响的杰出典型……

不负韶华，技能强国有我。我省正积极引领和激励更多人走技能成才、技能报国之路。期待借助全国技能大赛这一擂台，让更多人意识到技能人才的价值及其对国家发展的重要意义。

山再高，往上攀，总能登顶；路再长，走下去，定能到达。收获的九月，在天津，第二届全国技能大赛中，吉林向外界展现出技能强省建设的坚定信心、蓬勃力量、奋进脚步会留下更加深刻的印记，吉林技能，大有作为，技能吉林，未来可期。

《吉林日报》 作者：万双 2023年9月20日

黑龙江省

厉兵秣马勇争先　龙江技能高手全力以赴备战国赛

高手云集，精彩可期。

时间指针：9月16日至19日；地理坐标：天津。一场全国瞩目的赛事——主题为"技能成才、技能报国"的第二届全国技能大赛即将打响。

"本届大赛阵容庞大：设有109个竞赛项目，其中，世界技能大赛项目62个，国赛精选项目47个（含20个新职业项目），涵盖运输与物流、结构与建筑技术、制造与工程技术、信息与通信技术、创意艺术与时尚、社会及个人服务六大领域，参赛选手超4 000人！届时，黑龙江将派出126名技能选手参加101个赛项的角逐。"12日，此次大赛黑龙江代表团领队、省人力资源社会保障厅职业能力建设处处长苏盛刚向记者介绍道。

大赛在即，我省选手和教练们准备情况如何？近日，记者前去探访，揭晓答案。

龙江代表团看点多多

"有过几次比赛经历,积累了一些经验。在赛场会有很多影响选手的因素存在,这次比赛,希望自己可以在比赛时不骄不躁,能发挥出全部实力,拿到一个好成绩。这段时间训练强度很大,每天最少十几个小时,为的是不断地扎实基本功,这样才能在赛场上稳定发挥。同时,我还要牢记徐颜教练的嘱咐:把平时的训练当作比赛,把比赛当作平时的训练。"12日,黑龙江省第一届职业技能大赛世赛木工项目金牌获得者、正积极备战国赛的选手郭鹏兴奋地告诉记者。

"郭鹏作为代表黑龙江省世赛木工项目的种子选手,目前正处在努力备战冲刺训练阶段。在8月15日官方公布比赛样题后,他和我探讨赛题中训练的方式方法后,就开始以'5+2''白+黑'的形式进行训练,技能方面还积极主动和我要求加点儿难度来考验自己。"说到自己的得意弟子郭鹏,教练徐颜语气中带着赞许。

训练中的郭鹏

参赛选手郭鹏(左)和教练徐颜(右)

据了解,此次出征国赛,黑龙江代表团派出的126名选手分别来自技工院校、职业院校及社会企业。选手经由全省首届职业技能大赛和遴选产生,其中"00后"选手占半数以上。为了提高参赛选手竞技能力,省人力资源社会保障厅面向社会征集了竞赛集训基地,加强组织管理和监督指导,为选手、教练集训工作提供必要的保障和支持,通过"本地训练+外省拉练+竞赛历练"相结合方式开展集训。目前，选手正在针对木工、焊接等优势项目开展集训，为国赛作最后的冲刺。

据悉，大赛期间，将同步开展全国技能展示交流、"最受欢迎的十大绝技"展演与评选、技能强国论坛、大国工匠论坛、技工教育论坛、终身职业技能培训论坛等系列活动。令人期待的是，我省漆艺、食品雕刻等技艺将在技能展示交流中一展风采。

选手争优期待重重

在采访中，记者了解到，我省代表团派出的126名选手，可谓"藏龙卧虎，实力不俗"。

参加石油钻井技术（国赛）项目的杨季冰来自王进喜铁人钻井队，是大庆油田钢铁1205钻井队队员。今年3月，他荣获了第四届全国油气开发专业职业技能竞赛个人金牌。为了在比赛中能取得好成绩，他和搭档李瑞峰早在几天前就赴天津做准备了。"我和我的搭档参加的比赛比较多。以前都是个人赛，需要每个人把这几个项目都考一遍。但这次钻井技术第一次是双人赛，六个项目，两人抽签，我俩只有上体（井控案例分析）答题是相同的考试项目。其余5个项目，我俩一人考2个，一人考3个。"杨季冰说。

此次参加抹灰与隔墙系统（世赛）的王春爽，是一名退役军人，2022年退役入学，成为黑龙江建筑职业技术学院建筑系学生，返校后学习异常刻苦。2023年6月，他荣获了黑龙江省第一届职业技能大赛抹灰与隔墙系统赛项金奖。眼下正在备战国赛的他，不断挑战技术难点，让自己的专业技术水平得到提升。

"参加这个大赛不仅会提振他的信心，还会让他经受历练。"在指导老师王恒眼中，23岁的步凡吉特别有钻劲，很灵活，有潜力。此次参加飞机维修项目比赛的步凡吉，是哈飞最年轻的专业铆装钳工。从理论到实训学习，再到上手操作，从划线、钻孔这些基本功练起，反复琢磨，他不放过每一个细节。

"我们的选手即将在全国大赛的舞台上、竞技场上，与全国各地的技能高手一决高下。他们赛前做了充分的集训准备，希望他们赛出龙江风采，赛出龙江好成绩。"苏盛刚说。

参赛选手步凡吉（右）和教练王恒（左）

"本次大赛，我是作为室内装饰设计项目的教练员及国家级裁判员参加的，这是我第二次参加全国性技能大赛，也是第二次带选手来参赛。我们的选手经过激烈的训练，拿到了省赛的金牌。希望在接下来的全国大赛上能够再接再厉，取得好成绩。"本次大赛室内装饰设计项目国家级裁判员、黑龙江省队教练员、佳木斯职业学院李卓底气十足地说。

苏盛刚主持出征仪式

赛前准备细节满满

"你们备赛训练的情况怎么样？觉得生活保障如何？一定要全力以赴，争取优异成绩，为黑龙江争光。"近日，黑龙江代表团团长、省人力资源社会保障厅厅长沙广华到哈尔滨技师学院，看望慰问正在训练备战的选手和指导教练，勉励参赛选手。

"在大赛前，我建议选手可以听一听放松的音乐，还可以进行呼吸放松训练，给紧绷的思维和身体'松松绑'，让内心平静下来。一些选手在比赛中容易受到周围嘈杂环境的影响，我建议这类选手采取'置换取景框'的方法，就是将你脑子所有想的这些念头、人、事物固定出来，就像把它给静止成一张图片，然后将你自己从图片中放大，把其他的元素逐渐变灰，变得不清晰，这样就能够集中注意力。"考虑到选手们参加全国大赛可能会有心理压力，我省代表团还特地邀请哈尔滨技师学院师生健康心理工作室负责人、优秀的心理咨询师张秀红随团出行，在赛事期间为选手进行交流疏导。

"我是这次花艺赛项的裁判也是教练，我带的选手从备赛到现在，已经经历了几个月的训练时间。我始终从裁判的角度要求选手，抓住细节，就是抓住了得分项。这一路我看到了他的成长和努力。所以在这次比赛过程中，我希望他更注重过程而不在意结果，能够发挥他最大的努力，取得满意的成绩，也祝愿黑龙江所有的选手能够获得佳绩。"东北林业大学园林学院博士、副教授，花艺赛项裁判苏小霞说。

厉兵秣马勇争先，选手、教练都已做好准备，天津国赛，龙江来了！

《黑龙江日报》 作者：李播、王迪

探馆！黑龙江"冰雪"展区看点十足

9月16日，在位于渤海之滨、海河之畔的天津市，第二届全国技能大赛正式开赛。当日，在本次大赛的技能展示交流展馆，以"冰天雪地也是金山银山"为整体理念的黑龙江展区正式亮相。展区的整体设计如何？有哪些技能、技艺展示？记者前去一探究竟。

展区设计尽显龙江特色

蓝白相间的雪花灯从棚顶垂下，与展区科技元素和灯光布置的主基调巧妙呼应，带来了"冰雪王国"的既视感，体现出龙江的地域特色和文化特色。

黑龙江展区

"龙江人民顶风冒雪，艰苦奋斗，从北大荒精神到大庆精神，创造了一个又一个奇迹，因为有他们的接续奋斗，才创造了今天的大美龙江。"黑龙江代表团展示

大国重器、龙江制造展区

交流人员孟韦宇说。

在科技感十足的展厅内，设置了龙江省技能人才工作成果与展望，技能提升、匠星云集，技工教育、匠才培育，评价激励、匠心弘扬，大国重器、龙江制造和中国制造、龙江先行六块展板，以及大国重器、龙江制造，哈电集团展区，哈飞集团展区，农垦集团展区，金漆镶嵌工艺展示区，食品雕刻展示区等展区。

在大国重器、龙江制造展区内，C919大飞机、嫦娥二号、天宫二号、山东舰航空母舰、蛟龙号潜器等模型吸引了众人的关注，这些大国重器中蕴含着龙江制造因素。

省人力资源社会保障厅职业能力建设处副处长李双春介绍说，通过此次展示，想要体现出龙江装备制造业在我们国家的制造业中的重要地位，也体现出龙江传统重工业基地在制造大国重器上的重要作用。

技能技艺展演精彩纷呈

栩栩如生的食品雕刻作品、花纹各异的金漆镶嵌作品、会变形会跳舞的教学机器人……在龙江展区内，高超的技能、技艺展示看点十足。

"钢锁，变形"，在数字技能教学装备展演区，来自计算机程序设计员技能大师工作室的交流展示人员谭庆吉发出语音指令后，机器人钢锁就开始进行形态变换，五秒左右的时间，就从恐龙形态变成了仿人型机器人形态。谭庆吉同时通过手机对其他五个"擎天柱"进行操控，只见它们逐渐跳起舞来，还能转换为汽车形态，憨态可掬的样子吸引了很多人驻足拍照。

食品雕刻作品

金漆镶嵌作品展示

"智能机器人的教学装备能模拟完成整个机器人变形、行走和步态的仿真过程，符合现在的技术最前沿，可以把最前沿的技术融入教学当中。"谭庆吉说，此次展示的模拟自动化生产线的装备和智能机器人教学装备如今广泛应用于实践教学和智力开发方向，整体水平处于国内领先地位。

仿人型机器人

机器人变形展示

"我们先把漆稀释开，然后根据自己喜欢的颜色调制，将适量的漆滴入水中后进行搅拌，再缓慢将团扇放入水中，这个过程切记不要停下，等扇子全放入水中再直接拿出，一把扇子就完成了。"在漂流漆团扇的制作现场，观众们把交流展示人员、省级金漆镶嵌工艺代表性传承人夏立军、白艳萍围在中间，争先恐后参与制作。二人介绍说，漂流漆工艺独特的一面就是千变万化，做出来的每把扇子都是独一无二的。来自新疆的观众严春亲自体验了一把漂流漆团扇，欣赏着自己的作品，连连称好。

观众纷纷尝试制作团扇

技能人才培养龙江在行动

在黑龙江省技能人才工作成果与展望展板，记者看到，党的十八大以来，黑龙江省技能人才队伍建设取得的成绩，以及"十四五"期间，黑龙江省技能人才队伍建设的规划。

以赛促训、以赛促培、以赛促建，不断完善技能人才培养、使用、评价、激励机制，是全国技能大赛的主旨，也是我省技能人才培养的路径之一。

据介绍，截至2022年底，全省技能人才总量255.7万人，其中高技能人才79.7万人。15人获得"中华技能大奖"、189人获得"全国技术能手"荣誉称号。评选80名"龙江大工匠"、500名"龙江技术能手"，认定150名"黑龙江省首席技师"。组建装备制造、现代服务、现代农业、数字经济等九大产业"政校企"技能人才培养联盟。建立高技能人才培训基地101个，技能大师工作室175个。全省现有技工院校105所，民办职业技能培训学校1 011所，年均培养优秀毕业生2万余人，开展补贴性职业技能培训49.45万人次。

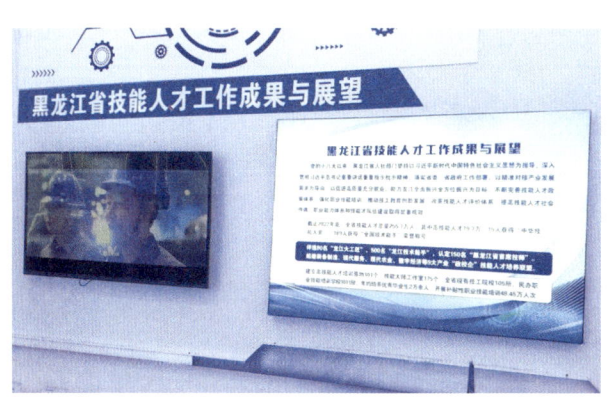

黑龙江省技能人才工作成果与展望展板

"全省256万的技能人才,他们接续了我们龙江产业工人制造的传奇,能够继续为我们中国制造、大国重器的创造贡献出我们龙江技能人才的力量。也体现出了'十三五'以来,黑龙江在技能人才培养上,在职业能力建设上,取得了优异的成绩,我们希望借助全国大赛的契机,对外能够展现出我们龙江地域文化特色和我们龙江技能人才培养的成就。更重要的是,对外展示出我们龙江人走在老工业振兴道路上的自信、自强和奋斗不息的龙江情怀。"李双春说道。

《黑龙江日报》 作者:李播、王迪

上海市

一技傍身，能够立身，相伴一生

"卷"的背后是各地对技能人才培养工作的重视。按这样的趋势，技能大赛以后也许就像乒乓球比赛一样，拿全国冠军的难度要高于拿世界冠军。

过去，人才分为研究类、技术类、技能类等类型，现在这些类型已相互融合。技能人才走过只懂敲榔头、修电路的阶段，转化成了社会需要的复合型人才。

天津，国家会展中心。当计时器跳到"0"，第二届全国技能大赛花艺比赛宣告结束。一瞬间，观众爆发出热烈的掌声，不少人拿起相机记录下眼前花团锦簇的画面，还有人为选手们欢呼喝彩。

这样的掌声、快门声、喝彩声，在各个项目比赛期间不时就能听到。

选手们各展其能（李茂君 摄 仲昭宇 制图）

9月19日，第二届全国技能大赛闭幕。上海共派出145名选手（含3名代表行业参赛的本市选手）参加全部109个项目的比赛，取得10金10银10铜79优胜的优异成绩，逾3/4的选手获奖。

作为我国规格最高、项目最多、规模最大的综合性国家职业技能赛事，本届大赛体现出哪些产业发展新趋势、新变化？上海培养技能人才的优势在哪里？技能人才未来的路要怎么走？

"卷"的背后：技能人才培养日趋重视

走进赛场，飞机维修、工业机械、增材制造等赛项，显示了先进制造业的发展成就；工业4.0、工业机器人系统运维、无人机装调检修等战略性新兴产业，反映出我国正成为世界领先的"智造"大国；花艺、烘焙、时装技术以及健康和社会照护等赛项，展现生活新潮流……在一场场比赛中，选手们不断朝着技能高峰攀登。

2001年出生的顾俊杰，比现场不少选手的年纪都要小。不过，他已经摘得2022年世界技能大赛特别赛印刷媒体技术项目金牌，实现了中国队在该项目上金牌"零"的突破。毕业后，他留在母校上海出版印刷高等专科学校任教，这次以教练身份来到全国技能大赛。记者在印刷媒体技术项目比赛现场找到顾俊杰时，他正专心盯着赛场上的一举一动。

选手多、水平高，竞争自然非常激烈。尽管顾俊杰的徒弟罗宇晨最后不负所望拿到了金牌，但在获悉结果前，他的判断还是比较保守，"应该是在第一梯队，能不能获奖就吃不准了"。

本届技能大赛参照世赛标准，选手需要在比赛期间完成数个模块的工作，每天都要在赛场上完成六七个小时的比拼，这也对选手体能提出了较高的要求。不少选手不仅要在赛前打磨技能，还会花大量时间在体能训练上，通过长跑、游泳等运动提高耐力。

"卷"的背后是各地对技能人才培养工作的重视。包括上海在内，这次共有12个代表团参加了全部109个项目。市人力资源社会保障局副局长张岚发现，一些项目原先属于东部地区的传统优势项目，如今中西部地区相关赛项选手的技能水平也在提高。"这是好事！"他感慨，按这样的趋势，技能大赛以后也许就像乒乓球比赛一样，拿全国冠军的难度要高于拿世界冠军。

新的比拼：手上功夫好还要会编程

"这也算是技能大赛项目？"比赛期间，天津市民老许背着摄影装备四处观摩，当来到云计算项目比赛现场，看到选手们面对计算机"盯屏奋战"、宛如在格子间上班的白领时，他不禁发出了这样的疑问。

事实上，技能大赛的比拼，早已不局限于"手上功夫"。新时代的大国工匠，既要继承传统工艺技能，也要提升全方位的综合素养。在本届大赛上，云计算、网站技术、3D数字游戏艺术、人工智能工程技术等项目都要求选手具备数学能力、编程能力，还得看得懂英语文档。

上海市职业技能鉴定中心副主任李晔解释，这些项目被纳入技能大赛的范畴，正是奔着复合型人才方向去，"过去我们把人才分为研究类、技术类、技能类等类型，现在这些类型已经相互融合了。技能人才走过只懂敲榔头、修电路的阶段，转化成了社会需要的复合型人才。"

比如，过去能讲一口流利英语的技能人员是凤毛麟角，如今却不鲜见。本届大赛许多项目都要求选手用英语沟通，货运代理项目甚至要求全程使用英语。此外，选手还要熟练掌握货运代理业务流程，并在规定的期限和压力下完成客户获取、报价计算、运输管理、费用计算、海运操作、投诉处理和索赔处理等竞赛任务。

"就像一名超级指挥官！"货运代理项目教练、上海东海职业技术学院教师张瑾这样描述选手的角色。她说，选手要有全面的、专业的物流知识，具备精准、快速的反应能力，还要拥有工作思维，"知道在企业里怎么干活，而不像在学校里单纯地刷题"。

对年轻的选手来说，做到这些并不容易。本届大赛的109个赛项分为世赛项目和国赛项目，世赛项目排名前列的选手将入围第47届世界技能大赛中国集训队，明年有机会前往法国里昂参加世界技能大赛。世界技能大赛规定，选手年龄一般小于22周岁。

不过，上海选手、20岁的周雨欣对此倒不怎么犯怵。学校强调产教融合，还是在校生的她已经在多家货运代理公司实习过，掌握了许多实操经验，世界各大海港、空港及其路线都牢牢记在脑中。再加上她出色的英语表达能力，最后顺利拿到了本届大赛货运代理项目的冠军。

"上海国际化程度高，外语好、综合能力强是上海选手的独特优势。"李晔说。此外，本届大赛选手不仅有职工、中高职院校学生，也有来自不同省份的博士、硕士生，上海的参赛选手中就有上海交通大学等"双一流"高校的学生。他指出，高学历选手参赛，表明在技术技能融合发展的大趋势下，对不同学历层次人才技术技能水平提升的需求不断加大。

竞技舞台：也是产业发展的风向标

从人工智能训练、无人机装调检修到互联网营销、全媒体运营，随着产业转型和技术迭代的步伐，本届大赛在第一届大赛80余个项目的基础上增加了20个新职业和数字技术技能类赛项。

在工业机器人系统操作项目比赛现场，记者看到选手正全神贯注地对工业机器人参数进行设置和编程调试，使机器人能够独自完成物料的自动输送、定位抓取、缺陷检测、视觉评判以及成品入库等流程。"这与实际工作中的设备、流程、标准都是一样的。"在一旁观赛的教练解释道。

无论国赛还是世赛，技能大赛的一大理念就是促进技能劳动者水平和职业能力的提升，在赛项设置上始终紧密结合实际需求，不与现实脱轨。也正因此，技能大赛不仅是展示技能的大舞台，还是产业发展的风向标。

随着社会健康照护需求的日益增长，"健康照护师"这一新职业走进了人们的视野。2020年，"健康照护师"被纳入我国职业分类大典。在本届大赛上，也出现了健康和社会照护赛项。

比赛现场，病房、卧室、客厅等一个个模拟生活场景被搭建起来，每位选手正对演员扮演的标准病人进行照护。上海健康医学院2020级护理学本科生曾小桉是其中表现最为亮眼的选手之一。只见她全程面带微笑，用英语与患者交流，麻利地辅助患者完成起身、行走等训练任务。

"有的案例非常棘手，比如病人突发疾病，同时还患有很多慢性病，有的病人注重隐私不愿沟通，这都很考验选手的临场应变能力。"曾小桉的教练吴怡欣说，这些也是健康照护师日常工作中经常会碰到的情况。

为了提升照护能力，曾小桉结束比赛后会留下来观察其他选手。她发现，有些选手比自己更有亲和力，病人也就更加信任他们，"我会多向这些优秀的同行学习，不断积攒经验，在以后实际工作中做得更好。"

一项技能：可以改变一个人的命运

人力资源社会保障部最新数据显示，目前我国技能人才总量已超2亿人，占就业人员总量26%以上；高技能人才超过6 000万人。各类技能人才活跃在生产一线和创新前沿，成为推动高质量发展的重要力量。

"培养技能人才，不能光靠比赛。"张岚说，高水平、高规格的国家级或世界级技能大赛，可以打破人们对技能人才、职业教育的偏见，激发广大技能人才拼搏创新的动力。不过，要真正激励更多劳动者特别是青年一代走上技能成才、技能报国之路，不让技能大赛仅仅是"一阵风"，就必须统筹社会资源，强化赛训结合、赛学互促，持之以恒提高技能人才培养水平。

在花艺项目赛场上，1号选手的展台被观众围得水泄不通。尽管如此，她还是不慌不忙地修剪着花枝，手上动作干脆利落，丝毫没有受到影响。这位选手就是来自上海市建设管理职业技术学院的蒋晨琪，此时距离她18岁生日还有一个月。

蒋晨琪年纪小，长得也瘦小，但"小身板"蕴藏着"大能量"。比赛过程中，她搬动十多斤重的大花盆，又拖拽走二三十斤重的泥沙水桶。在最后一个"盲盒"模块，她抽中了天津泥人张主题的题目，巧妙地利用叶片做了一个类似飘带的贴面，然后根据泥人张的色彩搭配选取相关花材。这个作品赢得现场一片掌声，她最后也获得了花艺项目的冠军。

在蒋晨琪拿到金牌的同一时间，她上了高中的同学们正在为高考努力冲刺。说起当时选择职校，她把原因归结为"中考失利"。其实，以她当时的成绩，上一个普通高中是没问题的，但这个上海小囡颇有主见地决定要去上职校，"当时我爸妈都很不理解，还以为我贪玩，不肯继续读书。可我觉得与其留在高中，不如去学点实用的、感兴趣的手艺。"后来在蒋晨琪的不断劝说下，父母才同意了。

如今，蒋晨琪站到全国最高领奖台上的照片已经传遍了亲朋好友的微信群，她更坚定了"只要付出努力，总会有收获"的信念，"下一个目标就是里昂"。

一技之长，能够立身。近年来，上海不断加强高技能人才队伍建设，完善技能人才评价体系，激发人才队伍的内生动力。在这样的环境下，技能人才未来的路越发广阔。

世界技能大赛获奖选手顾俊杰、吴怡欣都已经留校任教，这是一条出路；长期在一线工作的技术能手往往是公司眼中的"香饽饽"，有机会成为质量指导员等储备人才，这也是一条路；技能人才出国留学，甚至比其他人才更受海外高校青睐，能拿到全额奖学金……

在大赛现场许多老师傅、老匠人看来，新一代的技能人才拥有更多元的选择，职业生涯更有盼头、有奔头。正如上海工艺美术职业学院手工艺术学院副院长、釉下金彩装饰传承人周景纬所说，"一项技能可以改变一个人的命运，一双手足够支撑起漫长的人生"。

《解放日报》作者：周程祎 2023年9月22日

对标世赛选才育才，炼就技能人才第一方阵

一技之长，立身之本，成才之路。

不久前举行的第二届全国技能大赛，上海代表团成绩单亮眼，继续处于全国第一方阵——既在传统优势项目蝉联桂冠，也将领先身位拓展到更多项目，比如在先进制造及数字技能等新项目新领域有所突破。

成绩单透视着上海技能人才成长启示录，也关乎以赛促训、以赛促培、以赛促建的机制日趋成熟。在上海代表团领队的复盘笔记里，这一"促"字被拆解为更具象的发力点：将竞赛标准转化为技能人才培养标准，对标世界技能大赛，标亮技能水平的"天花板"，也反哺教育端提升教学、实训"含金量"，促成就业端严丝合缝的双向奔赴。

放眼全市，上海对高技能人才的培养建设正逐渐形成更清晰路径——建立健全以世赛为引领、国赛为龙头、市级大赛为主体、企业岗位练兵比武为基础的分级分类技能竞赛体系；用好各类比赛溢出效应，进一步发挥职业技能竞赛引领带动作用。

市人力资源社会保障局局长、党组书记杨佳瑛接受采访时表示，将加大技能人才特别是高技能人才的培养力度，开展大规模多层次职业技能培训，以赛训结合带动赛学互促，不断提高技能人才的培养及选拔水平。"积极鼓励和支持劳动者拥有一技之长，通过发挥专长、勤奋劳动实现人生价值。"

对标最高标准选育人才，将竞赛标准化作培养标准

了解行业技能水平的最高水准，是将竞赛标准转化为技能人才培养标准、评价标准的前提。3D数字游戏艺术是上海代表团选手在此次全国技能大赛中首夺金牌的项目。该项目比的是选手对游戏设计生产流程的熟稔度。

"当下的竞赛逻辑是任务导向，即对标企业成熟岗位从业人员，结合生产实际，是贯穿全链条全过程的比拼。"市人力资源社会保障局职业技能鉴定中心党支部书记李晔阐释，比的是复合能力，但这也是现实中企业对优质技能从业人员的要求——能以较高水平直接上岗。

由此，"最高水平"也有了落地抓手：最高规格比赛筛选出的最高水平，为更广泛的技能人才提供比学赶超的标杆；再者是对用人端需求的充分彰显，但凡能在世界级、国家级技能大赛取得较好成绩的选手，也是生产实践中的高手，成为各家企业争抢的"香饽饽"。

用好大赛溢出效应，让日常教学贴合生产实际

比赛的溢出效应更多体现在将竞赛标准充分转化为技能人才培养标准。

李晔说，在这方面上海已同世界技能大赛接轨，"用专家组长负责制，即通过行业内有代表性的技术人物根据当前产业的发展标准，结合相关情况，负责制定比赛内容和标准。这些行家里手能将产业真正需要的要素转化到竞赛体系，我们再对竞赛内容借鉴提炼到日常的培训课程和评价中，让日常教学更贴合生产实际。"

譬如从业习惯：在烹饪（西餐）比赛中有一个要求是厨师不能割伤自己的手，这一点要求关系到从业规范和生产安全。如今，诸如此类看似细小的从业规范都被写入沪上技能评价标准，也成为课堂教学时常提及的案例。

构筑梯度人才队伍，发挥领军头雁传帮带作用

标准转化过程中，专家是灵魂人物。他们需要洞悉产业发展趋势，精准靶向企业所需，并通晓职业教育，具有融合转化能力。

高水平专家的数量，意味着高质量的转化。放眼全市，上海致力于选拔行业或领域技能拔尖、技艺精湛，并具有创新能力、社会影响力、在带徒传技方面经验丰富的优秀高技能领军人才，支持其申报国家级技能大师工作室项目建设。同时，鼓励、资助沪上各类企业和职业院校等用人单位，建立首席技师制度，发挥首席技师在单位技术攻关、技能传承中的带动作用。

人才队伍的梯度结构日益成型：眼下分布于各区的世界技能大赛选手培养基地，为蓄力世赛、国赛梯度水平技能人才提供有力支撑。由此，两赛选手和教练在培养层面，相辅相成、互相促进。

市人力资源社会保障部门表示，将积极推进新时代上海技能人才队伍建设工作，广泛开展多层次职业技能竞赛活动，努力构建一支数量庞大、结构合理、技艺精湛、素质优良的高技能人才队伍，为经济高质量发展培养更多高技能人才和大国工匠。

《文汇报》作者：苏展 2023年10月9日

江 苏 省

凭这些"苦脏累"活,一群"00后"拿下国赛大奖!

木工、瓦工、油漆工、水电工、健康照护师等都是人们印象中的"苦脏累"工种。随着生活水平的提高,愿意从事这些工种的年轻人越来越少,但9月19日在天津结束的第二届全国技能大赛上,一群年轻的"00后"不仅干起了这些"苦脏累"活,还把它们做到了极致。来自江苏的一群"00后"喜摘混凝土建筑、精细木工、健康与社会照料、电工、砌筑、油漆与装饰等项目奖牌。

木工项目选手周清纯在比赛中

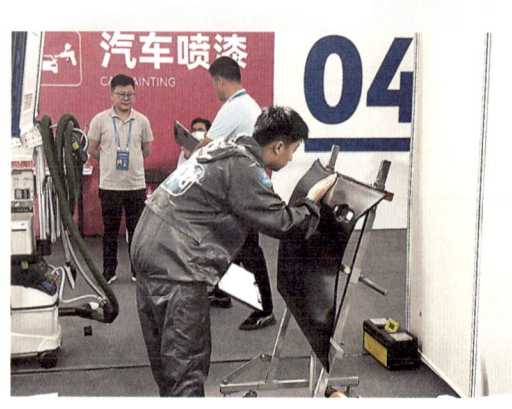

汽车喷漆项目选手孙硕在比赛中

比赛结束后，记者走近这些年轻的获奖选手。他们的成长经历和独特的职业价值观，对于目前正在或即将求职的大学生们不无启示。

21岁女木工获国赛银牌

1.8米的身高，戴着一副斯文的大边框眼镜，我们很难将眼前这位高挑文静的姑娘与木工联系起来。没错，21岁的周清纯已经在亚振家居股份有限公司做了一年多专业木工。在第二届全国技能大赛上，周清纯战胜众多男选手获得一枚宝贵的银牌，这也是木工项目中，女选手迄今为止获得的最佳成绩。

田闰、周秧锋在混凝土建筑项目比赛中（林宁 摄）

周清纯笑言，自己以前也没想到有一天会从事这个职业。大学学习家居设计制作专业的她，在上木工课程时，被传统木工工艺深深吸引，一有空就到木工实训室钻研技术。在省内技能大赛中获得第一名的好成绩后，她被推荐参加国赛。

放样、刨、锯、拎大型木工件……木工活不仅需要技术，还需要体力。国赛的高强度训练对女孩子来说是极大的挑战。为此，教练傅泽勋和她一起制定了严格的技能和体能训练计划：白天9个小时的技术练习，晚饭后再进行2小时体能训练，如俯卧撑、抓举、跑步……每次训练，小周都会认认真真完成。

傅泽勋回忆，刚开始集训时，因为对空间理解能力不足，周清纯的画图放样总是做不好。为此她主动加练，有一天甚至独立练到凌晨5点。"看着一个一个精品从自己手中产出、被人喜欢，会有一种成就感。"因为技术出众，尚未毕业的周清纯就被亚振家居挑中。

此次大赛的精细木工项目金牌获得者、江苏农林职业技术学院学生李康是周清纯的同班同学。"报考家居设计制作专业的同学,基本上都是看中这个专业好就业。"李康说,自己来自江西赣州,老家的家具制造业全国闻名,对家具设计与制作专业人才需求量特别大。"来到学校后,看到很多学长学姐能提前一年与用人单位签约,我觉得自己选对了专业。"获得国赛金牌,让李康对未来充满信心,"我想告诉同龄人,如果不知道自己能做什么,就学一门手艺,不愁找不到工作。"

做感兴趣的事就不觉得苦

砌筑现场,敲砖声音阵阵;木工操作车间,切割机声音此起彼伏;混凝土浇筑现场,电动搅拌机轰鸣声不绝于耳……穿着专业工作服,选手们一天忙下来,没有一个不是"灰头土脸"。但采访中,几乎每一位获奖选手都表示,选择这些"苦脏累"活是因为喜欢。

江苏城乡建设职业学院的田闰和周秧锋赢得了此次大赛混凝土建筑项目的金牌。据介绍,这个项目一场比赛下来,要搬运好几吨原材料。为了备战国赛,两人加大体能训练力度,每天天未亮就开始长跑训练。项目对于精度的要求也高,每一块木板的切割规格都要精确到0.5毫米以内。从识图放线到模板制作,从钢筋绑扎到混凝土浇筑,都需要搭档之间精准配合,哪怕出现一个小小的气泡,都会让混凝土建筑前功尽弃。周秧锋和田闰根据各自特长默契配合,最终圆满完成比赛。

因为操作要点不熟,刚开始训练时,田闰还受过伤,也曾想过放弃,但因为热爱坚持了下来。19岁的田闰表示,只要认定目标坚持不懈,总会有收获。

"做自己感兴趣的事儿就不会觉得苦!"李康说,其实什么职业做好都不容易,钻研自己喜欢的技艺,做出自己喜欢的产品,会觉得吃点苦也值得。

要让传统"苦脏累"活变轻松

健康和社会照护项目此次作为新职业纳入比赛，但专业照护师在医院和养老机构一直是一人难求。江苏省常州技师学院21岁小伙子周俊林，获得了该项目亚军。作为原药剂专业学生，周俊林坦言，自己也是偶然和健康与社会照护专业结缘。当初学校选拔世界技能大赛苗子，健康与社会照护这个专业恰好又需要选手有较好的英语基础，周俊林因此被老师推荐试试。结果小周一学还就喜欢上了。"专业服务内容主要包括养老院的护理与照料、医院的护理与照料、社区养老日间照料以及家庭照料四大模块。"周俊林说，这些模块中最困难的，是与患者的有效沟通，"患者的一些基础疾病如高血压，可能和他平时的饮食习惯有关，但习惯养成了很难改。这就很考验照护人员的耐心和技巧。"

拿下国赛银牌后，周俊林获得了多方关注，这也让他的就业有了更多选择。但他说健康照护是个辛苦活，很多人不愿意干，希望通过自己的努力让它变得更轻松，吸引更多年轻人加入这个队伍，"比如运用一些先进理念，辅之以现代器具。"周俊林举了个例子，"要挪动一名偏瘫患者，传统方法是抱或者拽，如果使用专业转移板，一个小女孩就可以轻松搞定；照顾失智症患者，也可以用一些监测设备、智能门锁等确保安全。"

同样，在木工、砌筑等领域，数字技术、先进仪器的使用也让传统工种变得轻松。田闰告诉记者，混凝土建筑项目操作中，现代高精度测量仪器、自动切割锯的使用，让混凝土建筑更加易于操作。作为有知识懂技术的年轻人，有责任将数字建造技术、建筑信息模型技术广泛运用到现代建筑中。

呼吁职业启蒙教育及早进入中小学

采访中记者发现，这些"00后"国赛奖牌获得者，绝大多数在中学时学习成绩并不突出，因为中考或高考失利选择了职业技能教育，从中发现自己的兴趣爱好并确定未来职业方向，又因天赋和努力，让自己成为行业佼佼者。

江苏淮海技师学院的孙硕，获得了此次大赛汽车喷漆项目的铜牌。孙硕告诉记者，喷漆不仅考验选手的汽车损伤修补、单色喷涂技术，还有色觉调试能力，其中色觉调试需要一定的天赋，如果对色彩不敏感就很难做好。孙硕学的是汽车钣喷，专业侧重于钣金技术。但因为对色彩特别敏感被老师推荐学喷漆，几次练习后便爱上了这个工种。

"人的智能结构是多元的，不同的人具有不同的气质禀赋、兴趣爱好，考试成绩只能反映学生们某一方面智能的结果。"孙硕的教练、淮海技师学院老师陈伟建议，让职业启蒙教育及早走进中小学校，让孩子们更早地发现自己的专业兴趣和爱好。制造业大国需要大批技能高超的大国工匠，但目前国内中小学往往忽视职业教育。陈伟说，很多报考职技院校的学生刚开始也不清楚自己适合做什么，淮海技师学院建有很多职业实训室，学生课余可以进入训练，不少学生通过训练才明白自己喜欢学什么。同样，如果大学生没有很好的职业引导，毕业后就容易面临就业难。

据了解，在职业技能教育和研究型教育融合方面，制造业发达的德国走在了前面。从小学的职业认识教育，到中学的校企合作教育，德国建立了几乎覆盖所有经济、管理与工程技术部门的"双元制"教育，不仅培养了大量专业技术人才，提高了人才就业率，也对缩小劳动者收入差距和维护社会稳定起到了积极作用。

《新华日报》 作者：黄红芳 2023 年 9 月 22 日

放大技能大赛的"奖牌效应"

第二届全国技能大赛最近落下帷幕,在这场规格最高、项目最多、规模最大、水平最高、影响最广的综合性国家职业技能赛事上,江苏选手再创佳绩,取得13金14银16铜93优胜的优秀成绩。

在一些人眼中,技术工作常常与"脏苦累"联系在一起,既不"高大上",更谈不上"高精尖"。然而,透过技能大赛,人们不难发现,墙面"刮腻子"也有"别别窍",看起来很普通的茶点、花艺,虽然入门不难,但要做好、做精致,也不容易……聚光灯下,技能之美、工匠精神大放异彩。奖牌是一种褒奖——对高超技艺的认可,更是一种激励——倾注匠心匠艺、锤炼绝活绝技,创新就有舞台、成才就有支撑、奋斗就有回报。

目前我国技能人才队伍不断发展壮大,但受"重学历、轻技能"的传统观念影响,愿意深耕技能的人还不多,造成我国技能人才总量不足、结构不优,供需矛盾较为突出,成为我国向制造强国迈进的一大瓶颈。夯实技能人才的"塔基"、完善"塔尖",一个重要方面就是增强技能人才的吸引力。参加技能大赛的选手一展真活、细活和绝活,当优秀技能人才站在"C位",获得更多掌声、荣誉,这种"奖牌效应"带来的正向激励和示范导向作用,远远大于赛事本身。

近年来,江苏各地、各行业通过举办职业技能大赛,以赛促学、以赛代训、以赛促改。大大小小的赛事涵盖制造、社会服务、交通运输、通信信息等多个领域,与江苏先进制造业紧密相关的职业工种多达134项。其中,作为我省最高规格的职业技能赛事——江苏技能状元大赛已连续举办6届，对我省高技能人才培养选拔发挥了重要作用，有力推动了技能劳动者成长成才。砌筑工高海建夺得"江苏技能状元"后一举成名，身边人都对他"高看一眼"，众多像高海建这样的技能人才，都在比学赶超中增强了荣誉感、自豪感、获得感。

制造业是江苏高质量发展的基石，技能劳动者是推动江苏制造业发展的根本。对江苏来说，放大技能大赛"奖牌效应"，对于实现从"制造大省"向"制造强省"、从"江苏制造"向"江苏创造"转变无疑具有特殊的意义。我们要放大技能大赛的"奖牌效应"，把各类技能大赛作为加强技能人才教育、选拔、培养的重要渠道，加快培养和选拔一大批创新型、应用型、技能型劳动者，推动形成劳动光荣的社会风尚和精益求精的敬业风气，引导激励更多年轻人尊重技能、投身技能，走技能就业、技能成才、技能报国之路。

《新华日报》 作者：魏晓敏 2023年10月10日

走好技能成才技能报国之路　为推动高质量发展和现代化建设提供人才支撑

匠心铸就梦想，技能成就未来。11月7日，第二届全国技能大赛江苏参赛总结表彰会举行。会前，省委书记信长星、省长许昆林会见了江苏获奖选手和专家教练团队代表。

信长星代表省委、省政府向大家表示祝贺，勉励大家珍惜荣誉、再接再厉，走好技能成才、技能报国之路。

在第二届全国技能大赛上，我省142名选手参加全部109个赛项的角逐，取得13金14银16铜93优胜的优异成绩，金牌数、奖牌数均位居全国第三位。江苏选手金牌获奖项目涵盖混凝土建筑、电气装置、精细木工、工业机械、水处理技术、化学实验室技术、商务软件解决方案、烘焙、糖艺/西点制作、CAD机械设计和工业机器人系统运维等。

省委常委、省委秘书长储永宏参加会见。副省长方伟出席总结表彰会并讲话。会议指出，做好新时代技能人才工作，是实施人才强省战略的重要内容、推动高质量发展和现代化建设的迫切需要。要将技能人才工作融入全省经济、人才、教育发展规划，在系统推进上下功夫、培养路径上探新路、评价机制上求突破、优化环境上出实招，努力打造具有时代特征、江苏特色的技能人才新高地。

《新华日报》记者：黄伟、黄红芳　2023年11月8日

浙 江 省

职业上新，释放哪些信号？

9月16日至19日，第二届全国技能大赛在天津举行。浙江代表团共获6金12银8铜81优胜，列团体总分第五。作为我国规格最高、项目最多、规模最大、水平最高、影响最广的综合性国家职业技能赛事，全国技能大赛可以说是我国技能人才培养的"风向标"。

与第一届全国技能大赛相比，本届大赛围绕新职业新技能，设置了20个新赛项。这些和企业生产实际紧密贴合的项目，展现出我国技能人才培养的未来方向。

根据人力资源社会保障部数据显示，目前我国技能人才总量已超2亿人，占就业人员总量的26%以上；高技能人才超过6 000万人。活跃在生产一线和创新前沿的各类技能人才，正在成为推动高质量发展的重要力量。

其中，新职业所占的比重越来越大。数据显示，目前我国以网约配送员、互联网营销师、在线学习服务师等为代表的新职业就业形态劳动者已近1亿人，且数量还在持续增加。

近几年，每年都有大量新职业诞生，其中数字经济发展催生的数字职业数量占比较高。2022年人力资源社会保障部公布的18个新职业中，数字职业高达9个，包括机器人工程技术人员、增材制造工程技术人员、数据安全工程技术人员、数字化解决方案设计师等。

有专家统计，2021年至2025年，互联网营销师、人工智能训练师等20种新职业人才缺口接近1.2亿人。

正因如此，大赛上专门围绕数字经济开设新赛项，一大目的就是在全社会形成一种崇尚技术的氛围，吸引更多人投身数字经济发展中。

在服务群众生活方面，大赛新设置了健康照护、家政服务（整理收纳）等项目。这体现了大众日益个性化、多元化、精细化的美好生活需要。

以整理收纳为例，尽管只是家政服务的一个细分领域，其中门道却有很多。该项目裁判长谈檀表示，想要成为一名合格的从业者，不仅要有科学合理规划空间以及正确使用收纳工具的能力，还要有足够的审美基础，能根据物品规格大小、色彩差异，在整理收纳中进行良好的色彩搭配，"因此，此次比赛更加注重考察选手的实际应用能力。"

二

2022年9月，人力资源社会保障部发布了在2015年版本基础上最新修订的《中华人民共和国职业分类大典（2022年版）》。在这个全新版本的官方职业认定名录中，我国职业数达到1 639个，净增158个新职业，人工智能、物联网、大数据、云计算、智能制造、工业互联网、虚拟现实、区块链、集成电路、机器人、增材制造、数据安全工程等领域的技术人员均被纳入。

这些新职业岗位不断释放出海量的就业机会。此次大赛的新赛项和项目考察的重点，也更加贴近企业生产的实际，体现了行业发展的新技术、新工艺、新规范。

在今年的技能大赛上，有一个机器人焊接的项目，赛题是要求选手使用机器人焊接出一个有棱有角还有弧度的异形件。

这样的异形件，被广泛应用在飞机、船舶、高铁等大国重器的生产中。与人工作业相比，机器人焊接项目重点考察的，实际上是技工的编程能力。焊接的路径、角度、参数等，都需要单独进行设计编程，难度不小。

巧的是，在本次大赛技能展示交流展馆浙江展区，就展示了一些机器人制作的金属异形件。这些台州技师学院师生的作品，是浙江展区的"热门"展品。

"很多技能院校的同仁来打听这些产品的制作流程；一些企业也通过这些产品了解到浙江技能人才的操作能力。"台州技师学院党委书记李金国说，能制作类似作品的学生受到当地企业青睐，一毕业就能得到一份月薪不低于8 000元的工作。

新赛项的设置，正是各行各业发展对新型人才需求的印证。通过比赛，激励全社会加大相关领域人才培养力度，不仅能促进产业发展，还能构建整个产业的良性生态。

三

在这次大赛开幕式上，人力资源社会保障部主要负责同志表示，大赛旨在以赛促训、以赛促培、以赛促建，不断完善技能人才培养、使用、评价、激励机制。

这也表明，职业技能竞赛的作用是引领，目的在于围绕经济社会发展和产业转型升级，进一步优化职业教育，加快培养知识型、技能型、创新型的劳动者。

大赛的引领作用如何发挥？首先是营造技能成才的良好社会氛围。

就拿浙江来说，第一届全国技能大赛的获奖选手不仅获得了人力资源社会保障部的通报表扬，回浙江后还得到现金奖励、职称和人才认定等一系列嘉奖，激发了社会"崇尚一技之长、不唯学历凭能力"的工作学习热情。

与此同时，在此次大赛的新赛项现场，很多参赛选手在计算机前编程或使用操作系统。这与传统印象中叮当作响、"火花带闪电"的场景大不一样，也打破了一些家长和青年对技术人才的固有印象。

在大赛中设置新职业赛项，对增强新职业从业人员的社会认同感、促进就业创业具有重要意义。正因如此，本届大赛吸引了不少高学历的能工巧匠参赛，其中博士 25 人、硕士 546 人、本科生 1 131 人，绝大多数集中在新赛项比拼中。

为数众多的高学历人才参赛，体现了技能竞赛在另外一方面的引领——提高技能人才的培养水平。

宁波技师学院教师翁研在本次大赛中一举拿下重型车辆维修项目的金牌。除了荣誉，更让他兴奋的是通过比赛切磋交流，学到了很多先进的经验做法。"作为一名教师，我们接触到国内最顶尖的技术，以赛促教，不断提高教学水平。"翁研说。

此次大赛，浙江共获得 6 金 12 银 8 铜 81 优胜，列团体总分第五。在省人力资源社会保障厅相关负责人眼中，能取得优异成绩，得益于近两年来我省对"浙派工匠"的悉心培养。

截至 2022 年底，我省技能人才总量达到 1 195 万人，占全部就业人员的比重超过 30%，其中高技能人才 395.2 万人，占技能人才的比重超过 33%。庞大的技能人才基数，正是浙江在全国技能大赛上争金夺银的底气所在。

《浙江日报》记者：陆乐、蒋欣如 2023 年 9 月 21 日

全国技能大赛冠军们,他们都去哪儿了?

刚落幕的第二届全国技能大赛中,浙江再获佳绩。通过前期全省系统性选拔、高强度集训,142名"浙派工匠"在4 000余名参赛者中突围,喜获6金12银8铜81优胜,团体总分位列全国第五,奖牌数列全国第四。

"'台上一分钟,台下十年功',成绩不是轻轻松松得来的。"浙江建设技师学院的党委书记徐永良观赛后感慨万分,深刻体会工匠们过五关斩六将背后,为此付出的心血。

在徐永良印象里,该校选派的参赛工匠高强度训练是家常便饭——脚上5厘米厚的钢头鞋,不到2个月就磨破了底;即便冬天,他们的衣服每天也会湿掉两三套。

他们只是众多"浙派工匠"中的一员。优异成绩代表"浙派工匠"精湛技艺的同时,也是浙江技能人才涌现、技工教育发展成果的有力体现。

打破多项职业技能"天花板"

第二届全国技能大赛,对浙江有点特殊,"浙派工匠"首次参加全部109个项目的技能比拼,并在建筑金属构造、管道与制暖、连锁经营管理、美发等4个项目,首次取得金牌。

因为他们的坚持,一批又一批"浙派工匠"走向全国视野,给人榜样的力量。赛场上,他们奋斗的身影让人动容。

重型车辆维修项目冠军翁研,赛场上抱着检修零部件奔跑"抢时间",按照赛事规则,每10分钟就得排除一个故障;瓷砖贴面项目冠军林宇翔,年仅17岁。比赛时,他连续克服搬运瓷砖切割机时拖车轮子掉落,井盖上施工摇晃不稳等困难,完成了惊艳之作。

比拼中的"浙派工匠",让现场观赛的省人力资源社会保障厅工作人员孙凌印象深刻,成绩来之不易——

时装技术项目选手全小兰,还在哺乳期。她带上7个月的宝宝走上全国"战场",沉着应对制作环节的每个挑战,获得亚军。

杭州技师学院选手项万明、沈金隆在集成电路工程技术项目获得亚军,与5名博士同台竞技,这块奖牌角逐异常激烈……

竞技场上的他们,是浙江142名"浙派工匠"奋力拼搏,打破职业技能天花板的缩影。工匠们以优异成绩为参加第二

17岁的林宇翔及其赛场作品

届全国技能大赛画上圆满句号。

"这既是一场比赛，也是脑力、体力和灵活度的大比拼，是工匠综合素养的全方位展现。"赛后，多名浙江全国技能冠军向潮新闻记者表示。

"我们把世赛、国赛的标准融入日常教学，建筑特色人才培养质量不断提升。"徐永良向潮新闻记者介绍，目前全校已经培养了24名"全国技术能手"，连续在传统建筑和数字建造等多个领域实现金牌新突破，在业内获得声誉。

工匠们在新职业展露实力

技能大赛犹如行业风向标，在浙江"赛教融合"职业技能教学背景下，契合新职业而生的新专业不断涌现，新职业人才队伍不断壮大。

2020年，"连锁经营管理师""区块链工程技术人员""互联网营销师"等被人力资源社会保障部认定为新职业。随后，针对新职业的国家技能标准相应推出，全国赛项也应运而生。

本届大赛增加了20个新职业和数字技术技能类赛项，比如连锁经营管理、人工智能训练、互联网营销等。尽管没有历届比赛经验参考，多名浙江选手凭借精湛技能，在新职业领域跻身全国前三。

赛场上的"浙派工匠"

比如连锁经营管理赛项获得冠军的张星和曹芳英，在27支比赛队伍中脱颖而出，获得新职业技能比拼浙江首金。

张星是浙江经济职业技术学院一名连锁经营管理专业老师，教学和研究多年。他参赛后告诉潮新闻记者，国家新职业标准对连锁经营管理提出产品管理、财务管理、数字化门店管理等内容，这场比赛围绕的门店数字化决策、门店装修等，这些也恰恰是教学重点。

"新职业技能夺冠并不容易，选手们已经为此准备了三年。"第二届全国技能大赛连锁经营管理赛项裁判、浙江公路技师学院老师陈南旭告诉记者，新职业选手在全国获奖，对今后院校专业建设、学生培养、教师成长都十分有利，"让我们培养新型技能人才信心倍增"。

本次比赛，"浙派工匠"在多个新职业中崭露头角，8个项目获得奖牌。比如杭州第一技师学院朱坚、茅银樑获得智能制造工程技术项目银牌；杭州技师学院杨永翔获得无人机装调检修项目银牌；宁波第二技师学院毛佳斌获得互联网营销项目银牌；浙江交通技师学院王法辉获得全媒体运营项目银牌；温州技师学院邱建忠获得人工智能训练项目铜牌……

人力资源社会保障部推出新职业以后，浙江新职业人才加速涌现。"建立集训队来参加技能大赛的同时，更多的是为社会培养所需技能人才。"张星夺冠后，发出如是感慨，今后他也会把自己的参赛经历融入日常教学、学生培养中。

顶尖技能人才，他们都去哪儿了？

自2020年，中华人民共和国职业技能大赛（简称"全国技能大赛"）开赛以来，浙江省累计39个项目的51名选手获得金银铜奖，成为行业顶尖人才。

"学生拿到全国名次，以后工作不用愁了。"业内人士向潮新闻记者表示，他们通过学校的综合培养，掌握了扎实技能，而现在社会对高技能人才的需求日趋增大。

那么，这些全国技能顶尖人才在大赛中脱颖而出后，他们都去了哪儿？连日来，潮新闻记者调研了浙江多所技工院校。

本届重型车辆维修项目冠军翁研毕业于宁波技师学院，此前在全国行业大赛拿过一等奖，毕业后他选择入职工程机械行业企业的技术岗，刚入职月工资到手可以拿到 8 000 元以上。经过一线实践经验积累，他又回到学校教学岗位。

像翁研这样选择在技工院校培育人才的人并不在少数。浙江建设技师学院办公室工作人员包子力介绍，这类学生会作为人才引进，会被全国相关技工类院校预定。"比如贵州、四川省的相关院校来我们学校招聘优秀学生，去他们学校当老师。"

"上一届全国技能大赛，我们一名学生获得抹灰与隔墙系统赛项冠军，后来就被引进到深圳市快装协会，如今已经参与到装修标准制定；还有一名学生获得瓷砖贴面赛项亚军，毕业后被浙江省建设投资集团招用，目前被派往香港工作。"

杭州技师学院老师蒋应成向潮新闻介绍，"优秀人才也会输送到对口企业，比如技工培训类岗位，他们都不需要过试用期，能马上胜任岗位。"

"获得全国冠军，会获得'全国技术能手'称号，如果留在杭州还可以评上'杭州市 C 类人才'，享受房补 150 万元，解决生活后顾之忧。"蒋应成向潮新闻记者表示，冠军们对学校来说是教学硬实力的考量指标，也是招生宣传的好榜样，很多学生都是冲着榜样填报志愿的。

张星介绍，在全国大赛中获前三名，对学生来说会站上新高度。比如连锁经营管理专业毕业生，一般入职会从基层店员做起，但是拿到全国赛事的奖牌，职级可以直接跳 1～2 级，从店长助理开始做起。

当下，浙江正高质量打造"浙派工匠"金名片，高水平推进技能型社会建设，深度探索"技能创富"有效模式，不断贯通"技能成才"发展通道，技能人才越来越受

到重视，社会地位和收入水平不断提升。

"大赛营造的尊重技能、崇尚技能浓厚氛围，能够吸引更多青年走上技能成才、技能报国之路，向数字经济、先进制造业等重点领域汇聚，实现更加充分更高质量就业。"省人力资源社会保障厅相关负责人向潮新闻记者表示。

潮新闻 记者：吴越 2023年9月23日

安 徽 省

比上届大幅提升！安徽在这个全国大赛中夺得6金3银1铜

9月19日，第二届全国技能大赛结果出炉，经过激烈角逐，安徽夺得6金3银1铜。

据悉，安徽代表团7名选手获得了飞机维修、园艺、油漆与装饰、增材制造、烹饪（西餐）、服务机器人应用技术（国赛）6个项目金牌，4名选手获得网络安全、CAD机械设计、网络系统管理3个项目银牌，1名选手获得砌筑项目铜牌，

73 名选手获得新能源汽车智能化技术等 55 个项目优胜奖。此外，安徽代表团获得突出贡献奖，宣纸捞纸入选"最受欢迎的十大绝技"。

与第一届全国技能大赛安徽获 2 金 1 银 1 铜的成绩相比，此次大赛在金牌数量和奖牌总量上均有大幅提升。

安徽日报客户端 作者：朱卓 2023 年 9 月 19 日

推动"技工大省"迈向"技工强省" 安徽底气何在？

前不久，第二届全国技能大赛在天津落下帷幕。在这场规格最高、项目最多、规模最大、水平最高、影响最广的综合性国家职业技能赛事上，安徽代表团的选手们拼技能、展风采，获得6金3银1铜的优异成绩，充分展示了安徽省高技能人才学习技能、掌握技能、追求卓越的良好精神风貌，与首届相比在金牌和奖牌数量上均有大幅提升。

大赛让一批批优秀技能人才脱颖而出，这无疑对安徽省技能人才队伍建设具有风向标意义。截至今年6月，安徽技能人才总量已达702万人，其中高技能人才207万人，技能人才正成为支撑安徽高质量跨越式发展不可或缺的重要力量。

第二届全国技能大赛上，安徽代表团获6金3银1铜（人民网记者 张俊 摄）

近年来，安徽提出从"技工大省"迈向"技工强省"目标，并在顶层设计上进行推动，其底气何在？

技能花开江淮大地

从 57 岁"老师傅"到 17 岁"小工匠"、从企业职工到在校学生，在第二届全国技能大赛中，安徽参赛选手"百花齐放"，他们用技艺诠释工匠精神，尽显劳动之美、技能之光。

大赛中获得增材制造项目金牌的选手许文豪来自马鞍山技师学院青苗竞赛班。平日里，许文豪常用这样一句话勉励自己："别人学得好，我再比别人多努力一下，就可以比别人学得更好。"

入选大赛安徽省代表团后，许文豪放弃暑假休息，主动留校备战，每天训练 10 个小时以上，经过长达半年的分散训练、集中训练和走训活动，技能水平不断提升。比赛中他沉着应战、精心操作，一路过关斩将、力克群雄，最终摘得增材制造（世赛选拔）项目金牌。

除了单兵作战，比赛还讲求配合上的默契。在园艺项目的比赛中，来自黄山学院的甘钊慈和闫志广凭借过硬的技术和完美的默契度拿下双人赛金牌。甘钊慈赛后表示，和国内顶尖对手同台竞技、向他们学习的机会非常难得，也为日后的技能提升注入强劲动力。

"当我获得金牌站在领奖台那一刻，内心是特别开心的，不枉费这段时间的努力和付出。"烹饪（西餐）项目金牌获得者杨萧剑来自安徽新东方烹饪高级技工学校，如今年仅 19 岁的他入选世界技能大赛国家集训队，未来将有望代表国家出征世界赛事。

安徽省政府对在大赛中获得优异成绩选手和作出突出贡献单位予以通报表扬。并强调，要大力弘扬劳模精神、劳动精神、工匠精神，围绕全面建设现代化美好安徽，激励更多劳动者走技能成才、技能报国之路，为打造"三地一区"、建设"七个强省"提供有力人才支撑。

来自安徽新东方烹饪高级技工学院的杨萧剑获第二届全国技能大赛烹饪（西餐）项目金牌（人民网记者 张俊 摄）

第三届全国新能源汽车关键技术技能大赛安徽省选拔赛，选手正在比赛中（人民网记者 陈若天 摄）

厚植技能人才成长土壤

近些年，《安徽省人民政府关于印发支持技工强省建设若干政策的通知》《关于加强新时代高技能人才队伍建设的实施方案》等政策措施，形成了相互衔接配套、利于技能人才成长的政策体系，从顶层设计上推动"技工大省"向"技工强省"迈进。

11月5日，安徽万通高级技工学校，第三届全国新能源汽车关键技术技能大赛安徽省选拔赛启动，来自全省各地新能源汽车领域的优秀技能人才同台竞技、切磋技术。

新能源汽车是安徽"首位产业"，近年来，安徽省服务重点产业用工，积极推进新能源汽车、数字经济等十大新兴产业领域技能大赛选拔优秀技能人才，着力提升职业技能培训与产业发展的适配度。同时，聚焦促进农民工、高校毕业生等重点群体就业，持续推进"新徽菜·名徽厨"行动，着力打造"乡村工匠"培育、青年技能人才培育等技能培训品牌，年均培训重点群体近90万人次。

技工教育是职业教育的重要组成部分，承担着为经济社会发展培养高素质技能人才的重要任务。数据显示，安徽省技工院校总量达88所，较2015年底增长83.3%，实现16个地市全覆盖，2022年底在校生规模达24.2万人。

安徽省第四届乡村振兴农民工职业技能竞赛决赛，砌筑工组正在进行比赛（人民网记者 李希蒙 摄）

安徽的目标是，力争到"十四五"末，全省技工院校达到100所、在校生稳定在30万人以上，打造8所高水平技师学院、10所优质技工学校和20个高水平专业集群。以点带面提升全省技工教育水平，更好发挥技工院校在技能人才培养上的"中流砥柱"作用。

打破技能人才成长天花板

技能评价体系是技能人才提升的重要抓手。安徽聚焦打破技能人才成长"天花板"，深化技能人才评价改革。实施技能评价提质扩面行动，大力推进企业自主评价，培育选树评价工作走在前列的规范企业。落实"新八级工"制度，在全国率先评聘首席技师9名、特级技师128名。创新建立"高技能人才统考周""以赛代评"等制度，有效破解竞赛取证难题，助推高技能人才培养提质增速。

平台载体建设是高技能人才培养的重要支撑。安徽聚焦高技能人才培养搭建平台载体，积极参与世界技能大赛、全国技能大赛，安徽技能健儿在国际、国内综合性职业技能竞赛上频频摘金夺银。搭建省级示范性公共实训基地、高技能人才培训基地、技能大师工作室等平台载体，目前，全省已建设省级示范性公共实训基地5个、国家级高技能人才培训基地35个、省级高技能人才培训基地30个、国家级技能大师工作室38个、省级技能大师工作室290个，以真金白银的投入换来"真材实料"的高技能人才。

技能有多高，人生的舞台就有多大。安徽聚焦提升待遇地位强化高技能人才表彰激励，定期开展全省高技能人才评选表彰，在政府特殊津贴等评选中对高技能人才单独切块，常态化开展高技能人才宣传……在一系列政策的加持下，一批批高技能领军人才从"幕后"走向"台前"，不仅成为青年人追捧的新时代偶像，还营造出尊重劳动、尊重知识、尊重人才、尊重创造的良好社会氛围。

技能建设"加速度"，技能逐梦正当时。未来，江淮大地一定会涌现更多高技能人才和大国工匠，书写更多技能成才、技能强国的精彩篇章。

人民网安徽频道 记者：赵越 2023 年 11 月 13 日

福 建 省

四千高手同台竞技 我省选手角逐奖牌

16日，由人力资源社会保障部主办、天津市政府承办的第二届全国技能大赛在天津开幕。我省派出140名选手参加除石油钻井技术外108个大赛项目比赛。

全国技能大赛是我国规格最高、规模最大、项目最多、水平最高、影响最广的综合性国家职业技能赛事。本届大赛共设109个比赛项目，共有来自全国36个代表团的4 045名选手参赛。大赛以"技能成才、技能报国"为主题，涉及制造业、信息技术、交通运输、建筑业、服务业、采矿业等15个国民经济行业门类，覆盖国民经济行业门类的75%，所有比赛项目均服务于实体经济。与第一届大赛相比，本届大赛国赛精选项目数量大幅增加，重点增加了20个新职业和数字技术技能类赛项。

比赛中，我省代表团将在信息网络布线、移动应用开发、美容、化学实验室技术、网络系统管理、增材制造、数控车、电子技术、烹饪、无人机装调等10个项目向奖牌发起冲击。来自厦门的选手叶荣华，获得过第二届全国技能大赛世赛项目福建省选拔赛电子技术项目金牌，在电子技术项目比赛现场，他始终沉着应战，精心设计电子电路，进行原型板安装与调试。工业4.0项目是利用信息和通信技术，影响生产和制造过程的新型生产制造模式,被誉为"第四次工业革命",来自泉州的钟杨福、陈子扬组合,在单站装调与运行、网络组建与安全、工业软件应用与开发三大模块中,充分发挥自身专业技能水平,认真完成竞赛内容,充分展现了他们的专业素质和扎实的基本功。在工业互联网工程技术项目比赛中,来自平潭的何建华、葛炎风"搭档",通过各种传感器采集自动化生产过程中现场的各种信息,实现数据可视化及服务应用。

本届大赛,福建代表团推选了以同利肉燕制作技艺、莆田传统木雕技艺、武夷岩茶等为代表的9个福建技能展示项目和中华绝技展演项目,突出宣传富有福建浓郁地域特色的技术技能和独特的地方文化底蕴,让更多的人了解福建、关注福建、喜爱福建。

我省选手叶荣华在电子技术项目比赛中

我省选手何建华、葛炎风在工业互联网工程技术项目比赛中

本届大赛每个赛项均设金、银、铜及优胜奖,并给予名列前茅的选手"全国技术能手"荣誉称号、晋升相应职业技能或专业技术等级等丰厚奖励,鼓励各行各业技术技能人才踊跃报名参赛,积极展示风采,提升技能人才的社会地位。

《福建日报》记者:何祖谋 2023年9月17日

江 西 省

竞赛引领 技能圆梦
——江西参加第二届全国技能大赛综述

9月19日,第二届全国技能大赛在天津圆满闭幕。为期4天的比赛中,江西代表团的选手们拼技能、展风采,获得1金1银3铜的优异成绩,充分展示了我省劳动者学习技能、掌握技能、追求卓越的良好精神风貌。

"这是一个与兄弟省份比武过招的平台,也是一次积极交流提高技艺的盛会,承载了广大青年对技能成才、技能报国的不懈追求与期望。"省人力资源社会保障厅党组成员、副厅长王成兵对江西代表团取得的成绩表示祝贺。他表示,人才是发展的第一资源,我省将以此次大赛为契机,加快实施"人人成才、技兴江西"计划,培养更多"赣鄱工匠",推动我省人口红利向人才红利转变。

技能花开红土地

"这是我第一次参加全国性比赛,拿到金牌很开心,未来我将做好'传帮带'工作,为我省培养更多的技能人才。"烘焙项目金牌获得者徐伟男激动地说。

徐伟男是鹰潭麦子熟了面包学院的一名老师，今年30岁的他已有14年的烘焙生涯。他表示，本次大赛是一次绝佳的机会，让更多人走进技能世界，体验技能生活。

除了冠军，我省的银牌获得者也颇受瞩目。参加新能源汽车智能化技术赛项的邱志卓和杨阳是夫妻选手。两人凭借着过硬的技术和完美的默契度拿下该双人赛银牌。杨阳感慨地说："如今职业技能赛事氛围浓厚，是推动我们技能水平不断攀升的重要动力。"

此外，我省选手曾昊、刘华森、郑志伟分别在网络技术项目、信息网络布线项目和数控铣项目中获得铜牌，金属錾铜雕刻获"最受欢迎的十大绝技"。获奖选手表示，和国内顶尖对手同台竞技、向他们学习的机会非常难得，可为日后的技能提升注入强劲动力。

从54岁"老师傅"到17岁"小工匠"、从博士硕士到中职技校生、从企业职工到在校学生，此次江西参赛选手"百花齐放"，他们用技艺诠释工匠精神，尽显劳动之美、技能之光。

"大赛将激励更多年轻人走进技能学习的课堂，照亮技能成才的道路。"省就业中心主任郭锦亮介绍，本次大赛各竞赛项目获得前5名的选手（团队双人赛项前3名、三人赛项前2名），将被授予"全国技术能手"称号。此外，对获得金、银、铜牌的我省参赛选手和专家团队，我省将给予一定资金奖励。

大赛让一批批优秀技能人才脱颖而出，这无疑对我省技能人才队伍建设具有风向标意义。近年来，我省高度重视技能人才培养工作，不断加大技能人才队伍建设力度。截至今年三季度，全省技能人才总数达536.97万人，其中高技能人才161.09万人。技能人才正成为支撑江西高质量跨越式发展不可或缺的重要力量。

技能逐梦正当时

比赛虽已落幕，但逐梦技能强国的脚步永不止步，技能人才的培养任重道远，我省正努力让越来越多的技能人才大有作为。

近年来，我省完善政策措施体系，加大体制机制改革创新力度，从根本上推动技能人才队伍高质量发展。先后制定了《江西省人民政府办公厅关于加快技工教育发展加强技能人才队伍建设的若干意见》《中共江西省委办公厅江西省人民政府办公厅印发〈关于加强新时代高技能人才队伍建设的实施意见〉的通知》等政策措施，形成了相互衔接配套、利于技能人才成长的政策体系。

与此同时，我省紧跟新形势新业态，围绕"1269"行动计划和急需紧缺工种，谋划技能提升行动新举措，在全省大力开展职业技能提升行动；推进技工教育发展，加强培训机构建设，鼓励企业开展培训、打造人才培训基地。目前，全省有省级及以上高技能人才培训基地 112 家、技能大师工作室 223 家、技工院校 136 所、职业技能竞赛集训基地 28 家。全省技能人才中获得"中华技能大奖"7 人、"全国技术能手"称号 148 人。

技能有多高，人生的舞台就有多大。

近年来，我省大力弘扬工匠精神，把培养更多高技能人才和大国工匠摆在更加突出位置。全省树立了李德鑫、肖星星等一批在全国叫得响的技能人才杰出典型，大力营造尊重劳动、尊重知识、尊重人才、尊重创造的社会氛围，让技能人才发展有通道、成长有空间。

一个个能工巧匠脱颖而出，充分展示出新时代"赣鄱工匠"的风采，更凝聚着"技能改变人生，技能成就梦想"的社会共识。王成兵表示，我省将充分发挥竞赛的引领带动作用，不断加强新时代江西高技能人才队伍建设，积极引领和激励更多人走上技能成才、技能报国之路。

《江西日报》记者：侯艺松 2023 年 9 月 27 日

山东省

叫响"技能山东"品牌，锻造一支高素质技能人才队伍

9月16日至19日，中华人民共和国第二届职业技能大赛（以下简称"第二届全国技能大赛"）在天津举行。大赛共设有109个竞赛项目，其中，世界技能大赛项目62个，国赛精选项目47个（含20个新职业项目），涵盖运输与物流、结构与建筑技术等六大领域，参赛选手超过4 000人。山东代表团共派出选手142人、裁判109人，参加全部109个赛项比拼，参赛规模为历史之最。

近年来，山东各级各部门聚焦工业经济、山东制造，深化技能人才培养、使用、评价、激励制度改革，打造了一支规模宏大、素质优良、技艺精湛的技能人才大军，在全国乃至世界技能大赛赛场上，展现了齐鲁工匠的亮丽风采。在16日下午举行的第二届全国技能大赛代表团专场媒体见面会上，省人力资源社会保障厅党组书记、厅长张涛就山东省技能人才队伍建设工作进行发布。

致力发展技工教育，让技术工人"快成长"。注重产教融合、工学一体，突出特色发展、内涵发展，构建起技师学院、技工学校梯次发展的现代技工教育体

系。目前，山东共有技工院校210所，在校生45万人，分别位居全国第一、第二位。近五年，共培养输送54.5万高素质技能人才，占全省新增高技能人才的"半壁江山"。

致力职业技能培训，让技术工人"长本事"。聚焦绿色低碳高质量发展等重大战略，围绕破解技术工人结构性矛盾，做强"金蓝领"高端培训品牌，全面推行企业新型学徒制，加快职业培训扩容提质。2021年以来，开展补贴性培训302万人次，培养新型学徒8万多人。

致力平台载体建设，让技术工人"有舞台"。立足特色优势产业技术工人培育需求，建成国家级高技能人才培训基地43家、技能大师工作室49家；建设技工教育优质院校7所，优质专业16个；探索开展技工院校集团化办学，构筑广覆盖、多层次、特色化的技能人才成长平台。

致力评价激励保障，让技术工人"有奔头"。在全国率先开展企业技能人才自主评价，备案企业6 281家，培养评价技能人才67.5万人，居全国前列。构建纵向可晋升、横向可贯通的立体式发展空间，1 646名技能人才获得相应专业技术职称。在全国率先建立特级技师评聘制度，全省享受"正高级"待遇的特级技师达253人。

致力职业技能竞赛，让技术工人"展风采"。出台职业技能竞赛管理办法，构建以世赛、国赛为引领，以省、市、县三级竞赛为主体，以岗位练兵和技术比武为基础的竞赛体系。今年6月，山东省举办首届职业技能大赛，20多万技能人才参与选拔，营造了崇尚劳动、崇技尚能的良好氛围。目前，各类职业技能竞赛带动上百万名技能人才以赛代练、以赛促学、以赛提技，涌现出一大批优秀技能人才。

大众日报客户端 记者：张春晓 通讯员：范洪艳 2023年9月17日

河 南 省

河南：厚植技能人才成长沃土　描绘新时代培育高素质技能人才精准"画像"

物自天生，工开于人。科学认识世界，技术改造世界，千百年来，一代代能工巧匠和大国工匠竭尽心力，使裨益国家、百姓的技艺和实学得以传承。

技能人才是实施人才强国战略、就业优先战略和创新驱动发展战略的宝贵资源。如今，"技能是立身之本，人才是创新源泉"的观念更加深入人心。举办全国

第二届全国技能大赛闭幕式（组委会供图）

技能大赛，不仅能为广大技能人才搭建展示技能、切磋技艺的平台，也有利于促进形成技能就业、技能成才、技能报国的时代新风。

9月19日，在第二届全国技能大赛闭幕式上，大赛会旗交接至河南，标志着我国规格最高、项目最多、规模最大、水平最高、影响最广的综合性国家职业技能赛事，将于2025年在河南举办。河南，已正式开启第三届全国技能大赛之旅。

练技艺逐梦赛场，从梦想少年到世界冠军

技能是立身之本，人才是创新源泉。党的二十大报告强调"加快建设国家战略人才力量，努力培养造就更多大师、战略科学家、一流科技领军人才和创新团队、青年科技人才、卓越工程师、大国工匠、高技能人才"。

自河南开展"人人持证、技能河南"建设工作以来，高技能人才培养可谓驶上了"快车道"，涌现出一批批优秀的顶尖技能人才。千千万万技能人才，汇聚成奋进新时代的磅礴力量。

2022年，作为技能界的"奥林匹克"——世界技能大赛特别赛，来自河南化工技师学院的姜雨荷获得化学实验室技术项目金牌，实现了我国该项目金牌"零"的突破。来自漯河技师学院的侯坤鹏、唐高远此前在法国波尔多赛区获得移动机器人项目金牌。来自郑州商业技

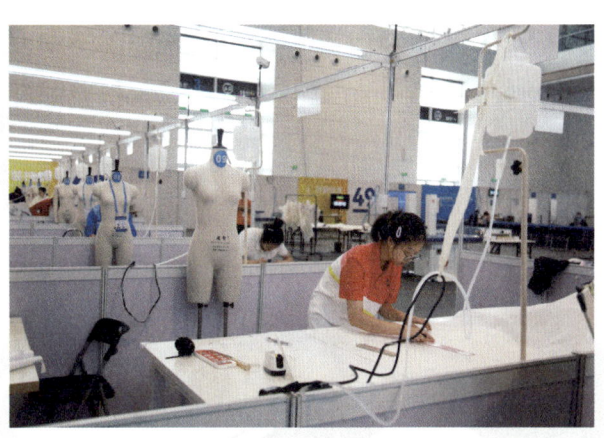

年仅16岁来自河南技师学院服装设计与制作专业的任格格冲进国赛（李恒 摄）

师学院的张阳光、刘锦豪获得混凝土建筑项目铜牌。河南5名选手在本届世赛特别赛上参加的3个项目全部获奖，获得2金1铜的佳绩。

国赛场上的河南新生代力量，未来更可期

新时代，新技能，新梦想。如今，人才培养的观念已发生了很大变化，谁拥有一技之长，谁就有发展的机会。成为受欢迎的高素质技能型人才，是广大学子以青春书"匠心"的目标。

走进第二届全国技能大赛的竞赛现场，大河报·豫视频记者见到了来自河南技师学院服装设计与制作专业的任格格，在时装技术（世赛）项目工位内，她正埋头赶工。年仅16岁的少女虽然面庞还稍显稚嫩，但高效紧凑的操作、行云流水的手法，俨然已是行家里手。

据大河报·豫视频记者了解，该赛项比赛内容包括款式设计、半身裙制版排料、立体裁剪和女装设计制作4个模块，考验选手时装设计、制作的综合能力。身为河南代表团最年轻的选手，任格格的实力却不容小觑。因中考失利，她希望学习一门技术，靠技能改变命运。虽然从未接触过服装专业，一切要从零开始，凭着一股子韧劲和冲劲，任格格的技能水平与综合素养开始在校内崭露头角，在快速成长为竞赛队一员后更加拔尖出挑。2023年，任格格先后斩获郑州市技能大赛时装技术（世赛）项目第一名、河南省职业技能大赛时装技术（世赛）金牌，如愿来到国赛的赛场上一展身手。

经过3天全身心投入的比拼，9月19日晚，第二届全国技能大赛闭幕式上，16岁的少女站在时装技术（世赛）项目的铜牌领奖台上。

从"网游少年"逆袭进入技能"菁英班"，来自开封技师学院的李文航的成长历程十分励志，他曾在

陶留海高空带电作业（受访者工作单位供图）

2021年斩获首届全国乡村振兴职业技能大赛金牌。在第二届全国技能大赛上，李文航再次凭借高超的技能与过硬的心理素质，一举夺得电工项目的国赛金牌。

得体大方的仪容，始终给人如沐春风的微笑，举手投足间优雅尽显，来自郑州财经技师学院的李天鹤穿梭于桌案之间，化身为"六边形战士"，只为让服务更有温度。全情投入、稳定发挥，李天鹤在第二届全国技能大赛餐厅服务项目中夺冠。

扎根一线，技校生逆袭为"大国工匠"

河南培养出的顶尖技能人才，不仅在多类国家省市级竞赛乃至世界技能大赛的舞台上绽放光彩，在闪烁焊花的厂房车间、火热的生产一线，也不乏他们的身影。

登上几十米甚至百余米高的铁塔，置身"三高"——高电压、高电场、高空，沿着1 100千伏的输电线"走钢丝"，伸手抓向嗞嗞作响的高压导线，将电网缺陷隐患消于无形……这样的场景，对陶留海来说再熟悉不过。从高压到超高压、从超高压到特高压，陶留海在百米高空见证了我国电网从追赶到领先的精彩跨越。而他从一名技校生到大国工匠的逆袭故事，也越来越广为人知。

现年44岁的陶留海为教授级高级工程师，现任国网河南省电力公司超高压公司输电运检部高压线路带电检修高级技师，享受国务院政府特殊津贴专家。曾荣获"中华技能大奖""中国质量工匠""全国技术能手"、河南省劳动模范、河南省"十大能工巧匠""中原大工匠""中原技能大师""央企大国工匠"等荣誉称号。

高空带电作业犹如在"刀尖上舞蹈"，危险性极高，我国电力领域像陶留海这样的带电作业技

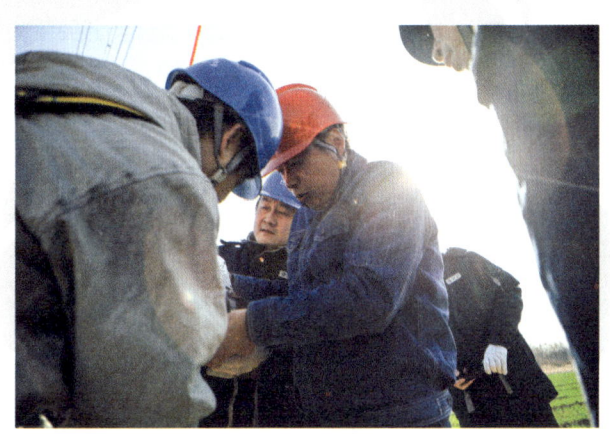

陶留海在作业现场"传帮带"，为超特高压事业培育和储备人才（受访者工作单位供图）

专家仍十分匮乏。1998年，19岁的陶留海从电力技校毕业，成为电网企业的一名送电线路架设工。一年后转岗，开展从事电力系统专业性最强、危险性最大的工种——高压线路带电作业工。

陶留海在学校所学专业与从事的输电专业相差较大，面对几乎陌生的专业领域，陶留海不服输、不怕难，主动多拜师，做到嘴勤、眼勤、腿勤、手勤，通过干中学、在学中干，快速提高技能，也涵养了勤于探索、专业专注的匠心特质。

行走的"活教科书"，匠心可敬更可追

择一业、终一生的默默坚守，干一行、专一行的执着追求，精益求精、至善至美的人格塑造，是匠心的淬炼过程，是工匠的成长路径。陶留海在提高专业技能的同时，先后考取大专、本科学历，送电线路工、高压线路带电作业两个高级技师，获得教授级高级工程师、国家注册安全工程师等职业资格。

一花独放不是春，百花齐放才能春满园。作为伴随中国特高压电网发展成长起来的第一代特高压人，陶留海自觉承担起将特高压技术发扬光大的任务，为超特高压事业培育和储备人才。如今，陶留海被聘为国家电网公司高级兼职培训师等，参加我国第一套特高压输电线路带电作业技能培训项目开发，编写了系列培训教材。累计培养特高压交直流输电带电人员500余人。

"这些年我带的徒弟里，有获得国家电网公司输电带电作业技能竞赛团体二等奖的，有获得河南省带电作业技能竞赛团体第一名、河南省五一技术能手的，还有获得郑州市高压线路带电作业技能竞赛第一名的，很欣慰！"陶留海告诉记者，他希望当代的青年人能积极转变职业规划观念，不要把厂房车间、生产一线定位为"底层岗位"，"这里更是打磨技术、苦练本领、锻造匠心的大舞台。在这里，你的技术有多强、能力有多大，舞台就有多大。新时代的中国青年，生逢其时、重任在

肩，希望越来越多的青年立志成为支撑国家建设的中坚力量、创新驱动发展的骨干力量、深入实施制造强国战略的有生力量！"

河南化工技师学院的姜雨荷在世赛特别赛中获得化学实验室技术项目金牌（资料图）

"人人持证、技能河南"建设成效凸显

技能是立身之本，人才是创新源泉。人力资源社会保障部最新数据显示，目前我国技能人才总量已超2亿人，占就业人员总量26%以上；高技能人才超过6000万人。

加强高质量的职业技能培训，对拥有1亿人口的河南省来讲，具有特殊重要的意义。人力资源社会保障部长期关心支持河南技能人才建设，2009年以来连续4次与河南省签署技能人才共建合作备忘录。河南省委省政府深入贯彻落实习近平总书记视察河南时重要讲话和关于技能人才工作的重要指示批示精神，率先在省级层面出台《河南省职业培训条例》，大力实施"人人持证、技能河南"建设，着力打造技能人才高地。

统筹推进10个省级、100个区域级人力资源品牌建设，先后与行业龙头企业签订共建协议，加强数字人才、健康照护等技能人才培养，评审认定60个省级"河南护工""豫农技工"等人力资源品牌基地，并给予50万元至160万元的奖补支

河南省第二届职业技能大赛开幕式（李恒 摄）

持；大力支持企业自主开展评价活动，全省备案的企业评价机构达3 900余家，开展评价达到了200余万人次，居全国首位；坚守技工教育主阵地，围绕河南省的主导产业，推动全省97所技工院校精准对接就业需求，加大对急需紧缺技能人才的定向培养，全省在校生达33.3万人，居全国第三……近年来，河南通过高位推动技能河南建设、打造特色的人力资源品牌、健全技能人才评价制度、构建职业技能竞赛体系和大力发展新时代技工教育等举措，强力推进"人人持证、技能河南"建设。

河南的技能人才实力如何？看一组最新数据：截至目前，河南省技能人才的总量达1 679万人，占整个从业人员的35.1%，其中高技能人才达到493万人。

为河南现代化产业体系建设提供坚实技能人才支撑

各类技能人才活跃在生产一线和创新前沿，成为推动高质量发展的重要力量。

"我国已进入高质量发展新时代。高质量发展，需要高素质的劳动者队伍支撑。近年来，河南省委、省政府高度重视技能人才队伍建设工作，有力推动了河南现代化产业体系建设。"河南省社会科学院《区域经济评论》主编、研究员张富禄在受访时表示。

助推制造业转型升级。主动适应制造业高端化、智能化、绿色化要求，着力培养大批的技术技能人才，使劳动力供给更好满足产业"专精特新"发展需求，对于推动传统产业提质增效、新兴产业重点培育、未来产业谋篇布局，人才要素支撑作用表现明显。

提供制造业高质量发展之战略资源支撑。"大规模开展职业技能培训，大力发展现代职业教育，有效提高劳动力素质，推动人口'数量红利'向'人才红利'转变，对于我国制造业整体上持续推进高质量发展，培育更多世界一流企业和'隐形冠军'，提供了强有力的战略性人力资源支撑。"张富禄称。

稳定培育新型产业工人队伍。通过技能培训，加快提高劳动者技能水平和就业创业能力，让更多劳动者实现技能就业、技能增收、技能富民，促进人的全面发展，实现共同富裕，增强广大产业工人的荣誉感、责任感，有助于弘扬大国工匠精神，有助于稳步推进新时期产业工人队伍建设。

推动企业职工全员培训制度的建立。技能人才工作充分调动企业参与的积极性，围绕企业主营业务和转型升级需求，促使企业履行法定职责，对职工开展岗前培训和岗位技能提升培训。

第二届全国技能大赛河南展厅圈粉无数（李恒 摄）

技能人才与我省重点产业融合发展现状

高技能人才培养是一项系统工程，关系到经济结构调整和产业转型升级的目标任务，更事关经济社会发展大局。

着力建设现代化产业体系，具体任务包括实体经济、先进制造、绿色低碳、数字经济、现代服务业、设计研发、科技创新等多个方面，要求技能人才与重点产业全方位、多领域的融合发展，提供充足的人才支撑和技能保障。

"河南技能人才总量可观。围绕重点产业、重大项目高技能人才需求，河南加大急需紧缺高技能人才培养力度。按照相关规划，到'十四五'末，河南全省技能人才总量达1950万人，占就业人员的40%左右；高技能人才占技能人才比例达到35%左右。"张富禄介绍，我省着力培育人力资源品牌，满足产业发展需要，"机械、电子、计算机、汽车、服装、建筑、工业互联网、电子商务、餐饮、种植养殖、农艺园艺等专业，助推河南先进制造业、现代农业、现代服务业等重点产业发展。"

第二届全国技能大赛展示交流活动掠影（李恒 摄）

此外，河南重视重点群体培训。聚焦新生代农民工、下岗失业人员、退役军人、残疾人等重点群体，开展职业技能培训，推动稳岗就业和返乡创业。

人材者，求之则愈出，置之则愈匮。更值得一提的是，河南技能人才骨干力量凸显。河南支持鼓励高技能领军人才"揭榜领题"、参与重大生产决策、技术革新和攻关，全面落实"新八级工"制度，技能人才正在成为企业发展的骨干力量。

"当前，河南高技能人才队伍存在数量、结构等不足，尤其高技术产业、战略性新兴产业领域技能人才供给不足，影响专精特新企业成长，影响制造业高质量发展。'千工好招，一技难求'的情况依然存在。"张富禄表示，进一步夯实高技能人才这一重要基石尤为迫切。

制造业迎来变革浪潮，加速技能迭代更新

随着数字化和自动化浪潮席卷全球，大数据、云计算、物联网等新兴技术加速向工业领域融合渗透，制造业已迎来新一轮的变革浪潮。未来，技能人才发展前景会如何？

"技能人才发展前景广阔。"张富禄称，"技能人才队伍建设有助于夯实中国式

现代化的产业基础和人才基础，弘扬劳模精神、劳动精神、工匠精神，可以想见技能人才的社会地位和经济地位将会不断提升。"

值得一提的是，技能人才队伍培训方向出现变化。随着经济社会的变迁，大数据、云计算、物联网等新兴技术加速向工业、农业、服务业等各个领域融合渗透，服务型制造促进产业跨界融合和边界模糊，数字经济比重将大幅度提升，数字产业化和产业数字化将加快发展，对于技能人才队伍建设方向提出了新的要求：数字型、高技能、创新型、复合型，培养科学精神、动手能力、创新能力等。

"这就需要我们进一步解决技能人才管理短板问题。对于技能人才管理方面，需要继续探索技能人才激励机制和成长机制。进一步建立健全向一线产业工人倾斜的分配制度、技术工人技能和创新成果按要素参与分配制度、高技能人才津贴制度，畅通拓宽技能人才成长通道，进一步增强技能人才荣誉感、获得感和幸福感。"

大河报·豫视频 作者：张瞧 2023 年 9 月 20 日

媒体眼中的
中华人民共和国
第二届职业技能大赛

从第二届全国技能大赛看"技能河南"
有一技之长方有一席之地

操作间里，选手编程设置参数，工业机器人独自完成物料的定位抓取、成品入库；工作室内，选手认真制图裁剪，一件精美的女士制式成衣渐渐成形，引来众人观摩；起居室中，选手开箱收柜擦地，地面凌乱的物品"突然"不见，空间变得令人赏心悦目……

这不是有人在施展"魔法"，而是选手们在展示技能。9月16日至19日，第二届全国技能大赛在天津举办，包括河南省代表团141名选手在内的全国4 045名选手同台竞技，让人们看见了技能的力量和未来。

技能"高精尖"，就业门路宽

"对这次大赛，我的深切感受是见识了裁判对技术规范的高要求，见识了全国各赛区高手的水平。"9月19日，参加第二届全国技能大赛的我省选手荆昆说。

他的赛项是服务机器人。比赛现场，地面标注着大厅、前台、客房等标识，选手们通过编程、调试，让服务机器人能够适应场地进行配送、实现智能导览

9月16日，第二届全国技能大赛开幕第一天，河南展馆吸引了很多人前来"打卡"

等功能，完成指令任务。

近年来，服务机器人正在越来越广泛地应用到银行、医院、酒店等场景当中，相关专业技能人才需求量增大。"服务机器人技能进入国家赛项能吸引更多人才进入行业，我看到了今后的努力方向。"有着一份不错工作的荆昆，钻研技能的劲头更足了，决定要好好利用条件继续提升技能水平。

主动适应科技进步、产业演进和变革需要，着力培养技术技能人才，建设技能型社会，是我省大力实施"人人持证、技能河南"建设的重要内容。在"人人持证、技能河南"建设"指挥棒"指挥下，我省形成了以赛促训、以赛促学、以赛促建的良好局面，"高精尖"技能人才不断涌现。在2022年世界技能大赛特别赛中，河南省培养选手获奖率达到100%，取得2金1铜的历史最好成绩。

介明鑫是我省技能人才工作的另一位受益者。大赛中，来自漯河技师学院的他和伙伴参加了移动机器人赛项，而指导他们的老师则是2022年世界技能大赛特别赛移动机器人项目金牌获得者唐高远、侯坤鹏。

"我对技术感兴趣，中考后想去学技术，就选中了操作机器人，觉得学习这门技术很酷，将来也能找到一份不错的工作。"17岁的介明鑫说，带着兴趣去学习，他的生活很充实，又在学习中遇到了好老师、好学长，让他对未来更有信心。

培训贴市场，工作"能吃香"

早上8时踏入赛场，下午5时离开赛场。在比赛的3天时间里，王锦的生活"紧张又刺激"。"这是一场高规格的国赛，我一刻都不敢放松，直到完成所有模块，经裁判裁定项目结束，才终于松了口气。"参加家政服务（整理收纳）赛项的我省选手王锦说。

本届大赛上，4 000多名选手围绕飞机维修、汽车喷漆等109个赛项进行比赛，其中20个赛项是今年首次设置，家政服务（整理收纳）是新赛项之一。

"过去一说起整理收纳，大家就想到叠衣服、挂衣服，其实这个行业最主要的是合理规划空间、搭配色彩，选手们不仅要'拼手速'，更要把物品整理得便于取用又美观。"家政服务（整理收纳）项目裁判长谈檀介绍，目前这个行业人才缺口大，希望通过大赛能让更多年轻人、更多择业者了解这个新职业。

9月18日上午，时装技术赛项，我省选手任格格在认真比赛

时代发展催生新赛项，新赛项培养新技术。近年来，我省围绕主导产业，推动全省97所技工院校精准对接就业需求，加大对急需紧缺技能人才的定向培养，全省在校生达到33.3万人，居全国第三。深化校企合作、产教融合，面向社会开展培训45万人次以上，培养了一大批产业发展急需的高技能人才。

互联网营销师同样是本届大赛的新赛项。"互联网营销师赛项的模块设置和真实'直播带货'非常接近，对技能要求很高。"我省选手张瑞娟说，互联网营销师这两年非常火爆，今年这一职业首次成为国赛赛项，给新职业发展也注入了强大动力。

只要肯攀登，机遇就在"等"

一名普通农村孩子，在中考失利后陷入了迷茫，从原来刻苦懂事的学生变成了"网游少年"。荒废一年光阴后，这个孩子决定学习电工技术，好似打开了命运的"巧克力盒"，不但戒掉"网瘾"，有了奋斗动力，而且接二连三拿下技能大奖，站上过央视舞台，现在又参加了第二届全国技能大赛的电工赛项。

他叫李文航，是来自开封技师学院的一名选手。"每次参加大赛都是一次'长跑'，考验人的毅力。赛前要没日没夜在实训室训练，比赛中要将知识技能转化为动手能力，编程、焊接……按照节点高标准完成模块任务。"

但他乐在其中。他说，他喜欢苦练技能，为突破一道题目中的难点，他会在训练场练到半夜，当终于攻破难关，那种成就感瞬间就抵消了疲劳。

成就感更来自我省有关政策的激励。长期以来，在"重学历、轻技能"的观

9月18日下午，飞机维修赛项，我省选手张泽辰对飞机进行起飞初始检查

念和偏见影响下，愿意深耕技能的人不太多，这制约着技能人才队伍的培养和建设，使得我国技能人才总量不足、结构不优，供需矛盾较为突出。如何破解？加大对技能人才的激励力度是关键手段之一。

为此，我省进一步畅通技能人才发展通道，出台了一系列激励政策，比如将世界技能大赛获奖者、全国技能大赛金牌获得者，纳入事业单位招聘"绿色"通道，可适用人才引进编制政策，按规定办理有关手续……

如今已是学校老师的李文航享受到了政策的便利，来自郑州交通技师学院的23岁选手张泽辰，也踏上了这条路。

9月18日下午，飞机维修赛项，张泽辰通过眼观手摸等方式，检查飞机起飞前的关键部件，完成比赛的起飞初始检查模块。"要想在大赛中取得成绩，就得勤学苦练。"已经在教师岗工作的张泽辰说，"大赛拼成绩，技能有未来，希望社会能为技能人才创造更优良的条件，助力更多技能从业者成才。"

《河南日报》记者：王向前 2023年9月21日

技能坐标　定位河南

9月19日,第二届全国技能大赛在天津落幕。闭幕式上,河南省承接会旗,成为第三届全国技能大赛承办地。

第三届全国技能大赛承办地,为何"花落河南"?

近年来,河南省委、省政府始终高度重视技能人才培养工作,将其纳入全省经济社会发展大局。全省职业技能竞赛工作气象万千,技能人才队伍建设步履铿锵。

"加强高质量的职业技能培训,对人口大省河南来讲,具有重要的意义。"第二届全国技能大赛代表团专场媒体见面会上,省人力资源社会保障厅负责人介绍,省委、省政府深入贯彻落实习近平总书记视察河南重要讲话重要指示,率先在省级层面出台《河南省职业培训条例》,大力实施"人人持证、技能河南"建设,将其放在全省经济社会发展优先位置、全省重点民生实事之首,着力打造技能人才高地。

积极谋划、严密实施,我省初步构建形成了省级统筹、市县实施、相关部门分工负责的"人人持证、技能河南"建设工作格局,构建起以世赛、国赛为引领,省赛为龙头,专项、行业和地方各级竞赛为主体,企业、院校职业技能比赛为基础的具有河南特

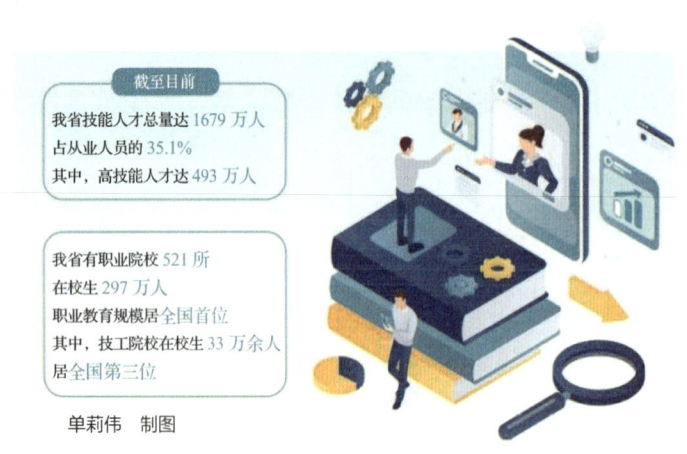

单莉伟　制图

色的职业技能竞赛体系。

以赛促学促训，助力技能人才培养，我省技能人才培养培训工作取得明显成效。截至目前，全省技能人才总量达 1 679 万人，占从业人员的 35.1%，其中，高技能人才达 493 万人。2022 年世界技能大赛特别赛上，我省 5 名选手参加 3 个项目角逐，夺得了"两金一铜"的优异成绩；在第二届全国技能大赛上，我省夺得 2 金 3 银 8 铜 78 优胜。

9 月 20 日，第二届全国技能大赛赛后新闻发布会上，我省有关部门负责人介绍，河南有职业院校 521 所，在校生 297 万人，职业教育规模居全国首位。其中，技工院校在校生 33 万余人，居全国第三位。

"丰富的人力资源，既为办赛参赛提供了强大的群众基础和技能人才支撑，也为大赛引领推动人力资源开发提供了广阔空间。在河南举办全国技能大赛，辐射广泛，影响深远，将带动区域内广大劳动者关注参与，培养大批国家重大战略、区域重点产业急需的技能人才、能工巧匠，引领更多劳动者，特别是青年一代走技能就业、技能成才、技能报国之路。"该负责人说。

同时，我省赛会场馆和设施功能完备、大型会展活动组织经验丰富以及综合交通区位优势明显，也都为承办第三届全国技能大赛创造了有利条件。

2025，相聚河南，不见不散！

《河南日报》记者：王向前 2023 年 9 月 21 日

湖 北 省

技能成才，技能报国 技兴荆楚，能创未来
——我省142名选手出征第二届全国技能大赛

技能点亮梦想，奋斗书写荣光！

日前，我省技能健儿组团前往天津，参加即将于9月16日至19日举办的中华人民共和国第二届职业技能大赛（简称"第二届全国技能大赛"）。

经历过一个夏天的紧张集训，我省142名参赛选手信心十足、意气风发。他们是湖北技能人才队伍中的佼佼者，将参加此次大赛的所有109个项目，向奖牌发起冲击。

"争金夺银，力创佳绩！"赛前动员会上，省人力资源社会保障厅相关负责人表示，职业技能竞赛是技能人才展示技艺的舞台，也是推进高技能人才队伍建设的重要抓手。近年来，我省坚持"以赛促训、以赛促学"，着力构建以世界技能大赛、全国技能大赛为引领，以"湖北工匠杯"省级技能大赛为主体，省、市、县层层开展的技能竞赛体系，以企业职工、职业院校学生为重点，平均每年组织开展省级一、二类赛事50多场，涉及职业（工种）超过200个，每年参赛选手超过50万人次。参加全国技能大赛，有助于形成技能人才发展的良好社会氛围，激励全省广

大劳动者特别是青年劳动者走技能成才之路；有助于整体提升技能人才队伍水平，形成支撑湖北制造的高素质技能人才队伍；有助于展示湖北技能人才的精神风貌和使命担当，为推动湖北制造迈上新台阶提供坚强保障。

比赛项目较上一届增加23个
企业职工参赛比例大幅提升

中华人民共和国职业技能大赛是经国务院批准、人力资源社会保障部主办的综合性国家职业技能赛事。从2020年起，我国每两年将举办一届。

大赛旨在充分发挥职业技能竞赛在促进技能人才培养、推动职业技能培训和弘扬工匠精神中的重要作用，营造劳动光荣、技能宝贵、创造伟大的社会风气，更好服务就业创业和经济高质量发展。

我省选拔出142名选手，组建湖北代表队（省人力资源社会保障厅供图）

第二届全国技能大赛以"技能成才、技能报国"为主题，以"智慧、绿色、安全、特色"为目标，设置世赛选拔项目和国赛精选项目两大类。其中，世赛选拔项目设62个竞赛项目，作为第47届世界技能大赛全国选拔赛；国赛精选项目设47个竞赛项目。国赛项目又根据赛项特点，整合形成两个大类，即国赛精选——传统项目类（27项）、国赛精选——新职业项目类（20项）。

与第一届全国技能大赛相比，本届大赛合并重复赛项，遴选增加在行业中具有先进性、代表性、广泛性、内容具有可展示性的起重设备应用技术、石油钻井技术、电力系统运营与维护、计算机软件测试、机器人焊接技术、烹饪（中餐）等6个项目。同时，为契合技术技能融合发展的趋势，还增加了数字技术技能类新职业赛项，特别是增加了智能制造工程技术、集成电路工程技术、工业互联网工程技术、人工智能工程技术、虚拟现实工程技术等5个专业技术类竞赛项目，分别对应智能制造工程技术人员、集成电路工程技术人员、工业互联网工程技术人员、人工智能工程技术人员、虚拟现实工程技术人员。

总体看来，在赛项总数上，本届大赛较上一届增加了23个，通过赛项创新，将更加有力释放技术技能人才创新创造活力，将人才优势转化为创新优势、竞争优势和发展优势。此外，在参赛选手方面，本届大赛将国赛精选项目的参赛选手明确为相关职业从业人员，这意味着职工的参赛比例大幅提高，将更好地助力职工创新创业创造，让企业职工认识到自身价值，带动更多职工钻研技能、提高技能。

从省人力资源社会保障厅了解到，为营造浓厚氛围，增强群众观赛的体验感和趣味性，本届大赛设置了技能成果展、企业设备与技术展、"最受欢迎的十大绝技"展演评选、群众性技能擂台赛等丰富多彩的活动，我省唐代蒸青茶饼、大冶刘小红云丝纸刺绣两个项目将参加"最受欢迎的十大绝技"展演评选，蕲春艾灸将作为特邀展演项目，到活动现场进行展演。本届大赛，我省将重点角逐重型车辆维修、珠宝加工、烹饪（中餐）、家具制作、家政服务（整理收纳）、光电技术、移动机器人、轨道车辆技术等项目。

我省142名选手身经百战
代表全省959万名技能人才

我省的142名参赛选手出类拔萃、身经百战。

省人力资源社会保障厅相关负责人介绍，为备战第二届全国技能大赛，我省及早部署、及早谋划，省、市、县自下而上开展与之相对应的最高规格、最高级别的综合性职业技能赛事，选拔参赛选手。

经过层层选拔，去年11月19日，湖北省第一届职业技能大赛完赛。我省根据比赛结果和后期集训成绩，从来自320多家企业、院校的2 000余名选手中，确定了142名参加第二届全国技能大赛的选手，组建了湖北省代表队。

这142名参赛选手，年龄最大的55岁，最小的17岁，涵盖了我省技能人才队伍中的老、中、青三代，分布于产学研一线，其中企业职工占比超过50%，不乏大国工匠、技能大师等行业领军人才。

我省参赛选手中企业职工占比超过50%（省人力资源社会保障厅供图）

年龄最大的参赛选手是来自湖北城市建设职业技术学院的实训指导老师王忠明。在多年的执教生涯中，王忠明用实际行动诠释了一名砥砺深耕的教师对职业教育的坚守与热爱，展现出坚守执着、精益求精、追求极致的工匠精神，培养出高级技师2人、技师6人、高级工12人，曾指导学生夺得第44届至第47届世界技能大赛湖北选拔赛一、二、三等奖多个奖项。他本人先后被授予全国住建行业技术能手、湖北省五一劳动奖章、湖北省先进工作者、湖北省技术能手、武汉市技术能手等荣誉称号，在第一届全国技能大赛中荣获优胜奖。本届大赛，他将参加国赛项目砌筑，展现精湛技艺。

就读于荆门技师学院智能设备运行与维护专业的张应康，是我省此次参赛年龄最小的选手。他深知拥有一技之长的重要性，希望用技能点亮青春梦想。在校期间，他勤奋认真，在学业上表现出了极大的热情和专注，坚持每天边上课边训练，不断巩固知识，提高技能水平，先后获得湖北省第一届职业技能大赛机器人系统集成项目金牌、全国第二届"慧阳杯"工业机器人虚拟拆装线上大赛三等奖等奖项。本届大赛，他将参加世赛项目机器人系统集成，争夺代表国家参加第47届世界技能大赛的名额。

来自中国兵器工业集团江山重工研究院有限公司的高级技师王羽翔，是一名做出过突出贡献的大国工匠。他常年奋战在技能一线，不仅是公司一级关键技能带头人，兼任盘轴类生产线副线长、机加车间团支部书记工作，还是国家级技能大师工作室骨干成员。以赛促学、以学促练、以练促干，是王羽翔技能报国路上的闪亮名片，他多次参加省市、兵器集团、国家各级技能竞赛，均取得不错成绩，先后被授予兵器工业青年技术能手、湖北省优秀学习型职工、襄阳市技术能手、襄阳市优秀时代青年等荣誉称号，连续多年被公司授予先进工作者和公司标兵称号。本届大赛，他将参加国赛项目数控车，这是当前很多制造企业迫切需要的技能。

"142名出类拔萃的选手，是我省不断加强技能人才队伍建设结出的硕果。"省人力资源社会保障厅相关负责人表示，近年来，我省全面贯彻习近平总书记关于做好新时代人才工作的重要指示，加快推进"技兴荆楚"工程，大力实施技能强省战略，持续健全完善技能人才培养、使用、评价、激励机制，紧紧围绕"三高地两基地"和现代产业体系建设，推动全省技能人才队伍不断发展壮大、提档升级，一批又一批以"湖北工匠"为代表的高技能人才相继涌现、脱颖而出。截至2022年底，全省技能人才总量达959万人，占全省劳动人口总量的28%，其中，高技能人才总量达293万人，占技能人才总量达30.6%，为湖北建设全国构建新发展格局先行区提供了强有力的人才支撑。

《湖北日报》2023年9月15日

湖 南 省

湘军技耀津门,核心动能从何而来?

近日,中华人民共和国第二届职业技能大赛在天津落幕,湖南代表团选手共斩获3金3银7铜71优胜(按竞赛选手统计),并获得突出贡献奖。湖南金银铜奖牌总数全国并列第七,中部六省第一,创历史新高。这是我省围绕实现"三高四新"美好蓝图,强化技能人才队伍建设,取得阶段性成效的生动注释。湘军技耀津门的核心动能来源于我省对技能人才培养的厚积薄发,也来源于坚实的竞赛体系建设,更来源于技能人才发展渠道的畅通。

厚积薄发有底气

本次国赛湖南代表团142名选手参加全部109个赛项。能够做到满员参赛,底气何在?

我省深入贯彻习近平总书记在致首届全国职业技能大赛的贺信中关于技能人才工作的重要指示精神,紧紧围绕实现"三高四新"美好蓝图,以加快新兴优势产业链建设为重点,厚积薄发,进一步加大技能人才的供给,造就了一支结构合理、技艺精湛、规模庞大的技能人才队伍。截至目前，全省技能人才565万人，其中高技能人才156.2万人，高技能人才占技能人才27.6%，为国赛队伍选拔提供了坚实的基础。

打出政策组合拳。省委、省政府高度重视技能人才培养工作，明确要求深入实施技能人才振兴工程，着眼延伸产业链、完善创新链、补齐供应链、提升价值链需要，深化职普融通、产教融合、校企合作，为高质量发展提供人才支撑。实施了《湖南省芙蓉人才行动计划》《建设新时代技能人才强省的若干措施》《湖南省新时代产业工人队伍建设改革实施方案》《关于加强技能人才培养建设技工大省的意见》以及《关于推行终身职业技能培训制度的意见》等一系列促进技能人才队伍建设的政策文件，初步形成了长期规划与近期安排相结合、整体推进与分类开发相配套的职业技能人才队伍建设政策体系，从体制机制上推动技能人才数量和质量同步提升。

持续扩大培训规模。按照国家统一部署，我省在2019年启动实施职业技能提升三年行动计划，省、市、县三级人力资源社会保障部门凝心聚力，扎实推进，共开展政府补贴培训362.62万人次。同时，加快实施技能人才振兴工程，组织实施好"湖湘工匠引领计划"，持续为工程机械、轨道交通、电子信息、新能源汽车等优势产业和新兴产业，输送大批高技能优秀人才。

深化职业教育改革。深入推进职教高地建设。目前，全省职业院校（含技工院校）540所，在校生168万人。聚焦重点产业建设专业。围绕先进制造业等重点优势产业，打造了专业群323个、专业点714个。全省84所技工院校共开设132个专业，覆盖先进制造业机械类、电子信息等专业学生，占在校生总数的75%。围绕产业发展推进校企合作。大力开展企业新型学徒制和现代学徒制培养，建设职业教育集团48个，引领职业院校和技工院校师生深度参与企业一线生产和技能攻关。

发挥企业主体作用。企业大力培养高技能人才，充分发挥企业高技能人才领军作用。在全省建设国家级和省级高技能人才培训基地104个、国家级和省级技能大师工作室120个，技术攻关、传师授艺等作用凸显，并形成培养使用激励相得益彰有效机制，将工匠精神融入培养体系，以高薪激励带动技能提升。

多管齐下强体系

万丈高楼平地起，湖南闪亮的技能大赛成绩背后是坚实的竞赛体系支撑。

但竞赛体系的构建绝非易事，比如职业技能大赛需要搭建与企业生产实际相适应的工作平台和环境，对设备设施要求非常高，在全国大赛的赛前集训和参赛方面也需要很大的投入。湖南加大投入，多方筹措，全力保障。同时，进一步完善全省竞赛体系、标准、机制建设，政府部门全力支持的同时，充分动员技工院校、职业院校、企业以及社会力量共同参与构建大格局竞赛体系。

持续擦亮湖南技能大赛品牌。省政府高规格举办湖南省第一届职业技能大赛，14个市州、21个行业部门的35个代表团、1 087名选手，参与55个集中比赛项目的竞争和角逐。同时，省政府把参加此次国赛写入政府工作报告，作为重要工作重点推进。人社等部门大力推进技能竞赛三年行动计划，每年组织全省行业系统开展技能竞赛和岗位练兵40多场，多层次、多方位着力打造"技行三湘、能创未来"湖南技能大赛品牌。通过竞赛品牌的培植，动员社会各界参与支持职业技能大赛的办赛工作，进一步完善竞赛模式，将完全由政府投入的办赛模式，逐步转变为政府主导，市场运作的办赛模式，鼓励企业和社会组织为办赛、集训和参加全国、世界技能大赛提供赞助支持。

加强规划指导和服务能力提升。根据新时期职业技能竞赛工作发展趋势，对现行《湖南省职业技能竞赛管理办法》进行修订，开发湖南省职业技能竞赛信息化平台，为各行业、企业结合自身特点，有规划地积极开展职业技能竞赛提供更好的支持和服务，并加大国家级大赛的赛前集训和参赛组织工作。

强化基础建设培育技术力量。积极支持我省符合条件的企业和单位申报世界技能大赛中国集训基地。持续加大技术力量培育，近3年共计举办裁判员培训班

7期，通过邀请世界技能大赛中国专家组、裁判组技术专家或全国行业技能大赛专家组专家授课和指导执裁的方式，累计培训裁判员551人。

政府、学校、企业等多管齐下构建大格局竞赛体系能够产生良好的化学反应。中建五局高级技工学校依托中建五局全产业链优势，实现设备、场地、技术、专家等资源共建共享，如数字建造项目邀请中建五局BIM专家进行针对性指导，抹灰与隔墙系统项目请中建五局装饰设计专家设计创意。这种企业参与、政府支持、学校主导的集训模式，能充分调动和利用技术资源，整个中建五局本届参赛团体也斩获了2金1银1铜的好成绩。

目前，我省建立了以世界技能大赛为引领、全国竞赛与省内竞赛相衔接、行业企业院校技能竞赛为基础的职业技能竞赛体系。每年超过10万名企业职工和职业院校学生参加各类技能比武、岗位练兵和职业技能竞赛活动，2022年举办的湖南省第一届职业技能大赛更是带动50万人踊跃参与，越来越多的优秀青年高技能人才通过竞赛脱颖而出。

畅通渠道激活力

湘军技耀津门，离不开选手挥洒汗水、努力拼搏。

砌筑比赛分秒必争、分毫必较。为了保证比赛的速度和精度，罗杰每天将枯燥的动作重复成千上万遍，拿着4.8斤重的砌块，砌墙、推倒、再砌、再推倒，晚上继续参加理论学习。

罗淑芬参加数控技术比赛。从早上8点到晚上11点，她要在基地反复对每个模块进行加工，每次都要在规定时间内完成模块的加工量，保证精度和质量，还要及时解决和调整加工过程中出现的工艺问题。

程振威努力钻研建筑信息模型技术，每天实操8小时，枯燥的训练在他看来却"充满乐趣"。

是怎样的动力支持选手们不断前行？湖南不断拓宽职业技能人才发展通道，持续推动技能、产业和人才实现双向互动和赋能。

在技能人才评价上，构建以职业资格鉴定、职业技能等级认定和专项能力考核等为主要内容的多元评价机制。深化"放管服"改革，支持大型企业重点企业开展技能人才自主评价，试点"新八级工"制度。畅通技能人才与专业技术人才评价互认机制。目前全省已备案73家企业开展自主评价、251家机构面向城乡劳动者开展社会评价，结合湖南特色实施10项专项能力考核。

在技能人才使用上，落实人才优惠政策，激发人才活力。对符合条件的高技能人才按程序纳入芙蓉计划高层次人才引进项目，给予入选人才对应层次的资金资助，享受医疗、落户、税收、教育、配偶就业、社会保险等保障服务。对企业聘用的特级技师和首席技师可比照本单位正高级职称人员享受相关待遇。技工院校中级工班、高级工班、预备技师（技师）班毕业生，分别按中专、大专、本科学历落实相关待遇。凡取得职业技能等级证书（或职业资格证书）并被聘用的企业高级工、技师、高级技师分别比照助理工程师、工程师、高级工程师，在薪酬、休假、体检、培训等方面享受同等待遇。

在技能人才激励上，鼓励搭建技能传承平台，推进技能大师工作室建设，加大政策支持力度，为技能带头人进行技能研修、技术攻关和创新创造条件。持续开展高技能人才表彰活动，完善省级高技能人才评选表彰机制，实施芙蓉计划"湖湘工匠"支持项目，定期评选表彰一批"湖南省技能大师"和"湖南省技术能手"。广泛开展综合性职业技能竞赛活动，带动群众性岗位练兵技能比武活动，进一步营造"劳动光荣、技能宝贵、创造伟大"的社会氛围，激励和引领广大劳动者走技能成才技能报国之路。

湖南民生网 作者：曾鹤群 2023年9月29日

广 东 省

全国技能大赛今日开幕,粤家军来了!

"16岁,站在全国大赛的舞台上,代表广东比拼技能,我可以吗?"第二届全国技能大赛今日下午开幕,站在场馆入口,参加商品展示技术项目比赛的广东选手姚妮君喃喃自语。

连姚妮君自己也想不到,刚入学时许下的小梦想会这么快就实现。她紧了紧拳头,露出坚定的表情说:"加油,我可以!"

广东技能人才正在训练(通讯员供图)

广东技能人才正在训练(通讯员供图)

新时代，新技能，新梦想。大潮起珠江，追梦当先行。

近年来，广东紧紧围绕产业布局，优化技能人才结构，高质量发展技工教育，扩大技能人才有效供给，多措并举凝聚起技能人才工作的强大合力。

在工厂车间、田间地头和技术攻关一线，有千千万万劳动者凭一技之长闯出技能成才、技能报国之路，为全省经济高质量发展提供技能人才支撑。

截至目前，广东省技能人才总量达1 934万人，为推动高质量发展提供强有力人才支撑，为打造新发展格局战略支点贡献力量。

向"链"覆盖 技能"人才链"赋能"产业链"

技能人才是产业优化升级的中坚力量，而产业优化升级必然会引发对技能人才数量和结构的新需求。近年来，随着粤港澳大湾区产业升级，社会对技能人才的需求愈发旺盛。

在广东，企业已不满足在招聘会上"抢人"，不少技校毕业生在招聘会之前就已被提前预订。有的企业甚至通过校企合作、订单班等形式，提前两三年"锁定"学生。

围绕产业转型升级需求，广东打造一支知识型、技能型、创新型广东技工大军，加快培育一大批技能精湛的"南粤工匠"，为经济社会发展、粤港澳大湾区建设提供坚实的人才支撑。

瞄准20个战略性产业集群，广东建设"产教评"技能生态链，着力构筑产业人才"蓄水池"，以"人才链"赋能"产业链"，为产业链现代化释放新动能。

63条"产教评"技能生态链龙头企业、生态企业将拿出5.05万个技术技能学徒岗位，面向高等院校、职业院校、技工院校毕业年度学生开展学生学徒培养；拿出5.25万个技培生岗位，面向应往届毕业生，开展技培生多岗位多技能培养。

"学技能也一样可以拥有精彩人生。"在广东技能人才与优秀企业就业对接会上,广东省机械技师学院的学生林家喜签约了比亚迪。他出生在揭阳市揭西县一个普通家庭,通过技能求学之路闯出了一片新天地。

省人力资源社会保障厅党组书记、厅长杜敏琪介绍,广东创新"产教评"技能培养新模式,推行"岗位+培养"学徒计划,使青年能直达新兴产业岗位就业,实现人才成长与产业升级同向共进,人才与产业"双向奔赴"。

向"新"发展 新职业创造新岗位和就业机会

静谧的焊接车间里,偶尔焊枪触及焊接件发出的电流声特别清晰。广东省国防科技技师学院的黄东柏全神贯注地盯着针一样细的焊丝,双手操作着机器人手臂的操控器展现出镇定自若。"机器人焊接技术项目的比赛要求1.2毫米的焊丝,精度不能超过0.02毫米的误差。这是一个传统技能升级迭代的项目,既要求选手具备机器人组装调试的技能,又要求掌握焊接技术。"黄东柏说道。

近年来,伴随着新一轮科技革命和产业变革,新需求层出不穷,产业的动能转换、转型升级带来了分工精细化和职业的新旧更替,新职业如雨后春笋般涌现。

新职业开辟了更多就业"风口",不少岗位的人才需求量过百万,拓展出就业新空间,对产业结构转型升级和经济社会高质量发展起到积极的助推作用。

"新职业如雨后春笋般涌现,主要跟经济发展的转型升级以及人民对美好生活的向往有关。"中山大学教授、广东省政府决策咨询顾问委员会委员周永章说,从全球来看,产业数字化和数字产业化是大趋势。"这些新职业的发展和新业态的成熟,对我国经济高质量发展有极其重要的影响。"他说。

广东率先开展新职业技能人才培训评价,大力推进"一试双证",支持龙头企业牵头制定评价规范,带动符合新产业需求的人才快速增长,"广东技工"正不断展现新气象。

企业本着"谁用人谁培养、谁考核谁负责"原则,将业务和实际用人需求结合在认证中，并根据业务发展快速迭代考核内容。同时，在政府监管下，也保证了证书的含金量和权威性。

"这为人才带来实在的福利，激发大家学习技术的积极性，也有利于科技企业技能人才培养与国家战略布局互补。"华为技术有限公司人才伙伴发展部公众行业人才发展总监宫志伟说道。

"广东推动了多个新职业工种的立项、证书开发和推广，加快打造一支知识型、技能型、创新型的技能人才大军，为'双区'建设和两个合作区建设提供强有力的人才支撑。"全国普通高校毕业生就业创业指导委员会委员、广东省战略性产业人才培养与评价联盟秘书长陈玉琪说。

向"上"突破　打破技能人才晋升天花板

"这是一个让技能人才充满干劲的时代！"从触碰成长"天花板"到成为中山市首名特级技师，来自广东长虹电子有限公司的黄广鹏感慨万分。早在2016年，他便评上了高级技师。当时，年仅30岁的他已经达到了"五级制"中的最高等级。

对大部分技术工人来说，这就到了技能评价等级的尽头。如今，随着国家"新八级工"制度实施，职业发展的"天花板"被打破，黄广鹏又有了新的发展空间。

广东"新八级工"制度落地，不仅仅为技能人才提供了更广阔的发展空间，还为企业的发展带来了无限的可能。

用什么人，水平怎么样，如何评价人，企业最有发言权。2021年以来，广东省大力开展特级技师评聘试点工作，将技能人才评价自主权充分下放至企业。"特级技师的评定不仅仅考核技能人才个人，还给我们企业出了一份考卷。"广东长虹电子有限公司相关负责人说。

"'新八级工'制度的评定权力交给企业，是评价体系市场化的体现。由企业自主设计评定方案，对技能人才进行考核发证，实现'谁用人谁评价'，进一步深化人才评定'放管服'改革,让企业在赢得市场竞争优势中发挥关键作用。"省人力资源社会保障厅相关负责人说。

近年来,随着广东省大力推进"新八级工"制度落地落实,全省高技能人才活力充分释放,截至目前,全省技能人才总量达1934万人,其中高技能人才657万人,占比34%。

数说　广东技能人才

截至目前,广东技能人才总量达1934万人,其中高技能人才657万人,位居全国前列。

全省共有技工院校148所,在校生65.2万人,约占全国的1/7,面向先进制造业、战略性新兴产业、现代服务业建设283个省级重点专业和60个特色专业。广东已基本建成全国规模最大的现代技工教育体系。

第二届全国技能大赛,广东派出142名选手参加全部109个项目的角逐。广东选手年龄最小的16周岁(商品展示技术项目,出生于2006年9月),年龄最大的50周岁(烹饪中餐项目,出生于1972年9月);男选手110人(占77.5%)、女选手32人(占22.5%);职工88人(占62%,其中技工院校教师58人、职业院校教师17人、企业职工13人)、学生54人(占38%)。

《羊城晚报》记者:周聪　通讯员:粤仁宣　2023年9月16日

引导青年走技能成才技能报国之路

"期待这一天很久了!我要在 5 个小时的比赛中,发挥出所有训练成效。"站在中华人民共和国第二届职业技能大赛(下称"第二届全国技能大赛")工业机器人系统操作项目的赛场上,深圳职业技术大学教师王贤臣全神贯注投入比赛。

王贤臣的努力和期许,是全国 4 045 名技能精英的共同心声。9 月 16 日,第二届全国技能大赛在天津开幕。选手们在这个国家级舞台上同场竞赛,切磋技艺,角逐 109 个竞赛项目的荣誉。

广东有千万技能大军,总量达到 1 934 万人,其中高技能人才 657 万人。踏上技能竞赛赛场的选手,都是佼佼者和新生力量。

近年来,广东构建了以世界技能大赛为引领、全国技能大赛为龙头、全省技能大赛和行业技能竞赛为主体、企业和院校技能比赛为基础的技能竞赛体系,开辟了"以赛促培、以赛促训、以赛促建"技能人才培养模式,带动技能教育纵深发展。"有技能、好就业,长技能、就好业,高技能、就业好"的理念深入人心,越来越多的青年选择技能成才、技能报国之路。

9 月 16 日,广东选手邵俊豪在第二届全国技能大赛机器人系统集成项目比赛现场(南方日报记者 梁钜聪 摄)

搭擂台
142名选手参加第二届国赛109个项目

"广东代表团在第一届全国技能大赛取得辉煌成绩,凸显了广东竞技实力和青年技能人才的职业风采。相信我们通过不懈努力,达成夺金摘牌任务,争取更多项目进入第47届世赛国家集训队。"省人力资源社会保障厅党组书记、厅长杜敏琪说。

2020年12月,第一届全国技能大赛在广州成功举办,这是新中国成立以来举办的规格最高、项目最多、规模最大、水平最高的综合性国家职业技能赛事。

当时,广东代表团派出97名选手参加全部86个项目的比赛,共获得32金13银11铜27优胜,金牌数占全国的37%,金牌数、奖牌数及团体总分均位列全国第一,充分凸显了广东省竞技实力和青年技能人才的职业风采。

为了在第二届全国技能大赛中取得好成绩,中山市技师学院早早就进入训练周期,学校为各项目组建了由专家、教练、心理教师、赛务保障人员组成的备赛团队,制定了详细的备赛工作方案和训练计划……全力保障选手以昂扬的精神和充足的准备踏上国赛赛场。

为了备战第二届全国技能大赛,广东依托32家单位设立了109个项目的省级集训基地,组建广东省集训队。经过层层选拔和集训考核,广东派出142名选手参加全部109个项目的比赛。

作为国赛的预热和选拔,今年5月,广东省举办了第三届全省技能大赛,充分对接世赛和国赛,比赛设置的92个项目中,有63个是世赛项目,28个是国赛精选项目。据介绍,广东每年举办的全省技能大赛,涉及赛项超百个,直接带动全省每年约180万人次参加岗位练兵、技能比武,为高技能人才出彩搭建舞台。

架桥梁
"读技校同样出彩"逐步成为社会共识

"我们的选手具备冲击金牌的实力,目标是蝉联国赛冠军。"前段时间,广东省机械技师学院竞赛教练杨登辉带领参赛队员到省外进行为期半个月的拉练集训和交流学习,他对学生们充满信心。

杨登辉是广东技工院校培养出来的优秀代表,获得第44届世界技能大赛数控铣项目金牌,并当选为第十四届全国人大代表,致力于为高技能人才发声,也见证了广东职业技能教育的发展。

广东已基本建成全国规模最大的现代技工教育体系。截至目前,广东省共有148所技工院校,在校生规模达65.2万人,约占全国的1/7。26名世赛冠军、36名第一届全国技能大赛冠军选手中,92%的选手来自技工院校。

"读技校同样出彩"逐步成为社会共识。据统计,广东技工院校招生数量和在校生数量连续7年稳居全国首位,年均就业率超过98%,每年均有15%的技校毕业生入职LG、西门子、广汽集团等世界500强企业,为广东制造业当家和粤港澳大湾区经济社会发展提供了重要的技能人才支撑。

开展技能竞赛,不仅展示了技能人才培养的成效,还搭建了各地各行业各企业的交流平台,更是校企深度合作的重要契机。

在国赛和省赛,行业龙头企业深度参与竞赛,与技工院校共建实训基地,为竞赛提供技术保障,通过竞赛这个窗口打破校企之间的壁垒,构建了产教融合的人才培养体系。

"通过参加竞赛,学院提高了教育教学质量,提升了内涵建设水平,尤其是助力打造了深度产教融合。"广东省机械技师学院院长叶军峰介绍,学院目前有紧密型合作企业300多家,接下来还将打造中德西门子国际学院和华为学院,培养工业机器人应用和 5G 通信高技能人才。

2023 年 3 月以来，广东瞄准战略性产业集群发展需要，遴选了首批 63 条"产教评"技能生态链，为产业链建立从招生、培训、评价、就业到提升一体化的技能人才供应链。截至目前，3 170 家生态企业、432 家高等院校、职业院校、技工院校参与，酝酿生成产教融合"升级版"。

造平台
为企业精准输送更多"定制化"人才

"希望越来越多年轻人走技能成才、技能报国的道路，通过国赛这个舞台展现精彩人生。"钟清闲说，2020 年他以技工院校学生身份获得第一届全国技能大赛冠军，如今担任第二届全国技能大赛裁判。

获得国赛室内装饰设计项目金牌，是钟清闲人生的重大转折点。据他回忆，大赛闭幕式刚结束，他就接到了世界 500 强企业广州建筑集团有限公司打来的招聘电话，此后便顺利进入该公司，负责安全生产技术管理工作。

广东是经济大省，也是制造业大省。要实现高质量发展，人才、平台、技术、资金等要素缺一不可，具备工匠精神的劳动者是其中关键一环。

省人力资源社会保障厅有关负责人指出，组织和参与职业技能大赛，更重要的意义在于通过比赛建立最优标准、吸引最好人才，让全社会更加尊重劳动者、崇尚技能。

"不少企业在帮助合作院校建立竞赛基地的同时，也把人才选拔链条延伸到出口端，通过这个共建平台直接输送更多'定制化'人才。"广东省城市技师学院党委书记阎子刚介绍，钟清闲就是从这个通道实现就业的典型案例。学校通过优秀选手的示范效应，总体就业情况良好，去年毕业生初次就业率达到 98.85%，起薪人均超过 5 000 元 / 月。

随着广东产业转型升级加快，新技术、新业态快速涌现，传统院校人才培养需要适应产业升级发展，培养出普遍掌握新技术、新技能的青年，精准匹配并胜任新经济、新技术企业的岗位需求。

在今年5月举行的第三届技能省赛上，就涌现了新职业项目——大数据技术应用。据介绍，这个项目需要选手具备多专业学科交叉融合能力，对选手综合能力要求极高。

精彩纷呈的比赛，不仅吸引了职业院校、技工院校师生和市民前来观赛，还有企业组团观摩，他们当中有不少是奔着"挖人"来的。

"职业技能竞赛已经成为企业觅才的重要渠道。我们企业的研发工程师或产品经理岗位，有十几个人是通过各类赛场挖来的。"广东唯康教育科技股份有限公司副总经理佘季宜说，信息网络布线的几名选手给他留下了深刻印象，将是他重点考察的对象。

《南方日报》记者：杜玮淦 通讯员：粤仁宣 2023年9月17日

广西壮族自治区

竞赛引领　匠心筑梦
——第二届全国技能大赛广西代表团参赛综述

闭幕不落幕，成功更成才。

经过三天激烈紧张的比拼，中华人民共和国第二届职业技能大赛在天津圆满闭幕，这是我国规格最高、项目最多、规模最大、水平最高、影响最广的综合性国家职业技能赛事。

三天时间内，带着希望而来的两百余名广西技能精英，在天津同台比拼、技能论剑，斩获 1 枚银牌和 2 枚铜牌，1 名选手获"西部技能之星"，1 名选手获"参赛代表团最佳选手奖"，共有 15 名选手排名进入全国前五，67 个竞赛项目共 85 人荣获优胜奖，成绩取得新突破。

技能花绽放赛场

从传统的家具制作、木工、砌筑，到新兴的供应链管理、家政服务（整理收纳）、无人机装调检修，从关系民生的养老护理、美容、美发，到事关大局的网络安全、网络系统管理，此次大赛设109个比赛项目，既有覆盖百姓生活衣食住行的技能项目，又有不少"高精尖"智能制造项目。

"感谢努力的自己，付出总有回报。我要继续加油，突破自己，帮助更多的学生、老师和企业人员提高技术技能，在更高的平台取得更大的成绩，为广西培养更多高技能人才！"工业机器人系统操作（国赛）项目银牌获得者黄宇婧激动地说。

黄宇婧是南宁职业技术学院智能制造学院工业机器人团队教师，她与周文军老师搭档参加本次比赛。在比赛中，周文军老师负责硬件安装及PLC、触摸屏程序的编写，她负责数字孪生及工业机器人程序的编写。他们分工明确、各施所长，在每天长达10小时以上的训练中，不断磨合，配合越发默契，才取得了今天的成绩。

除了银牌，广西选手赵春禧、梁锦涛分别在机器人焊接技术（国赛）、砌筑（国赛）项目中获得铜牌。他们表示，和国内顶尖对手同台竞技、向同行业人才学习的机会非常难得，为自身的技能提升注入强劲的动力。

从45岁"老师傅"到17岁"小工匠"、从博士硕士到中职技校生、从企业职工到在校学生，广西参赛选手用技艺尽展劳动之美、创造之光。

获奖选手的辉煌，离不开背后默默付出的团队支持。广西充分整合资源，选择我区1所本科院校、33所职业院校、5家企业共39个单位作为参赛集训服务单位，重点承担其中74个参赛项目的集训任务，形成专项负责、分别突破的集训格局。坚持"走出去、请进来"相结合，组织集训选手到区外院校、企业交流和拉练，与区外高水平选手模

黄宇婧老师在赛场认真编写程序（自治区人力资源社会保障厅供图）

拟PK，找准差距和不足。邀请全国技能大赛裁判、历届世界技能大赛参赛选手、集训指导教练等到广西传经送宝。紧抓科学集训，组建广西集训队，制定冲刺集训方案，指导各承训单位与技术支持单位共同确定集训计划，增强训练的针对性、有效性。

据了解，本次大赛各竞赛项目获得前5名的选手（团队双人赛项前3名、三人赛项前2名），将参评"全国技术能手"称号。此外，对获得银、铜牌的我区参赛选手和专家团队，还将给予一定的资金奖励。大赛让一批批优秀技能人才脱颖而出，这无疑对我区技能人才队伍建设具有风向标意义。

民族风吹遍全国

本届大赛同期举办技能展示交流活动，广西代表团将桂林米粉、钦州坭兴陶、梧州六堡茶、横州茉莉花茶、靖西绣球、毛南族花竹帽等6个颇具特色的技能项目带上全国舞台，尽展壮乡风情，"圈粉"了来自全国各地的观众。

在广西馆的一隅，闻香而来的观众排成长队，等待品尝一碗卤香四溢的桂林米粉。坐镇"掌勺"的技能展示者龙付孙是桂林米粉制作技艺自治区级非物质文化遗产传承人。作为资深的米粉师傅，龙付孙常年在外展示交流广西传统米粉技艺。龙付孙说，近些年，他与区内的职业院校通过校企合作的模式，推动桂林米粉文化进校园，对桂林米粉制作技艺进行讲授。"只有培养出更多米粉制作技能人才，才能让桂林米粉的香味飘得更远。"

形似斗笠，花纹秀丽的毛南族花竹帽是广西馆最为吸睛的民族元素之一。环江毛南族自治县是全国唯一的毛南族自治县，花竹帽是毛南族的"族宝"，毛南族花竹帽编织技艺亦是国家级非物质文化遗产代表性项目。

"很多人对我们的花竹帽感兴趣，都想带一顶回家收藏呢。"毛南族花竹帽编织技艺代表性传承人谭汝告诉记者，不少来探馆的观众对她和同伴身着的毛南族服饰和俏丽的花竹帽表达赞叹和喜爱。"因为花竹帽不易运输,过去很少能带出去展览,现在贵南高铁开通,交通便利了,我们外出交流展示的机会也更多了,希望我以后常有机会向全国人民展示我们毛南族的传统技艺。"

"我们此次以组团参展的方式,把广西的特色技能集中展现给全国

毛南族花竹帽编织技艺代表性传承人谭汝在展示毛南族花竹帽编制技艺(自治区人力资源社会保障厅供图)

人民,通过技艺交流以及文化互鉴,促进技艺传承者的相互学习,同时也让大家更深入地了解广西。"自治区人力资源社会保障厅职业能力建设处副处长姚伦仲表示。

人才树扎根八桂

技能人才是我国人才队伍的重要组成部分,是支撑中国制造、中国创造的重要力量。如今,新一轮科技革命和产业变革加速演进,加快科技创新和高水平科技自立自强步伐,加快攻克重要领域"卡脖子"技术,迫切需要更多适应技术进步、生产方式变革和社会公共服务需要的技术型、创新型、复合型技能人才。党的二十大明确提出,加快建设国家战略人才力量,努力培养造就更多大师、战略科学家、一流科技领军人才和创新团队、青年科技人才、卓越工程师、大国工匠、高技能人才。这足以说明,培育组建一支高水平的技能人才队伍,让从竞赛涌现出的广大能工巧匠扎根八桂大地建功立业,既是时代的呼唤,更是紧迫的课题。

近年来,广西把职业技能竞赛作为促进技能人才队伍提升整体素质的"推动器",健全了以世赛为龙头、国赛为主体、区赛为基础的职业技能竞赛体系。先后出台《开展"技能广西行动"加强新时代技能人才队伍建设实施方案》《关于进一

步加强新时代高技能人才队伍建设的若干措施》等文件，充分释放政策的"源头活水"，夯实教育培训、校企合作、评价晋升、激励保障等关键体制机制，推动技能竞赛成果转化，为广大能工巧匠厚植了成长的沃土，开辟了干事的天地。据悉，今年1—9月，全区开展补贴性职业技能培训20.08万人次，截至今年9月底，我区技能人才达到814.70万人，其中高技能人才179.64万人。

"我们将以参加本次大赛为契机，大力实施技能竞赛引领计划，充分发挥技能竞赛在促进技能人才培养、促进劳动者高质量就业等方面的重要作用，加快高技能人才队伍建设，打造'广西技工'亮丽品牌，营造'劳动光荣、技能宝贵、创造伟大'的时代风尚，为全区经济社会高质量发展提供高质量人才支撑。"自治区人力资源社会保障厅相关负责人说。

广西日报·广西云客户端 通讯员：杨槠 2023年10月17日

海 南 省

工匠成长进行时

"9月16日，倒计时……"

8月30日，刘雅翻看着日历，计算着距离第二届全国技能大赛的时间。前不久，她在第二届海南自贸港技能大赛中，夺得数字建造项目第一名。省赛夺冠后，她正在全力备战国赛。

目前，在海南各行业像刘雅一样的技能人才总量已达68.9万人，其中高技能人才9.6万人。

不过，这个数量与海南自贸港高质量发展的任务要求相比，储备并不算太高，结构比例也有待优化。海南亟须打造一支规模宏大、与产业发展相匹配、掌握新技术新技能的"新工匠"队伍。对此，海南紧锣密鼓地展开了部署，从今年初省政府工作报告提出实施"技能自贸港"行动，到8月1日出台实施《"技能自贸港"三年行动方案（2023—2025年）》（以下简称《行动方案》），提出3年内新增技能人才15万人以上，海南正在用行动化解自贸港建设蓬勃兴起与技能人才短缺之间的矛盾。

如何让更多技能人才脱颖而出？"技能自贸港"行动开始破题，构建符合自贸港建设需求的技能生态，成为接下来的考卷。

产业链上聚人才
坚持"引育留用"并举，产业发展与人才成长相得益彰

在第二届海南自贸港技能大赛中，脱颖而出的技能人才不止刘雅。海南技师学院教师赵亚迪获得人工智能赛项第一名。"很多人工智能的应用场景，需要人工智能训练师对其进行训练。"她将备赛与教学相结合，培养了一批人工智能方向的技能人才，冯锦便是其中之一。

今年7月，冯锦从海南技师学院毕业后，从事智能网联工作。"海南自贸港建设为智能网联等新兴产业，拓宽了潜力巨大的发展空间。"对个人职业，他有着明晰的规划，"我要在工作中不断积累经验、提升技能，为今后在海南创业打好基础。"

刘雅、赵亚迪、冯锦等技能人才背后，是海南茁壮成长的数字经济。2022年，我省数字经济核心产业实现营收1 279.6亿元，同比增长5.55%，对高新技术产业贡献率达47%。

2019年以来，我省连续举办综合性的职业技能大赛，带动院校师生、各行业从业人员近3万人参赛，培养选拔技能人才6 600余人，其中高技能人才4 000余人。全省企业岗位"练兵"、院校技术"比武"蔚然成风，呈现以赛促训、以赛促学、以赛促建的局面。

除了持续举办技能大赛，我省着力培养产业生态，多举措推进"产学研用"深度融合。

我省聚焦旅游业、现代服务业、高新技术产业和热带特色高效农业四大主导产业，围绕国家急需、海南所长培育发展南繁、深海、航天三个未来产业，现代产业体系初步形成。这既催生出大量岗位需求，也为技能人才构筑起施展才能的宽广舞台。

为帮助技能人才快速成长，我省通过校企对接，让更多技能人才在实践中磨砺技能。

"我们已从中美洲、南美洲、东南亚等地引进热带特色水果500余种，其中350多个特色品种已成功选育，50个优选品种开始产业化推广。"琼海市"世界热带水果之窗"专家服务基地负责人、海南自贸港高层次人才王俏介绍，基地联合多所高校建立世界热带水果研究院，让热带特色高效农业与专业人才精准对接，并带动一批技能人才快速成长。

8月11日，海南国际商业航天发射有限公司人力资源部与西北工业大学学生职业发展指导服务中心在文昌市签约。该公司依托重点高校引进高端人才的同时，促进在职员工继续教育，进一步提升技能人才能力。

为引进和打造金字塔式的人才梯队，海南省人力资源开发局与省外70家院校共建引才工作站。这些院校中，既有国家"双一流""985工程""211工程"建设重点高校，也有省级高校和职业技术学校。

在今年举办的海南"百场万岗"校招活动中，电子科技大学计算机专业博士王轩瀚等高端人才与海南相关研发机构达成就业意向。我省还在海口、三亚等省内市县以及贵州、甘肃、湖北等省份多所职业学校开展"招工留才"活动。

产业发展与人才成长相得益彰，成为我省引才、育才、留才、用才的突出特征。省人力资源开发局（省就业局）局长赵微表示，海南坚持"引育留用"并举，通过畅通体制机制，持续优化人才服务，为各类人才提供开放、包容、多元的人文环境和干事创业的宽广平台。

评价体系重人才
营造对技能人才"高看一眼、厚爱三分"的社会生态

下班后，同事们都已回家，国投裕廊洋浦港口有限公司设备保障部高级修理工

罗健仍待在车间里。他把耳朵贴近设备，仔细辨听机器内部的声音。这已经成了他的习惯。

"不止一次，我从细微的声音中听出杂音，第一时间排除了故障。"罗健接受《海南日报》记者采访时透露，这是长期检修中练出来的功夫。

多年前从四川来到洋浦港时，罗健还只是一名装卸工。利用业余时间，他努力钻研电工与电子技术、电气控制技术，曾夺得公司设备保障部电气维保人员技能比武一等奖，更是在无数次检修中解决了多个技术难题，并毫无保留地指导培养了一批徒弟。由于工作成绩突出，他荣膺全国五一劳动奖章，公司还专门成立了"罗健工作室"。近3年来，他带领团队做好设备维保，推动37个项目落地实施，为公司直接节约资金逾300万元。

从罗健的例子来看，成为独当一面的技能人才，除了个人努力，也离不开企业给力、社会助力。怎样让更多像罗健一样的技能人才有荣誉感、归属感、获得感？《行动方案》以一系列举措给出答案——

首先是加快完善技能人才培养体系。根据《行动方案》，海南将发挥行业企业培养技能人才的主体作用；强化职业学校培养技能人才的基础作用；建立健全校企合作机制；加大急需紧缺高技能人才培养力度；加强技能领域基础能力建设。

其次是不断深化技能人才评价制度改革。根据《行动方案》，对2023年度及以后毕业的技工院校学制教育预备技师（技师）班毕业生，参照大学本科毕业生标准给予住房租赁补贴和购房补贴。同时，

海南金盘智能科技股份有限公司，技术工人在装配车间作业（本报记者 袁琛 摄）

海南将提高高技能人才在各级各类表彰和荣誉评选中的名额分配比例，适当调整奖励人数和标准，推荐高技能人才享受政府特殊津贴，优先推荐参加五一劳动奖章等荣誉评选等。计划到2025年，我省新增不少于100名获得省部级及以上奖励的高技能人才。

再次是为优秀技能人才提供刚性的组织保障。《行动方案》注重从技能人才中培养选拔党政领导干部，实行高技能领军人才在工会等群团组织中挂职或兼职制度，明确县级以上工会组织领导班子中，至少有1名高技能人才挂职或兼职。党代表、人大代表、政协委员、群团组织代表大会代表和委员会委员，以及省委联系服务专家中，应有一定数量的高技能人才。

"技能自贸港"行动是自贸港建设的坚实底座。省人力资源社会保障厅有关负责人表示，让技能人才有职有位，彰显出我省对技能人才的重视和尊崇，将营造出对技能人才"高看一眼、厚爱三分"的社会生态。

凝神聚力育人才
大力弘扬工匠精神，厚植干事创业的文化土壤

在国家能源集团乐东发电有限公司海水淡化制水车间，"国产化四足机器狗智能巡视系统"一投入使用就显得风头无两——每天24小时巡检，能完成200多项工作，效率远超人力巡检。

作为机器狗智能AI巡视技术研发人员之一，林师师回忆道，研发历经1年，尤其是2021年疫情防控期间，正值攻关阶段，参与的研发人员克服一切困难，经过长达半年时间的组装、调试，并在不同应用场景中反复验证，才于2022年10月将机器狗投入使用。"尽管机器狗在使用中效果不错，但我们还要不断改进优化。"他说。

"不断改进优化"，是很多技能人才永不满足、精益求精的共同追求。

"深海勇士"号总装过程中，水平尾翼轴承基座由于焊接变形，安装后转轴无法旋转。曾被人力资源社会保障部授予"中华技能大奖"称号的中国科学院深海科学与工程研究所钳工周皓，连续工作4个昼夜，通过各种办法精心调整，成功化解难题，助力我国首艘国产载人潜水器顺利下水。

新技术、新设备的落地，离不开技能人才主观能动性的发挥，也离不开技能文化生态的培育。海南正从弘扬工匠精神、讲好优秀技能人才故事等方面展开探索。

"在制造业领域，尽管工业机器人应用日趋广泛，但某些特种行业的特殊场景，仍然离不开人工作业，这对产业工人技术水平和心理素质要求极高。"致力于研究和推广机器人焊接技术的海南省技师学院教师吴鹂分析道，在"技能自贸港"行动中，机器人作业抑或人工作业，都需要弘扬执着专注、精益求精、一丝不苟、追求卓越的工匠精神。据了解，省人力资源社会保障厅计划在全省建设100家左右省级技能大师工作室。这对弘扬工匠精神，将起到言传身教的示范作用。

不仅是弘扬精神，海南还将进一步塑造技能人才形象。《行动方案》提出，要大力宣传技能人才在海南自由贸易港建设中的作用和贡献，塑造高品质的"南海工匠"形象。省人力资源社会保障厅将组织实施"海南省优秀高技能人才奖"评选活动，从这些技能人才以及"南海工匠"育才计划中，重点推荐申报国务院政府特殊津贴和参评"中华技能大奖""全国技术能手"等国家级荣誉候选人。讲好这些优秀技能人才的成长成才故事，有利于发挥文化育人、匠心致远的效应。

同时，《行动方案》提出，实施"南海新星"技能人才平台项目，支持技能人才参与技术推广、专利申请、标准制定、传技带徒以及承担企业技能人才培养任务；鼓励企业根据需要，建立高技能领军人才"揭榜领题"以及参与重大生产决策、重大技术革新和技术攻关项目的制度。这有助于继续发扬"敢闯敢试、敢为人先、埋头苦干"的"特区精神"，营造敢想、敢干、敢担当的工作氛围，厚植干事创业的文化土壤，为技能人才搭建创新发展平台。

把政策用好，把舞台搭好，把环境建好，自贸港建设必将吸引更多能工巧匠。正如海南自由贸易港人才发展研究院院长李世杰指出："用才之道，机制为王；留才策略，事业为上。"

《海南日报》记者：易宗平 2023 年 8 月 31 日

以赛为媒共促产业蓬勃

9月20日18时许,海口美兰国际机场T2航站楼旅客到达厅出口处,我省人力资源社会保障、教育等相关部门负责人专程在此为载誉归来的国赛参赛选手送上鲜花。

这里的"国赛",指的是9月16日至19日在天津举办的第二届全国技能大赛。在本届大赛中,海南代表团选手斩获1个项目(共1人)的金牌,2个项目(共3人)的银牌,2个项目(共3人)的铜牌。其中,选手陈印霁成为海南首位全国技能大赛冠军,实现了海南在全国技能大赛历史上金牌"零"的突破。

一位位选手、一枚枚奖牌、一束束鲜花交相辉映,这背后又有怎样的"产业生态"?

技能大赛
与产业"同频共振"

怎样让技能大赛贴近实际,真正与产业"同频共振"?

从职业分类看,新技术新工种层出不穷。

《中华人民共和国职业分类大典(2022年版)》表明,目前职业数达1 639个,包括人工智能、物联网、大数据、云计算、工业互联网、区块链、集成电路、增材制造、数据安全工程技术人员等新业态。

从赛项设置看,技能大赛贴近生产实际。

第二届全国技能大赛共设109个竞赛项目,其中62个世赛选拔项目、47个国赛精选项目。这些竞赛项目全部服务于实体经济，涵盖制造业、信息技术、交通运输、建筑业、服务业、采矿业等15个国民经济行业门类。

从参赛项目看，海南奖项契合新业态。

海南代表团选手赢得的奖牌，全部属于新业态：选手陈印霁在区块链应用操作项目中获得金牌；选手胡新慧、汪丽在工业互联网工程技术项目中获得银牌，选手林赞步在塑料模具工程项目中获得银牌；选手符宇在网络系统管理项目中获得铜牌，选手王扬秀、陈道俊在机电一体化项目中获得铜牌。

"尽管此次在国赛中获得金牌，但我接下来仍要认真总结、弥补不足。"陈印霁认为，技能提升没有止境，他将继续努力，让区块链应用操作技术推动产业发展。

厚积"勃发"
技能竞赛体系发力

缘何海南选手能在第二届全国技能大赛中取得突破性成绩？

"这在于我省逐步构建起以世界技能大赛为引领、全国技能大赛为龙头、省级技能大赛为主体、各行业企业和市县竞赛为基础的职业技能竞赛体系。"省人力资源开发局（省就业局）局长赵微说，持续举办的省内技能大赛也为国赛蓄积了强大力量。

2019年以来，我省连续举办综合性的各类职业技能大赛，带动院校师生、行业从业人员近3万人参赛，培养选拔技能人才6 600余人、高技能人才4 000余人。这些人才在为所在行业树立榜样的同时发挥着"传帮带"作用，带动培养了更多技能人才。如今，全省企业岗位"练兵"、院校技术"比武"蔚然成风。

省内技能大赛也形成了以赛促训、以赛促学、以赛促建的局面。

根据《海南自由贸易港第二届职业技能大赛暨第二届全国技能大赛海南省选拔赛实施方案》，大赛聚焦我省主导产业，涵盖47个竞赛项目，涉及生产制造、现代服务、信息网络等众多行业领域，选拔出了参加全国赛的一批"好苗子"。

《"技能自贸港"三年行动方案（2023—2025年）》还提出：实施"南海新星"技能人才平台项目，支持技能人才参与技术推广、专利申请、标准制定、传技带徒以及承担企业技能人才培养任务；鼓励企业根据需要，建立高技能领军人才"揭榜领题"以及参与重大生产决策、重大技术革新和技术攻关项目的制度。

省人力资源社会保障厅有关负责人表示，这些举措与技能大赛相结合，有助于弘扬"执着专注、精益求精、一丝不苟、追求卓越"的工匠精神，继续发扬"埋头苦干、敢闯敢试、敢为人先"的特区精神，为技能人才搭建创新发展平台。

"产学研用"融合
激活技能大赛原动力

一名装卸工如何成为技能人才？参加技能竞赛是有效路径。

从四川来到洋浦港务工的罗健，曾夺得所在公司设备保障部电气维保人员技能竞赛一等奖，成为技术能手。他在无数次检修中解决了多个技术难题，为公司直接节约资金逾300万元。

怎样让更多罗健式的技能人才涌现出来？通过注重构建技能竞赛体系，海南正助力大量技能人才脱颖而出，这也基于"产学研用"深度融合的引擎效应。

在赛项设置上，产业布局提供了指南和支撑。我省聚焦旅游业、现代服务业、高新技术产业和热带特色高效农业四大主导产业，围绕国家急需、海南所长培育发展南繁、深海、航天三个未来产业，现代产业体系初步形成。这为技能大赛项目设置和技能人才成长构筑起宽广舞台。

在校企对接上，我省也助力科研成果转化和技能人才教育。8月10日至11日，全国18个省份的54所高校就业工作相关负责人，参观了我省多个重点园区。其中，西北工业大学学生职业发展指导服务中心与海南国际商业航天发射有限公司人力资源部有关负责人在文昌市现场签约，致力于推进"产学研用"一体化。此外，海南众多企业在依托重点高校引进高端人才的同时，促进在职员工继续教育，进一步提升技能人才工作能力和参赛实力。

在推广应用上，各类技能竞赛选拔和培养实用人才。以第二届全国技能大赛为例，获得优胜奖的海南代表团选手不乏参与油气开发等重大国家战略项目的一线员工。

"技"高一筹，赋"能"未来。省人力资源社会保障厅有关负责人表示，在不断完善技能竞赛体系和持续选拔培养技能人才同时，将为广大技能人才提供更加开放、包容、多元的人文环境和干事创业的宽广平台。

《海南日报》记者：易宗平 2023 年 9 月 22 日

重 庆 市

透过技能比拼看以产促技、以技反哺，重庆技能人才与"重庆制造"共同成长
——第二届全国技能大赛之赛场深观察

9月18日下午，第二届全国技能大赛赛程接近尾声。重庆技能人才在大赛舞台上拼技能、比脑力、秀创意、展绝技，呈现向新、向前、向好、向上的蓬勃气象。尤其是擅长新技术的"巴渝智匠"，用手中的操纵杆、电子屏、编程器等不断突破技术技能的边界，在云端施展天马行空的创意，刷新大众对传统技能人才的认知。

由一场大赛延伸以产促技、以技反哺的深入思考，近年来随着数字重庆建设号角吹响，重庆选手的技能水平也向新而行、水涨船高。在本次大赛展现的高超技能实力背

重庆选手角逐移动机器人赛项（市人力资源社会保障局供图）

后，是新重庆经济高质量发展、"33618"现代制造业集群体系的不断完善，也是技能人才与"重庆制造"共同成长的最好诠释。

以产促技
产业底气提升技能实力

在数字建造项目比赛现场，紧凑、清脆的键盘和鼠标敲击声此起彼伏，重庆选手黎思吟全力比拼指尖"加速度"，把建筑工地"搬进"计算机，创建地形、墙体、渲染图片，紧接着一座"高楼"拔地而起，再不停翻转、缩放打磨结构与细节……当完成所有操作按下提交按钮，黎思吟长舒一口气，为首次征战全国技能大赛交上了一份没有遗憾的答卷。

目光接着投向新能源汽车智能化技术项目，重庆的新能源汽车迎来高光时刻，作为本次的比赛用车，凭借高颜值、高性能、高智能火速"出圈"，展现重庆智能网联新能源汽车产业发展成果。

赛场风采折射重庆现代制造业的前进步伐，今年6月，重庆市推动制造业高质量发展大会召开，提出着力打造"33618"现代制造业集群体系，全力打造国家重要先进制造业中心。"因为有强大的先进制造业支持，重庆技能选手也从'巴渝工匠'蜕变为'巴渝智匠'，加上科学的训练和高水平的专家赋能，团队整体实力大幅提升。"重庆代表团相关负责人说。

以技反哺
专业之变扮靓产业图景

来自重庆工程职业技术学院的教师赵杰参加人工智能工程技术项目，"始料未及"是此次参赛的最大挑战。临近比赛前两周拿到样题和考纲，结果跟原本的备赛方向有80%出入，而赛场上的考题又跟样题有80%出入。"只有与时俱进、练就过硬本领，才能以不变应万变。"此次参赛经验也触动赵杰更加注重提升学生的综合能力，让专业建设与"33618"现代制造业集群体系联系得更加紧密。

刘志赞也是此次参赛的教师代表，作为重庆电子技师学院教师参加网络安全项目，透过这次大赛的锻炼，他意识到日常教学要更加注重理论与实践结合，有利于学生快速上岗适应企业发展。

从技能大赛看数字重庆，本次大赛反映重庆技工教育在产业图景下的"专业"之变。在重庆 50 所技工院校中，目前共有 27 个专业、109 个专业点服务于"33618"现代制造业集群体系建设。全市共有 68 万数字技能人才活跃在智能网联新能源汽车、新一代电子信息制造业等重点产业集群，为重庆打造"智造重镇"、建设"智慧名城"提供坚强的技能人才保障和要素支持。

《重庆日报》作者：王小寒、阳丽 2023 年 9 月 19 日

推动竞赛金牌变技能品牌、产业名牌

9月19日,中华人民共和国第二届职业技能大赛(以下简称"第二届全国技能大赛")闭幕式在天津市奥林匹克中心体育馆举行。闭幕式围绕《匠心》《筑梦》《技艺》《未来》四个篇章进行了现场技能展演,嘉宾为本届大赛109个项目获奖选手颁奖。

在为期4天的赛程中,重庆代表团共派出135名选手参加103个项目比赛,比技术、比状态、比精神,最终获得5金2银4铜67优胜,参赛项目获奖率达76.7%,金牌总数位居西部第一。同时,糖艺/西点制作项目选手刘迪木获"西部技能之星",电子技术(国赛)项目选手王松获最佳选手奖,重庆代表团获优秀组织奖,充分展示了重庆技能人才队伍建设成果和技能竞赛水平,重庆特色、重庆精彩闪耀大赛舞台,重庆代表团"技"决高下、得胜归来!

第二届全国技能大赛重庆代表团载誉归来(市人力资源社会保障局供图)

"赛"技能实力
金牌总数位列西部第一大放异彩

第一届全国技能大赛于2020年12月在广东省举行，重庆代表团参加了全部86个项目，斩获4金4银4铜41优胜，成绩位居全国第一方阵。相比于第一届全国技能大赛，本次大赛重庆代表团斩获5金2银4铜67优胜，总体成绩位居西部第一。

5个金牌项目选手分别是光电技术项目选手商峻宁，网络安全项目选手刘志赞、税一卫，美容项目选手覃慧，抹灰与隔墙系统项目选手熊首钰，室内装饰设计（国赛）项目选手王崇杨；2个银牌项目选手分别是美发项目选手田飞鸿，焊接（国赛）项目选手陈国华；4个铜牌项目选手分别是社会体育指导（健身）（国赛）项目选手王鹏，电子技术项目选手朱政霜，工业设计技术项目选手卢可欣，管道与制暖项目选手吕浪。另外有67个项目获得优胜奖，糖艺/西点制作项目选手刘迪木获得"西部技能之星"，电子技术（国赛）项目选手王松获得最佳选手奖，重庆代表团荣获优秀组织奖。

回顾整个参赛历程，我市从技术打磨到心理训练，从规则学习到装备适应，在备赛的方方面面做好每一个细节，开展高水平选拔、高质量集训，建设了市级竞赛集训选拔基地共144个，组建专家组64个，从1 600余人中层层选拔出135名参赛选手……一枚枚奖牌，凝聚了无数人的托举和付出，让技能成才的道路越走越宽广。

"迎"队伍返渝
发挥引领作用重整行装再出发

"欢迎回来，辛苦了！"9月20日下午，市人力资源社会保障局党组书记、局长黎勇，市人力资源社会保障局党组成员、副局长苏静热烈欢迎从第二届全国技能大赛凯旋的重庆代表团，并为他们送上鲜花和慰问。苏静主持欢迎仪式，选手代表、专家代表、基地负责人代表分别对大赛进行总结发言。

"你们用技工实力、技能担当、技艺超群，致敬日夜鏖战的无悔青春，诠释奋发有为的精神风貌，为全市广大技能劳动者、广大技工院校师生带来了巨大鼓舞，进一步弘扬了劳动光荣、技能宝贵、创造伟大的时代风尚，必将推动全市技能人才队伍建设取得新的更大发展！"欢迎仪式上，黎勇向重庆技能健儿们表示祝贺。他希望各位技能健将戒骄戒躁，再接再厉，在成绩和荣誉中进一步坚定前行的方向、激发奋进的力量，把参赛的好经验、好作风融入今后的学习和工作中，早日从"技能明星"成长为技能大师、大国工匠，同时影响带动更多青年坚定技能成才、技能报国之路，努力取得更加优异的成绩。

针对后续工作，黎勇强调，我市将从政策、平台、项目、资金等方面加大技能人才的支持培养力度，深入实施"巴渝工匠"行动计划，加快建设"智能+技能"数字技能人才培养试验区，着力建好高技能人才培训基地、技能大师工作室，大力培养更多的重庆技能大师、全市技术能手和青年技能之星，推动竞赛的金牌变为技能的品牌、产业的名牌，携手为社会主义现代化新重庆建设做出新的更大贡献。

"瞰"重庆全貌
全市技能人才总数已达到 520 万人

一场技能之巅的较量，一次书写光荣的比拼。重庆技能之精彩，根植于不断挑战高度的精神，不断磨炼技艺的追求。截至目前，全市技能人才已达到 520 万人，其中高技能人才 163 万人，占技能人才总量的 31.35%，处于西部领先。

在本届大赛重庆取得的 5 块金牌中，光电技术和网络安全 2 块金牌属于数字技术技能类赛项，数字技能人才作为技能新星冉冉升起，全市数字技能人才总量已达到 68 万人。

自 2021 年 11 月 18 日全国首个"智能+技能"数字技能人才培养试验区花落重庆，一年多时间里，我市从先行先试走向先行示范，按照"一城、双核、三区、多点"的雁阵布局，打造高技能人才国际合作先导区、"巴蜀工匠"协同培养融合区、"巴渝工匠"创新发展集聚区等，全面对接"33618"现代制造业集群体系，建立数字领域技能大师工作室 18 个、高技能人才培训基地 20 个，吸引百度、华为等头部企业签约落地项目 152 个，通过数字赋能促进更多"技工"变"技师"、"工匠"变"智匠"，为数字重庆、数字中国建设提供强大的数字技能人才支撑。

《重庆日报》作者：王小寒、阳丽 2023 年 9 月 21 日

四川省

厚植人才成长沃土　锻造技能人才大军
——四川代表团征战中华人民共和国第二届职业技能大赛

　　苴却石雕、三星堆文物修复技能展示、机器人作业和美业美甲互动……中华人民共和国第二届职业技能大赛于9月16日在天津正式拉开帷幕。四川省来自各行各业的142名技能人才大展拳脚，秀出传统与创新结合的独家技艺、与时俱进的数字技术、让人应接不暇的绝活表演，并与现场观众近距离互动，以赛展演会相结合

的方式呈现，注重科技感、互动性和观赏性，彰显四川省高度重视技能人才队伍建设工作和全力打造"川字号"职业技能评价品牌、"四川技能大赛"竞赛品牌的决心。

关山初度尘未洗　策马扬鞭再奋蹄

中共中央政治局常委、国务院总理李强近日对做好技能人才工作作出重要批示。批示指出：技能人才是实施人才强国战略、就业优先战略和创新驱动发展战略的宝贵资源。举办全国职业技能大赛，为广大技能人才搭建展示技能、切磋技艺的平台，有利于促进形成技能就业、技能成才、技能报国的时代新风。

国务委员谌贻琴出席开幕式宣布开幕，并调研技能人才工作。她强调，要深入贯彻习近平总书记关于技能人才工作的重要指示批示精神，落实党中央、国务院决策部署，大力加强技能人才队伍建设，为推动高质量发展和全面建设社会主义现代化国家强化技能人才支撑。

四川省高度重视本届大赛，精心筹划、严密组织，共派出142名选手、109名裁判，参加全部109个赛项的比赛，于9月13日抵达天津，全面开启国赛征战之旅。

赛前，召开了中华人民共和国第二届职业技能大赛四川代表团赛前动员会，四川省人民政府副省长田庆盈通过带队领导转达对四川代表团的关心，并预祝大家取得好成绩。会议指出，四川代表团每位选手都经过层层选拔和激烈角逐，从众多优秀技能人才中脱颖而出，是四川省青年技能技术人才的卓越代表；每一位裁判都参与过国家级或行业（省级）职业技能竞赛执裁或其他技术工作，是经过人力资源社会保障部审核通过的四川行业领军人物。希望选手、裁判珍惜机会、展现风采，熟练掌握技术标准、把握比赛节奏、注重参赛细节，以饱满的精神状态投入大赛中去。

赛前看望鼓士气　亲切慰问暖人心

好风凭借力，送我上青云。海河之邀、又踏层峰望眼开，渤海之畔，领导送温暖、送关怀、送祝福，选手展风采。9月15日晚，省人力资源社会保障厅党组书记、厅长胡斌乘飞机抵达天津后即赶赴四川代表团下榻酒店，看望参赛选手、裁判员代表，并向他们致以亲切的慰问。

胡斌来到选手、裁判员房间，看望了正在研究比赛方案的选手及裁判员代表，详细了解他们训练备战和日常生活情况，并与选手、裁判员们亲切交谈，叮嘱他们调整好比赛状态，注意身体健康，以最饱满的精神和最佳的技能状态赛出水平、赛出风格、赛出成绩，展现四川代表团良好风貌，为四川省争光。要求相关负责人全力以赴完成好各项工作任务，为比赛提供有力的后勤保障，为参赛选手、裁判员提供一个舒适、安全的比赛环境，确保选手发挥出最好的技能水平。

选手、裁判员们备受鼓舞，大家纷纷表示将发扬川军坚韧不拔、勇往直前的拼搏精神，在赛场上展现四川技能健儿风采，将四川工匠的姓名镌刻在国家级赛场上。

百舸争流千帆竞　奋楫前行勇者先

9月16日下午，胡斌在参加第二届全国技能大赛开幕式后，率队来到大赛技能交流展示厅的四川展馆，现场参观了阿坝州唐卡羌绣、苴却石雕、三星堆文物修复和美业美甲等技能展示交流项目，以及高精密制造、麦秆画和川剧"变脸"等"最受欢迎的十大绝技"展演入围项目。胡斌在苴却石雕项目前驻足停留，了解苴却石雕文化，对技能大师展现的精湛技艺给予高度肯定和充分赞扬。胡斌指出，苴却砚色泽鲜艳、质地细腻，雕刻技艺精湛，具有浓郁的地域特色，勉励雕刻技能大师要秉持传承、不断创新，将苴却石雕技艺发扬光大，致力打造成四川省又一个技能品牌。

随后，胡斌一行来到比赛赛场，先后参观了飞机维修、轨道交通技术、制造团队挑战赛、工业互联网工程技术和美发等竞赛项目，与有关专家亲切交谈，胡斌表示省人力资源社会保障厅将坚持贯彻落实党中央、国务院和省委、省政府关于加强新时代高技能人才队伍建设的指示要求，强力助推四川产业经济发展。

百舸争流，奋楫者先。中华人民共和国第二届职业技能大赛四川技能健儿以昂扬的斗志、崭新的精神风貌、良好的竞技状态，坚定信心，沉着应战，全力以赴，奋勇争先，用汗水和专注诠释工匠精神，充分展示四川代表团风采，为四川添彩、为祖国争光，东方风来满眼春，宏图绘就号角响。四川技能人才攻坚克难，为筑梦护航，四川人社系统将着力打造技能人才培育高地，为推动新时代治蜀兴川再上新台阶，奋力谱写中国式现代化四川新篇章提供坚强有力的技能人才保障！

四川观察 2023 年 9 月 18 日

贵 州 省

匠心铸就梦想 技能点亮未来——贵州代表团参加第二届全国技能大赛侧记

9月16日至19日,中华人民共和国第二届职业技能大赛(简称"第二届全国技能大赛")在天津举行。贵州代表团参赛选手共摘得3枚银牌、3枚铜牌和32个优胜奖。同时,7名参赛选手入选第47届世界技能大赛中国集训队,2名选手分别获得"西部技能之星"和"参赛队最佳"称号,贵州代表团获得"突出贡献奖"。

贵州代表团部分人员合影

重视培养技能人才

"这次比赛是近年来我省职业技能工作成效的一次集中展示，我们要激励更多劳动者特别是青年人走技能就业、技能成才、技能报国之路，培养更多高素质技术技能人才、能工巧匠，为促进就业创业和经济高质量发展提供有力技能人才支撑。"贵州代表团出征前夕，省人力资源社会保障厅相关负责人道出贵州代表团参加第二届全国技能大赛的意义。

比赛中，贵州代表团参加了全部109个项目的比赛，是参与全部比赛项目的12个省代表团之一，而参赛的142名选手，是贵州通过开展职业技能竞赛层层选拔考核出来的。

举办职业技能竞赛是推进技能人才工作的重要抓手，是带动劳动者技能成才、技能报国的重要举措。

近年来，贵州积极构建"规范统一、层次分明、富有特色"的职业技能竞赛体系，广泛持久开展职业技能竞赛活动，以职业技能竞赛为引领助推技能人才进步发展。

据了解，贵州将职业技能竞赛工作纳入省"十四五"就业创业规划，相继出台《贵州省职业技能竞赛管理办法（试行）》《贵州省职业技能竞赛集训基地认定管理办法（试行）》等政策制度，并将职业技能竞赛纳入省级财政预算，加大全省职业技能竞赛经费投入，"十四五"期间每年投入不少于5 000万元支持全省职业技能大赛活动。

与搭档冯茂涛一起获得第二届全国技能大赛混凝土建筑项目银牌

冯茂涛（左一）罗丁义（左二）

的选手罗丁义，2018年8月到贵州交通技师学院就读道路与桥梁工程施工专业。在校期间，她被学院积极组织和参加技能竞赛的浓厚氛围感染，心中萌生参加技能比赛的念头。一路走来，罗丁义在学校、老师和教练的关心和指导下，专业技能突飞猛进，在混凝土建筑行业练就过硬本领，并通过比赛证明了自己。

技能舞台绽放风采

"获得室内装饰设计项目银牌的是——贵州的詹长顺！"9月19日晚，第二届全国技能大赛闭幕式上，贵州代表团为获奖选手热烈欢呼。

台上一分钟，台下十年功。詹长顺是贵州交通技师学院的一名老师，从业8年来，他参加过多场比赛，这次再一次凭实力拿到国赛资格，詹长顺格外珍惜机会，想拿出自己最好的状态弥补之前的遗憾。所以在两年的备赛时间里，尽管自己比赛过程比较熟悉，但为了模拟赛场上可能会出现的突发情况，詹长顺在训练中总是提前完成任务，经常给自己出各种各样的难题，然后再逐个击破。

第二届全国技能大赛是一场盛大的聚会，搭建起展示技能、切磋技艺的平台。赛场上，贵州代表团选手争分夺秒、挥汗如雨，一幕幕场景让人振奋、令人难忘。

"在车上、酒店里甚至吃饭的时候，我都会去想制作过程中有哪些东西要注意，然后拿本子记下来，把整个制作过程在大脑中过了一遍又一遍。"比赛前，家具制作项目参赛选手黄文良认真备赛，就是为了在赛场上能稳定发挥。然而在正式比赛中，刚开始就出现了一个小误差，但他顶压前行，凭着自己经常画图纸的经验迅速扭转状况，快速进入正确赛道，在紧急的时间里奋力追赶，最终顺利完成制作任务，获得家具制作项目银牌。

来自凤冈县融媒体中心的冉琼这次获得茶艺项目铜牌。"通过备赛参赛，让我的技能得到很大提升，我希望通过全国技能大赛这个舞台，将贵州茶进一步推广出去。"冉琼说。

詹长顺（左一）

黄文良（左一）

比赛中，贵州代表团参赛选手沉着冷静、努力拼搏，赛出团结、赛出风格、赛出水平，展示了贵州技能风采。

传承发扬工匠精神

这是技能点亮梦想、技能成才的最好时代。

第二届全国技能大赛烘焙项目贵州参赛选手杨鸢飞除了完成传统的面包制作外，还将贵州特色带到了赛场上，他用贵州刺梨融入面包中，并精心布置出甲秀楼的图案，他的作品里还充满了贵州苗绣的元素。"我带着学习的心态来参赛，把所有选手的作品拍照保存，打算回去认真总结，激励自己不断进步。"

移动机器人项目比赛持续时间较长，参赛选手和裁判员们坚持到最后一刻，经过几天紧张而又激烈的角逐，来自贵州交通职业技术学院的刘裕学和王财维斩获铜牌。

今年54岁的潘帮贤参加的是珠宝加工项目比赛，他是黔东南民族职业技术学院的一名老师，也是

刘裕学（右）和王财维（左）

贵州代表团参赛选手中年龄最大的一位，他积极发挥特长，不仅为个人而赛，而且更是为了学校的学生能够学到最先进、最优质的珠宝加工知识而努力。

第二届全国技能大赛是裁判员刘刚和参赛选手周文第二次参加国赛，与上一届国赛不同，这次赛项增加了全新模块，难度也有所提升。为应对赛项新变化，刘刚和周文除了基础培训之外，积极与其他省市代表队沟通交流，取长补短，及时发现问题、解决问题，提升思维方式和专业技能。通过努力，周文获得网络系统管理项目铜牌。

闭幕并非终章，技能永不散场。第二届全国技能大赛所传递的执着专注、精益求精、一丝不苟、追求卓越的工匠精神，将激励贵州广大劳动者争做技能人才和大国工匠。

贵州日报·天眼新闻 记者：韦倩 2023年9月26日

云 南 省

我省以赛培优建设高技能人才队伍

近年来,我省深入贯彻落实习近平总书记关于技能人才的重要指示批示精神和中央部署,围绕全省"3815"战略发展目标、"三大经济"建设和12个重点产业所需,以职业技能竞赛为抓手,深化体制机制改革,持续创新政策、优化环境,促进高技能人才队伍建设。

我省深入实施高技能人才支撑产业强省"五项行动",扎实推动职业技能竞赛与经济链、产业链、人才链相衔接,充分发挥竞赛在培养和选拔技能人才方面的示范引领作用,以备赛、参赛、决赛检验全省技能人才队伍建设成效。以赛引领,有力推动以赛促学、以赛促训、以赛促评、以赛促建,打牢技能人才队伍建设基础,以技能支撑发展、服务产业,为促进就业创业注入新动能。同时,首次发布急需紧缺高技能人才职业工种目录,提高产业发展技能人才供给能力。

9月16日,第二届全国技能大赛在天津市举行。我省派出136名选手、106名裁判,参加车身修理、电子技术、数控车等106个赛项角逐,涵盖茶艺、健康照护、区块链应用操作、无人机装调检修等19个新职业赛项,参赛规模为历史之最。

据参赛云南代表团负责人介绍，我省以全国技能大赛、世界技能大赛为示范引领，适时印发了《云南省职业技能竞赛管理办法（试行）》，从竞赛计划、组织实施、技术工作、竞赛集训、激励措施等方面进行规范，着力打造区域品牌，发挥集群效应，推进构建具有云南特色的竞赛体系。近年来，我省先后承办"三区三州"国家职业技能大赛等赛事，成功举办两届全省职业技能大赛，并组织开展"竞赛季"系列活动，参赛规模涵盖900多个职业工种，带动100余万人次参赛。

同时，加快推进职业技能竞赛获奖选手晋升职业技能等级工作，大力宣传突出功绩、强化示范引领，及时兑现竞赛晋升职业技能等级1 280余人次，涵盖职业工种144个，进一步营造重视、关心、尊重技能人才的良好社会氛围。到2025年，将培育100名云岭工匠、350名首席技师等。

截至目前，全省技能人才总量超过500万人、高技能人才达143.96万人，技能人才队伍规模不断扩大，锤炼培养高技能人才越来越多，人才活力持续释放，为推动全省高质量跨越式发展提供了坚实保障。

《云南日报》记者：李海球 2023年9月17日

西藏自治区

用技能点亮梦想
——中华人民共和国第二届职业技能大赛开幕侧记

九月的天津,阳光明媚而恬静,金秋的微风和煦温柔,万众瞩目下,中华人民共和国第二届职业技能大赛于16日正式开幕。来自全国各省(区、市)、新疆生产建设兵团和住建、交通、机械、轻工等部门行业组建的36个代表团共计4 045名

选手齐聚天津，他们为比赛而来，为胜利而来，为友谊而来，为探索而来，更为未来而来。他们英姿勃发，散发出新时代技能人才特有的自信，信心满满、昂首阔步走在逐梦的道路上。

机电一体化、飞机维修、可再生能源、CAD机械设计、木工、花艺、平面设计技术、烘焙、美容、茶艺、健康照护、虚拟现实工程技术珠宝加工……大赛为期三天，以"智慧、绿色、安全、特色"为目标，设置109个赛项，分为世赛选拔项目（62个竞赛项目）和国赛精选项目（47个竞赛项目）两大类。

来自我区七市地以及西藏技师学院、西藏职业技术学院、林芝市高级技工学校等院校的60名选手代表西藏参加此次大赛，其中世赛项目26个，国赛项目25个。另外还有23名来自我区的裁判也将承担此次大赛的执裁任务。

"此次比赛对我们的选手来说，是一次非常难得的以赛代训和交流学习的机会。希望选手们能够在此次大赛中集中精神，发挥好自己的水平，展示好我们西藏技能人才的风采。"西藏代表团领队付先诚说。

新疆烤全羊、库车大馕、烤包子吸引了众多市民驻足试吃；云南过桥米线、重庆小面展台前大排长龙；四川展位前，川剧"变脸"表演引来了阵阵掌声与欢呼；我区遴选的高温陶板画、墨脱石锅、金属锻造（铸造）、民族手工制品、传统酥油花等项目也引来众多市民"打卡"拍照。为全方位展示我国技能人才工作取得的成效，大赛同期，在天津国家会展中心设40个展位。各地各行各业职业能力建设工作成果、技工教育经验和亮点、地方特色技能技艺、行业风采和企业品牌、产品通过技能展示交流活动，直观呈现到了人们面前。

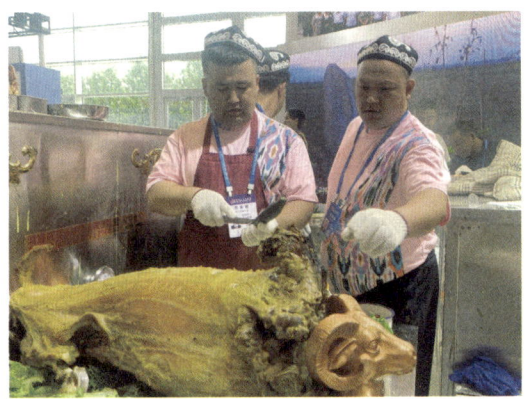

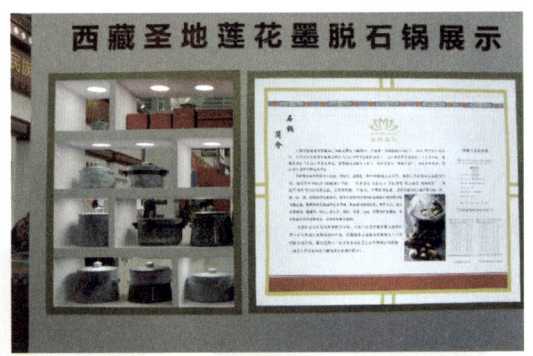

对于这项大赛的开幕,来自我区的代表也表达了自己的心声。

"在此次大赛中,我担任机电一体化世赛项目的裁判员,这一次我也带了两名学生来参赛,希望他们能在此次比赛中取得好成绩"。西藏技师学院的教师次仁卓拉说。

"这一次我参加的比赛项目是餐厅服务国赛精选项目,在其中的主题宴会设计的餐厅折花模块中,我选择的花型多以我们西藏独有的物种为主,像九色鸟棕尾红雉、高原血雉等,杯垫也是带有藏式花纹的,我也会在比赛当中努力,希望能取得好成绩。"来自林芝市职业技术学校的赵娟说。

"这次大赛我参加的项目是汽车技术,为了此次大赛能取得好的成绩,我先后去了天津和广州集训,准备了两个多月时间,对自己帮助很大,在学习和交流的过程当中交到了很多朋友,也学到了很多东西,希望在这次大赛中能取得好成绩。"

来自西藏技师学院的向巴次旺说。

宣纸捞纸、泥人张彩塑、糖艺、水泛花、麦秆画、唐代蒸青茶饼、仿生人形机器人……大赛还开展了技能展示交流活动。大赛同期，将从30个绝技中评选出"最受欢迎的十大绝技"，在闭幕式上揭晓、颁发证书。

西藏日报客户端 作者：拉巴桑姆·琅珍 2023年9月16日

陕 西 省

以技艺逐梦赛场 以技能成才报国
——陕西选手参加第二届全国技能大赛侧记

九月相聚津门,高手争相拼搏。

9月16日至19日,中华人民共和国第二届职业技能大赛在天津举行。陕西选手与来自全国各地的能工巧匠们一道,在"舞台"中央展示"绝活"、超越自我。

在这场被誉为我国职业技能竞技的"全运会"上,我省选手用勇气、拼搏和坚持,生动展现了陕西技能人才的拼搏精神和风貌。

展现最好的自己

作为电气检修人员,来自陕西能源电

力运营有限公司的毛新成长期坚守在保障发电机组安全运行的最前线。

这一次,毛新成从"幕后"来到了"台前",代表陕西参加电力系统运营与维护项目。

"虽然有些紧张,但更多的是开心,因为比赛给了我一个展示能力的平台和一次难得的学习机会。"经过紧张的赛前准备训练,毛新成说,在大赛的"舞台"上展现最好的自己,就是最大的成功。

本次大赛有超过七成的项目属于生产性和生活性服务项目,这就要求选手不仅要"会做",还要做精、做新、做到极致。

作为第一届全国技能大赛飞机维修项目铜牌的获得者,来自中航西安飞机工业集团股份有限公司的姚轶文这次参赛的目的是将更高技能展示在公众面前。

"经历了考验和磨砺,才得以在赛场上勇往直前、披荆斩棘。"姚轶文告诉记者,"希望能够在本次大赛中进一步提高自己的技能水平,未来无论是在赛场还是在生产一线的工作中,都要精益求精、力争完美。"

高超的技术,来自一点一滴的积累和磨砺。

在第一届全国技能大赛获得优胜奖后，来自西安电力机械制造公司机电学院的高永乐既收获了经验，又看到了与其他优秀选手的差距。

这几年，高永乐刻苦钻研电子技术，从软件到硬件再到维修，每一个领域他都拿出十足的干劲去学习研究。"比赛要求选手拿出最好表现，所以我必须把每一项技术都掌握透彻，这样才能在比赛中展示陕西技能人才的实力。"高永乐告诉记者。

在赛事中学习　在比拼中磨砺

作为本次陕西代表团年纪最小的选手，17岁的宝鸡技师学院学生杨鑫晨，体会到了全国大赛竞争的激烈程度。

在大赛移动机器人项目中，杨鑫晨用三天时间，与搭档杨政武默契配合，合力完成每一项考核内容。"团体赛对团队配合度要求更高，我们相互之间交流也必须高效准确。比赛时间紧迫，有时队友的一个眼神、一个动作，我们都要心领神会，做出最准确的判断。"杨鑫晨说。

大国"小匠"，技能成才。我省这次参赛选手平均年龄不到27岁。青春的气息、自信的面庞，我省青年"小匠"们在赛场上传承技能，撑起技能人才队伍的未来。

从数控车床、工业机械、飞机维修等先进制造业，到移动机器人、人工智能工程技术、新能源汽车智能化技术等战略性新兴产业，再到美容、烘焙、餐厅服务等现代服务业……竞赛内容覆盖多个大类，为各行各业的劳动者成才创造条件、提供平台。

在第二届全国技能大赛现场，除了领略现代

工业制造的高精尖设备，还可观赏选手们比速度、比技艺、比意志的工匠风采。美容、美发、烘焙、园艺……这些项目同样吸人眼球。

"参加本次大赛，在与其他选手同台比拼中看到差距，积累经验。"来自西安海棠技师学院的吕靖坦言，与高水平选手比拼，是一个自我锻炼的过程，有助于提升自己的技能水平。

刀砌砖垒、一气呵成，块砖砌成的作品与图纸难差分毫；手指翻飞、精雕细琢，"变"出各色面包和糖艺造型；与泥土打交道三天，"还观众一片花园"……在大赛现场，我省选手大展身手，充分展现劳动之美、技能之光。

成才的道路不止一条

技能赛场，拼搏无分强弱；梦想灿烂，故事同样动人。

当吴娜娜走进学校的实验室，首次接触到形形色色、作用各异的实验器材时，就被其深深吸引。

"直到真正接触后，才发现自己对化学实验非常感兴趣。"来自西安石油化工技工学校的吴娜娜告诉记者，自己选择学习这个专业，家里人非常支持，希望以后能在这条道路上拼出属于自己的一片天地，在更大平台上展示陕西技能人才的实力。

三百六十行，行行出状元。

在第二届全国技能大赛现场，我省选手在参加的108个项目中，与其他省份优秀选手拼水平、展风采，不断攀登技能的高峰，也让人们领略到各行各业顶尖人才的飒爽英姿。

来自陕西航天职工大学的李琛告诉记者，自己参加的数控车床项目是毫厘之间的比拼。选手要按照图纸，通过编程将金属毛坯料加工成规定的零件，形状、位置和尺寸误差都要小于0.01毫米。

"每一个步骤、每一个环节都要求精准。"李琛坦言，成才的道路不止一条，做

到行业顶尖、实现人生价值是自己的奋斗目标。

切磋技艺，用技能点亮未来。第二届全国技能大赛吸引了我省更多劳动者特别是青年人走上技能成才、技能报国之路，也点亮了他们胸怀志向、精益求精的"匠心梦"。

职业技能大赛是技能人才培养选拔的重要手段和途径。近年来，职业技能大赛在技能人才工作中的引领作用越发凸显。

"下一步，我们将深入贯彻《关于加强新时代高技能人才队伍建设的实施意见》，健全完善终身职业技能培训制度，大规模开展职业技能培训，全面推行职业技能等级认定制度，推进技工院校工学一体化建设，加大高技能人才表彰力度，充分发挥高技能人才和高技能人才项目的引领示范作用。同时广泛开展各类职业技能竞赛，强化以赛促训、以赛促育、以赛促建，持续加大技能人才队伍建设力度，为我省高质量发展提供技能人才支撑。"省人力资源社会保障厅副厅长张虎成表示。

《陕西日报》记者：周明 2023 年 9 月 27 日

甘 肃 省

第二届全国技能大赛开赛　甘肃 94 名选手参赛

开幕式，甘肃代表团入场（新甘肃·甘肃日报记者 丁凯 摄）

9月16日，中华人民共和国第二届职业技能大赛在天津开幕。本届大赛以"技能成才、技能报国"为主题，共设置109个竞赛项目，4 000余名选手将在109个赛项中切磋技艺。甘肃代表队派出的94名参赛选手，施展技艺、展示风采，全身心地投入比赛中。

开幕当天，大赛所有项目都已开赛，涉及制造业、信息技术、交通运输、建筑业、服务业、采矿业等 15 个国民经济行业门类，覆盖国民经济行业门类的 75%。所有比赛项目均服务于实体经济。

据了解，前期的省级选拔赛中，甘肃在全省 9 个赛区 15 个赛点 1 600 多名选手中遴选出 94 名选手参加 78 个项目的角逐，其中单人项目 67 个，双人项目 11 个，三人项目 1 个。

甘肃代表团领队刘万俊说，此次大赛参赛选手主要是职业院校的学生，年龄结构更趋年轻化，参赛选手中年龄最小的 16 岁。此外，选手派出单位对大赛高度重视，不仅利用本省的世界技能大赛集训基地开展实训，还组织参赛选手赴省外参加培训，提升选手的参赛水平。这是历届大赛甘肃参赛规模最大，参赛项目最多的一次比赛，通过这次大赛，将达到以赛促训、以赛促学、以赛促建的目的。据悉，甘肃推荐的兰州牛肉拉面、敦煌壁画修复 2 个项目也入围了 30 个"最受欢迎的绝技"项目展演。

新甘肃客户端 记者：文洁 2023 年 9 月 17 日

青海省

高原"工匠"竞技津门
——青海代表团参加第二届全国技能大赛见闻

选手正在参加竞赛（本报记者 田得乾 摄）

9月17日，美丽的渤海之滨，第二届全国技能大赛第二天的赛事正在如火如荼地进行，参赛选手都在各自的项目中激烈角逐。

"从拿到小麦面粉、酵母、盐等制作材料，到搅拌、醒发、成型、装饰、烘烤……"青海代表团参加世赛选拔大类烘焙项目竞赛的孙发青告诉记者，这些都是今天烘焙项目比赛的主要工序。

今年18岁的孙发青，来自湟中职业教育中心，是我省参加世赛选拔大类烘焙项目的唯一一名选手。首次参加全国性技能大赛，与来自全国各地的参赛选手同台竞技，孙发青显得有些紧张，不过三年多的专业学习也是孙发青的底气所在。

孙发青说，由于比赛要求选手在4个小时内完成碱水面包、法棍面包、夏巴塔面包、全麦芝麻面包、维也纳面包等不同类型的多个产品，选手要交叉作业，这对时间统筹能力要求很高，而且做出面包的尺寸、重量、摆盘样式、口感等都是重要的评分点。

"我很喜欢这个行业，所以来参赛之前经过了刻苦训练和认真准备，希望自己能在比赛中取得好成绩。"孙发青觉得参加这次竞赛不仅能开阔自己的眼界，而且可以通过观看别人的比赛发现自己的不足，学习别人的优点，让自己有更好的提升。

为充分展现青海技能人才的良好风貌，我省经过层层选拔、认真准备，共组织了75名选手参加本届全国技能大赛65个项目的竞赛，其中参加世赛选拔项目37个、国赛精选项目28个，单人项目55个、双人项目10个。

可以说，此次汇聚全国各地技能高手的大赛，既是技术比拼赛场，也是展示技能的舞台，更是学习提升的良好平台。

"本届大赛我们共派出了7名选手和3名裁判，分别参加国赛精选大类中的焊接、装配钳工、建筑信息模型以及世赛选拔大类中的移动机器人和机电一体化共5个项目。"青海水电技师学院副院长他芸霞告诉记者，学院在对接大赛项目的同时，结合自身办学特色，聚焦高质量充分就业，服务地方经济和社会发展，为培养更多的高技能人才，实现劳动者的全面进步为目标，大力培养高技能人才。

省人力资源社会保障厅职业能力建设处处长陈亚军表示，组建青海省代表队来参加第二届全国技能大赛，既是落实省委、省政府决策部署的一项重要举措，也是全省技能人才队伍建设的一件大事。

"通过参加比赛，能让我们的选手向发达省份的选手进行观摩和学习，能以最快的方式提升参赛选手及裁判员的综合能力素质和业务水平。"陈亚军说，青海省组队来参加大赛，可以达到"以赛促建、以赛促练、以赛促训"的目的，从而全面提升我省技能人才队伍建设水平。

《青海日报》记者：田得乾 2023年9月18日

宁夏回族自治区

规格最高，规模最大！
宁夏选派 39 名选手参加全国这项大赛

9 月 16 日，第二届全国技能大赛在天津市盛大开幕，宁夏选派的 39 名选手、32 名裁判参加 34 个项目比赛，涵盖云计算、信息网络布线、汽车技术、花艺、烘焙、互联网营销等。

第二届全国技能大赛盛大开幕

在装配钳工（国赛）项目比赛现场，宁夏代表团白虎虎与来自全国同行业的其他 30 名参赛选手同台竞技，表现出色。在赛场规定时间内，无论从比赛零件手工加工组装，还是机械结构数字检测以及机械传统系统的安装、调试、维护、运行等环节，白虎虎娴熟地操作机器，力争每一步都做到精益求精。

宁夏代表团选手白虎虎参加比赛

全国技能大赛是经国务院批准，人力资源社会保障部举办的规格最高、项目最多、规模最大、水平最高、影响最广的综合性国家职业技能赛事。第一届全国技能大赛于 2020 年 12 月在广州市举行，设 86 个竞赛项目，2 557 名选手参赛。

宁夏代表团参加第二届全国技能大赛

第二届全国技能大赛由人力资源社会保障部主办、天津市人民政府承办。大赛以"技能成才、技能报国"为主题，共设 109 个竞赛项目，包括 62 个世赛选拔项目和 47 个国赛精选项目。来自全国各省（区、市）、新疆生产建设兵团和住建、交通、机械、轻工等部门行业组成的 36 个代表团参赛，4 045 名选手、3 270 名裁判参加。大赛同期，将举办技能强国论坛、技能展示交流、"最受欢迎的十大绝技"展演、系列媒体见面会和群众性擂台赛等活动。

宁夏葡萄酒深受青睐

据悉，在这次大赛中，宁夏除了选派选手参加大赛竞技外，精心策划部署搭建展馆，通过奇遇宁夏技、乐识宁夏人、阅鉴宁夏物、数说宁夏果四个板块，展示宁夏的特色物产与技艺创新。

宁夏日报客户端 记者：马照刚 2023 年 9 月 16 日

好消息！宁夏 4 名选手在第二届全国技能大赛中获佳绩

9月19日21时30分，第二届全国技能大赛在天津市奥林匹克中心体育馆圆满落下帷幕。宁夏选派的4名选手荣获优胜奖，刷新历史最好成绩。

大赛闭幕式现场

第二届全国技能大赛共设109个竞赛项目，包括62个世赛选拔项目和47个国赛精选项目。来自全国各省（区、市）、新疆生产建设兵团和住建、交通、机械、轻工等部门行业组成的36个代表团的4 045名选手、3 270名裁判同台竞技、尽展风采。宁夏选派39名选手、32名裁判参加34个项目比赛，涵盖云计算、信息网络布线、汽车技术、花艺、烘焙、互联网营销等。

与第一届大赛相比，本届大赛新增健康照护、物联网安装调试、全媒体运营、互联网营销等20个新职业和数字技术类项目。经过为期4天的激烈比拼，宁夏选派的4名选手荣获优胜奖。其中，胡志俭在网络系统管理（国赛精选）项目比赛中取得第五名的好成绩，荣获优胜奖，被授予"全国技术能手"称号；邱子琼在商品展示技术（世赛选拔）项目比赛荣获优胜奖，被授予"西部技能之星"称号。宁夏回族自治区人力资源和社会保障厅也被授予"优秀组织奖"。

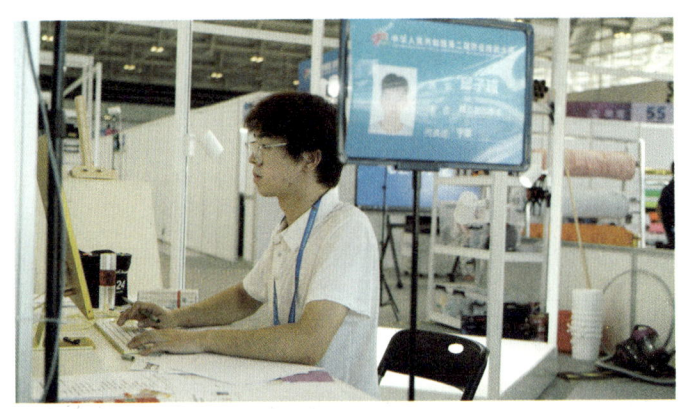

邱子琼参加商品展示技术（世赛选拔）项目比赛

近年来，宁夏深入实施人才强区战略，持续推动"才聚宁夏·1134"行动，以服务发展、稳定就业为导向，大力弘扬劳模精神、劳动精神、工匠精神，全面实施"技能宁夏行动"，健全完善技能人才培养、使用、评价、激励制度，构建党委领导、政府主导、政策支持、企业主体、社会参与的高技能人才工作体系，组织开展"金蓝领"示范培训、"马兰花"中国创业培训等活动，创出"金苗""金匠""金雁""金师""金赛"精品项目，形成"金字塔"形高技能人才成长梯队。截至今年6月底，全区技能人才总量144.9万人，其中高技能人才15.56万人。

宁夏日报客户端 记者：马照刚 2023年9月20日

新疆维吾尔自治区

技能逐梦步履坚实
——来自第二届全国技能大赛新疆代表团的观察

为期4天的第二届全国技能大赛19日落下帷幕。本届大赛,新疆代表团共获得1枚银牌,1枚铜牌,12个项目的18名选手获优胜奖,实现奖牌零的突破。来自和田县高级技工学校的张瑞乾荣获信息网络布线赛项银牌,并获参赛代表队最佳奖;喀什技师学院的苏比力努尔·帕尔海提荣获餐厅服务赛项铜牌,并获大赛西部技能之星奖……新疆选手们在颁奖台上的瞬间,必将成为高光回忆,激励更多人技能筑梦。

大赛搭台检阅技能成果

"新疆参赛选手不怕困难、奋勇争先,赛出了水平、赛出了风格,取得了历史最好成绩,充分展示了新疆技能人才的技艺水平和精神风貌,集中体现了近年来新疆技能人才队伍建设的丰硕成果。"第二届全国技能大赛新疆代表团团长、自治区人力资源社会保障厅党组书记陈志江表示，大赛为广大技能人才搭建了展示技能、切磋技艺的平台，有利于形成技能就业、技能成才、技能报国的时代新风。

职业技能竞赛是技能人才培养选拔的重要内容，是激发广大劳动者学习技能、钻研技术的重要途径，是弘扬工匠精神、培养大国工匠的重要平台。全国技能大赛是我国规格最高、项目最多、规模最大、水平最高、影响最广的综合性国家职业技能赛事。根据相关奖励办法，此次大赛中，凡获得优秀奖以上的选手将被颁发技师职业技能等级证书，他们将全部成为高技能人才。

高技能人才是我国人才队伍的重要组成部分，是中国制造、中国创造不可或缺的重要力量。目前，新疆技能人才队伍总量超过300万人，其中高技能人才60多万人。

新职业赛项让职业发展多元化职业化

全媒体运营、互联网营销、家政服务（整理收纳）……国赛项目增加的20个新职业和数字技术技能类赛项的比拼令人目不暇接，这20个新增赛项新疆代表团全部参加。

近年来，服务机器人正在被广泛地应用于银行、医院、酒店等场景中，相关专业技能人才需求量增大，本届大赛将服务机器人应用技术作为比赛项目。新疆化工技师培训学院教师杨振元参加了此项目的比拼。尽管与其他省份的高手还有不小差距，但他认为大赛对提升自己的技能水平和促进教学都大有益处。

第二届全国技能大赛新疆代表团领队助理、自治区人力资源社会保障厅技工教育指导中心副主任盛冬介绍，新职业的背后是新业态的支撑，凸显出在我国经济高质量发展背景下，职业发展不断走向多元化、专业化，对于增强新职业从业人员的社会认同感、促进就业创业具有重要意义。

据统计，本届大赛新疆代表团选手数量较第一届全国技能大赛增加53%，硕士学位及以上的18人，占总参赛选手的15%；参加的竞赛项目较上一届增加31%，越来越多的新疆选手积极参加到新职业和数字技术技能类赛项。

带动更多年轻人技能成才技能报国

在国家的培养和政策托举下，我区越来越多的年轻人走上了技能成才技能报国之路。

在世界技能大赛选拔项目中，来自新疆安装技工学校的胡浩南在建筑金属构造四个模块比拼中，从最初的排名靠后一直追赶至第一个完成赛项。9月19日，得知成绩排名第六后，胡浩南有些遗憾，不过他很快转忧为喜。"我会把两次参赛经验传授给我的学生，让他们有机会拿到世赛'入场券'。"胡浩南说，他已留校任教，返校后，他将成为一名建筑金属构造专业的教师。

大赛深远的影响，是让越来越多人看到技能的价值和技能成才的前景。多位院校负责人表示，参加过技能大赛的选手，找工作时都很抢手，大企业基本直接录用，待遇也不错。

今年18岁的肉孜麦麦提·图尔贡不敢想象自己有一天能站到国赛赛场。作为肉孜麦麦提的指导老师，阿克苏技师学院机电工程系副主任赵鹏飞说，今年4月，肉孜麦麦提第一次与搭档彭瑞雪踏入技能大赛赛场，在阿克苏地区第二届"浙阿杯"职业技能大赛中便获得移动机器人赛项金牌。一个月后，他们又在第二届全国技能大赛新疆选拔赛中摘得机器人集成赛项铜牌，不仅破格晋升技师职业技能等级，还获得了来天津参加第二届全国技能大赛移动机器人赛项的资格。

"技能点亮未来。"肉孜麦麦提说，"如今，我通过努力能代表新疆参赛。未来，希望日益精进自己的技术，走向更广阔的舞台。"

《新疆日报》记者：李琳 2023年9月22日

放羊娃玩转机器人

当比赛倒计时归零，18岁的肉孜麦麦提·图尔贡看着场地里的机器人，久久不愿离开赛场。

曾经，肉孜麦麦提·图尔贡是个放羊娃，如今却成功代表新疆代表团站上了今年9月第二届全国技能大赛的赛场，参加移动机器人赛项的比赛。

这是我国规格最高、项目最多、规模最大、水平最高的综合性国家职业技能赛事。与肉孜麦麦提·图尔贡同场竞技的，还有来自全国36个代表团的4 000多名选手，代表了相关项目国内最高技能竞技水平。

肉孜麦麦提·图尔贡：我出生在新疆阿克苏地区乌什县阿克托海乡阿克托海村，那是一个偏远的小乡村。直到两年前考入阿克苏技师学院时，我才第一次离开了长大的乡村，离开父母生活了一辈子的牧场。父母以放牧为生，小时候我就跟着他们去山里放羊。那时，我从没有想过自己未来能够离开这个偏远的小乡村，过上与父母不同的生活。

不过，从小我就喜欢摆弄家里的电器，电灯、收音机坏了都是我来修。虽然没有任何人教

第二届全国技能大赛赛场上的肉孜麦麦提·图尔贡（白佳丽 摄）

我，但我也能一步步琢磨着将这些坏了的电器修好。

初中毕业后，班主任老师建议肉孜麦麦提·图尔贡选择阿克苏技师学院。因为性格内向，进入学院后，最初肉孜麦麦提·图尔贡并没有得到太多关注。

肉孜麦麦提·图尔贡：我清楚地记得，去年3月，"全国技术能手"、阿克苏技师学院机电工程系副主任赵鹏飞老师开始组建参加技能比赛的集训队。我因为表现出极强的动手能力，被比赛经验丰富的赵老师一眼看中，成功进入了集训队，主攻工业电气自动化和工业机器人应用相关技术。

这对我来说，是重要的转折点。上学前我几乎没有接触过计算机，但参加竞赛需要对工业机器人进行编程，这无疑是个不小的挑战。刚开始训练的那段时间，为了尽快掌握编程技术，我在学校实训室一扎就是一天，经常学到深夜。有时候学得忘了时间，来的时候还是艳阳高照，再抬头已经深夜。

付出的努力有了回报。短短3个月时间，我就初步掌握了比赛所需技能，并在一次次考核中名列前茅。

赵鹏飞：肉孜麦麦提·图尔贡身上最宝贵的，就是那股子钻研劲儿。我原本以为，初中毕业的孩子很难理解这些竞赛知识，但很多时候只要老师讲过，他就能很快理解并实际操作出来。

今年4月，肉孜麦麦提·图尔贡第一次与搭档，也是他的同学彭瑞雪踏上了技能大赛的赛场，在阿克苏地区第二届"浙阿杯"职业技能大赛上，获得移动机器人赛项一等奖。一个月后，他和搭档又在第二届全国技能大赛新疆选拔赛上获得机器人集成赛项铜牌。他们不仅被破格晋升技师职业技能等级，还赢得到天津参加国赛的"入场券"。

肉孜麦麦提·图尔贡：在这次比赛中，我们在2小时12分钟内就完成移动机器人的拆装工作。这样的成绩，在我两个月前刚刚接触这个项目时，是想都不敢想的事。

面对移动机器人这一新的比赛项目，新的挑战不断。第一次拆解移动机器人的时候，我用了整整2天时间，组装更是用了5天，组装后的机器人还有很多故障。为了提高拆解、组装机器人的效率和准确度，我几乎"住"在了实训室。每一个部件位置，每一个组装步骤，我都一遍遍地练习。

赵鹏飞：在如此短的时间内达到这样的训练效果，对绝大多数选手来讲是很难的。

肉孜麦麦提·图尔贡和搭档彭瑞雪能获得优秀的成绩，离不开彼此间默契的配合。赛场上，他们相互支持、各司其职；赛场下，他们是好朋友，一起学习、交流。

肉孜麦麦提·图尔贡（右）和搭档彭瑞雪

肉孜麦麦提·图尔贡：从9月16日开始，我和搭档彭瑞雪来到位于天津的第二届全国技能大赛移动机器人赛项的赛场，第一次站上了国赛的舞台。

我们进行了为期3天的奋战。在赛场上，我们相互鼓励，一步一步向着任务的终点进发。虽然比赛难度比预想的要大，我们与优秀的选手们相比还有差距，但我们不放弃，努力坚持了下来，顺利完成了全部赛程，心里特别激动。

我还记得19日晚上，当比赛宣布结束时，我们收拾好了比赛器材，非常不舍地离开了赛场。我在心里对自己说，下一届比赛，我要表现更加优秀。

赵鹏飞：赛后我们做了比赛复盘。我对肉孜麦麦提·图尔贡说，这次比赛的意义比获得优异成绩要大得多。随着科技发展、制造装备升级，电气设备的复杂性越来越高，对安装、调试的精准要求也越来越高，更加需要高水平的技能人才。比赛之后，我们一起将大赛上的前沿技术带进边远地区的课堂，让更多同学受益。肉孜麦麦提·图尔贡作为同学们的榜样，也要让更多人树立"人人皆可成才""技能人才十分宝贵"的信念。

肉孜麦麦提·图尔贡：一场场的比赛，不仅让我历练成为能工巧匠，更让我有了自信和未来的目标。小时候放羊时，我从没想过以后。如今，我通过努力来到了国赛的赛场，成了班上同学、村里老乡心中的骄傲。未来，我希望更加精进自己的技术，走向更广阔的舞台。

《半月谈》记者：白佳丽、尹思源、王宁 2023 年 11 月 8 日

新疆生产建设兵团

以赛促训 以赛促学 以赛促练
——兵团代表团参加第二届全国技能大赛侧记

9月19日晚,在天津市奥林匹克中心体育馆,第二届全国技能大赛举行闭幕式,全国技能大赛会旗交接到下一届大赛主办地代表手中,意味着第二届全国技能大赛迎来告别时刻。

对于参加本次技能大赛的兵团代表团这支年轻队伍而言,此次参赛是一次逐梦之旅,更是收获之旅、学习之旅、成长之旅。

第二届全国技能大赛闭幕式现场

"小匠"登场　初露锋芒

纵观此次大赛，不少来自兵团代表队的"00后"选手登场。赛场上，"小匠"们身手敏捷、心思细腻、沉着冷静；赛场下，稚嫩的脸庞、自信的笑容，汇聚成一幅青春逐梦的画卷。

一把焊枪、一副面罩、一身防溅服，以钢铁作"布料"，以焊枪为"针线"……这是兵团参赛选手黄美琳赛场上的真实写照。作为第二届全国技能大赛焊接（世赛）赛场上唯一一名女焊接选手，对她来说此次大赛是一次难得的学习交流之旅。"无论是备赛还是前期的场地适应，来自全国各地的选手总能帮助我很多，让我快速适应、成长起来。"黄美琳说，今后将不断积累经验，提升专业技术。

CAD机械设计（世赛）项目选手王秉文在参加比赛

399

与黄美琳不同，来自石河子职业技术学院的张志伟是第二次站在全国的职业技能赛场上。在不久前举办的2023年全国职业院校技能大赛（中职组）比赛项目中，代表兵团出战的张志伟获得"产品数字化设计与开发"赛项一等奖，实现了兵团职业院校技能大赛国赛一等奖"零"的突破。"相比之前参加国赛，这次参加CAD机械设计（世赛），我的心态更沉稳，赛前我也做了很多准备，包括和其他省份的选手进行交流、拓展软件开发的能力等。"张志伟说，未来自己的目标很简单，就是学好一门技术、练好一门技艺，走上成才之路。

同台竞技　以赛促学

今年21岁的吴扬是兵团新兴职业技术学院的一名在读学生，他凭借精湛技艺在此次大赛中取得制冷与空调（世赛）项目优胜奖，并被此次技能大会推荐为"西部之星"。"这次比赛很大程度上锻炼了我的实践能力，使原本书本上抽象的知识得以运用，使我对制冷空调专业有了更深刻的认识与体会。"谈及此次大赛，吴扬说，为了取得更好的成绩，以后自己会加倍努力，不断开辟思路，创新进取。

制冷与空调（世赛）项目选手吴扬在参加比赛

第二届全国技能大赛技能展示交流区兵团馆

青年兴则国家兴，青年强则国家强。掌握独门绝技、过硬本领的青年技能人才是支撑中国制造、中国创造的重要力量，更是未来大国工匠的后备力量。

在赛场上，除了年轻的面孔，不少兵团中（高）职院校的教师也成了参赛选手。来自三师图木舒克市职业技术学校的教师侯俊莉就是其中的一员，她与来自全国各地的茶艺（国赛）选手同场竞技。"茶艺技能项目，是以'泡好一杯茶，弘扬中国茶文化、茶道精神'为主题的技能比拼。"侯俊莉介绍，出于学生对茶艺技能的热爱，三师图木舒克市职业技术学校专门开设茶艺社团，站在赛场上的她更多的是找差距、补短板和强学习。

"此次大赛，对兵团选手而言是一次难得的学习机会，我们看到了职业技能发展方面的许多不足和短板。今后，我们要运用好竞赛成果，加强与东部沿海城市高技能人才交流学习，充分发挥好以赛促训、以赛促学、以赛促练作用，强化职业技能人才队伍建设，更好地服务兵团经济社会高质量发展。"兵团人力资源社会保障局职业能力建设处处长冯文强说。

胡杨网　作者：唐媛媛、郭雪伟 2023 年 9 月 21 日

国赛舞台展兵团职教"工匠精神"
——来自第二届全国技能大赛的观察

9月20日,为期4天的第二届全国技能大赛在天津市圆满落幕。本届大赛以"技能成才、技能报国"为主题,来自全国36个代表团的4 045名选手参赛,角逐109个项目奖牌。兵团的69名选手参加59个项目的角逐,来自兵团高校、职业院校的师生是其中的重要力量。

第二届全国技能大赛比赛现场,兵团代表团选手参加比赛(兵团日报全媒体记者 马燕 摄)

在这场我国目前规格最高、项目最多、规模最大、水平最高、影响最广的综合性国家职业技能赛事中,兵团多所院校全力提供保障支持,精心备战,亮出绝技,以赛促训、以赛促培、以赛促建,展现出兵团职业教育的风采。

全力备战精益求精　大赛舞台磨炼技能

兵团代表团选手、兵团兴新职业技术学院教师袁金堂参加了网络系统管理(国赛精选)项目的比赛,3天的比赛中,袁金堂拼尽全力,展现了兵团职业教育优秀教师风采。"为了这次比赛,我提前4个月开始练习,练得手麻了还要坚持,学校成了我的第二个家。"袁金堂说。

在制冷与空调（世赛选拔）项目比赛过程中，兵团代表团选手、兵团兴新职业技术学院学生吴扬全程聚精会神地进行各项操作。在涉及6个模块、总时长约12个小时的比赛中，吴扬稳定发挥，这都源于他长达半年的刻苦备赛。

"此次大赛对我来说，是一次非常难得的学习机会，更加坚定了我学好技能的决心，我要继续努力提升技能水平，争取以后取得更好的成绩。"吴扬说。

兵团代表团选手、石河子工程职业技术学院学生黄美琳，备战焊接赛项期间多方拜访名师，每天从早上7点半到晚上12点，反复重复一个动作，手上有多处烫伤，手心长出了茧子，但想学好电焊的心从未动摇。

作为该项目全国唯一一个女选手，比赛期间，黄美琳认真完成了所有比赛模块，她不怕苦、不怕累，精益求精的工匠精神也得到了裁判和其他选手的点赞。走出赛场后，黄美琳感慨道："这几天的比赛，我见识到了全国各地的焊接项目高手，他们都非常优秀，让我大开眼界，希望自己将来能成为这方面的专家，将这份工匠精神传承下去。"

"为了这次比赛，我们参赛的各所职业院校有计划地组织各个比赛项目的选手进行了超过4个月的紧张备战，选手们在备赛中专业技能得到了很大提升。组织选手参加本届大赛，也是希望他们通过大赛的舞台检验教学和备战成果，同时为他们播下一颗技能成才、技能报国的种子。"兵团人力资源社会保障局就业促进和职业能力建设处处长冯文强说。

大赛成为实践课堂　　感受卓越工匠精神

本届大赛采取集中开放办赛、赛展演会集成模式，包含技能展示交流活动，在现场分设国家成果展、参赛行业部门成果展等。这也为兵团代表团参赛职业院校师生提供了现场观摩、现场学习交流的难得机会，大赛也成为兵团职业教育生动的实

第二届全国技能大赛比赛现场，兵团代表团选手参加比赛（兵团日报全媒体记者 马燕 摄）

践课堂。

比赛期间，来到第二届全国技能大赛现场，感受大赛氛围，观摩数控铣、信息网络布线、工业设计技术等赛项的现场后，兵团兴新职业技术学院教务处主任孙富表示："全国技能大赛是职业教育人展示职业技能的最高舞台，现场观摩能工巧匠们的竞技过程，能让师生更加直观地感受到职业教育的发展内涵，体悟精益求精、追求卓越的工匠精神。"

比赛结束后，兵团代表团选手、十二师职业技术学校教师孔云飞迫不及待地把这次比赛中的所见所闻分享给了学校的师生们。"这次站在国赛舞台与'全国技术能手'同台竞技，为我积累了宝贵经验。作为一名老教师，今后，我要把这次比赛中总结的经验和技能传授给我们学校的年轻老师和学生们，培养更多教师和学生走好技能成才、技能报国之路。"孔云飞表示。

赛项裁判也有很多收获。大赛新能源汽车智能化技术（国赛精选）项目裁判、图木舒克职业技术学院教师陈明杰说："这次担任大赛裁判，我感到非常荣幸。我在比赛中和来自全国各地的专业技能人才，进行了深度交流和探讨，我们都明显感觉到大赛指明了行业发展的新趋势，这也要求我们要不断学习最新的专业知识，适应行业发展变化。"

瞄准职业发展趋势　培养复合技能人才

本届大赛共设109个比赛项目，与第一届大赛相比，本届大赛增加了20个新职业和数字技术技能类赛项，同时，新增智能制造工程技术、工业互联网工程技术等5个专业技术类竞赛项目。兵团代表队参加了人工智能工程技术、智能制造工程技术、工业互联网工程技术等多个新赛项。

比赛期间,兵团兴新职业技术学院党委委员、院长曾晓峰几乎没有离开赛场,除了关注学校师生参赛赛项和学院保障赛项,也关注大赛的整体情况。他说:"全国技能大赛代表着各个行业、各个领域中最先进的技术

第二届全国技能大赛比赛现场,兵团代表团选手参加比赛(兵团日报全媒体记者 马燕 摄)

标准和规范要求。我们参与大赛的目的主要是想通过参赛的过程以赛促改,以赛促建。尤其是信息技术相关专业,迭代速度快,我们要瞄准新标准、新规范,及时调整教育教学方式,适应产业发展变化的新形势和新要求。"

新疆石河子职业技术学院机械工程教研室主任展一贤作为学院带队教师,全程关注着本届大赛的新变化、新趋势,不断总结参赛经验。"这次我们学院的参赛项目中有智能制造、工业互联网工程技术、工业机器人系统操作等多个新赛项。在备赛新增的赛项方面,我们学院倾注很大的人力、物力、财力,对参赛选手进行培训,也为我们的教育教学积累了大量经验。在几天的比赛中,我观察到,本届大赛的新赛项对技术技能人才的复合型的能力提出了更高要求。下一步,我们在实践教学领域更加注重吸引跨专业、跨领域的师资团队给学生授课,帮助学生提升复合型的能力。"展一贤表示。

"我们将以此次国赛为契机,持续在培养创新型、应用型、技能型人才上下功夫,深化产教融合,培养高素质应用型人才,通过组织各级各类技能大赛,营造崇尚技能、弘扬工匠精神的社会氛围,壮大高技能人才队伍,推动职业教育与经济社会同步发展,服务兵团经济社会高质量发展。"冯文强说。

团炬 记者:马燕 2023 年 9 月 25 日

交通运输部

弘扬工匠精神 锻造技能人才
——第二届全国技能大赛交通运输部代表团参赛综述

交通运输部代表团选手时琪（左）获货运代理项目银牌（大赛组委会供图）

"中国风采新时代的工匠，匠心闪耀为梦想纵情歌唱……"翻看技能比拼的精彩照片，耳畔回响起第二届全国技能大赛主题歌《给梦一双翅膀》，铿锵有力的词曲仿佛将记者带回了奋勇拼搏、匠心闪耀的赛场。

渤海之滨，天朗气清。9月16日至19日，天津国家会展中心迎来全国36个代表团的4 045名选手参赛。经过3天火热比拼，交通运输部代表团7名选手在各自的比赛项目中挑战极限、突破自我，斩获1银1铜4优胜。代表团选手们均取得优异成绩，以实际行动践行了"技能成才、技能报国"的大赛主题，用精湛技能诠释了工匠精神。

组团出征竞风采

全国技能大赛是我国技能领域最高层次的大赛，是全国顶尖工匠的盛会。此次大赛共设62个世界技能大赛选拔项目和47个全国技能大赛精选项目。

交通运输部高度重视此次大赛，作为4个参与世赛选拔项目比赛的部委和行业组织之一，参加世赛项目运输与物流板块中飞机维修、车身修理、汽车技术、汽车喷漆、货运代理、轨道车辆技术6个项目的比赛。

为了全力备战此次大赛，交通运输部积极开展行业选拔工作。注重对标世赛要求，学习世赛的先进理念、技术标准、比赛规则，通过比赛提高行业选手的技能水平，带动行业技能人员了解世赛要求，实现以赛促学、以赛促训。

在备赛和训练过程中，行业企业、技工院校积极参与，来自院校的选手到企业学习实践，来自企业的选手到院校学习训练，通过校企合作提高技能水平。

最终，来自东方航空技术有限公司的余浩、上海市杨浦职业技术学校的焦娇、广州市交通技师学院的马林炜、杭州技师学院的杨美鑫、大连海事大学的时琪、武汉中车长客轨道车辆有限公司的卫家乐、中车南京浦镇车辆有限公司的王一7名选手从全国行业企业、院校等千余人中脱颖而出。

高手过招展绝技

3天比拼6个竞赛模块，考核时间共计14小时，在计算机前一坐就是两三个小时……第二届全国技能大赛中，货运代理是最考验脑力的项目之一。

"想做好货运代理不是简单的事，需要全程使用英文，要求选手业务知识面广，具备整合能力、企业思维以及良好的沟通能力。"货运代理项目裁判长吕秀文说。

"我的优势是逻辑思维能力和记忆力强。我去过4家企业实习训练，尝试从企业角度思考方案，提炼知识点。"时琪凭借过硬的英语能力和良好的综合素质摘得银牌。

"不仅要比拼专业技能，体能也不能拖后腿。"车身修理项目优胜奖获得者焦娇介绍，想要熟练应用焊接、切割、打磨、整形及黏合等技能，必须有较好的上肢力量和强健的体魄。车身修理项目指导教师申鑫透露，为了增强体能和身体稳定性，焦娇每天除了跑步外，还要做400个俯卧撑。

汽车技术是模拟维修技师在汽修车间进行汽车故障诊断与维修的竞赛项目。选手要正确选择和熟练运用拆装工具、设备、测量量具和仪器。"我读初中时就喜欢物理、电学。"马林炜说，是兴趣让他选择汽车维修专业，深耕汽车技术领域。此次大赛，他获得了优胜奖。

一遍遍打磨纹理，一次次仔细喷涂……在汽车喷漆项目赛场，杨美鑫倾注的是专注和用心。在赛场上，他要逐一挑战色觉测试、车门皮喷涂、小损伤修补等模块，既要掌握喷漆标准工艺，也要运用打磨、喷涂、调色等综合技能。"我获得了优胜奖，展现了更好的自己，这离不开学校和老师的培养，我将继续努力，不断超越自己。"杨美鑫说。

精益求精拼创新

车辆出厂进入运营阶段后，业主单位根据运营需求对车辆提出改造要求。根据新要求改造电路，你会吗？——面对这类考题，选手们直呼"考得比第一届难了！"

"在客室车门的安装与调试模块，我们增加了对线路功能改造的考核。"轨道车辆技术裁判长罗昭强介绍，此次大赛针对选手创造性的考核内容更多，综合考察选手的临场反应能力和创新精神。

轨道车辆技术是两人协作的团体赛，默契度必不可少。"在赛场上我们是可以把后背留给对方的兄弟。"卫家乐和王一喜获铜牌。

飞机维修项目考核选手能否按照标准和程序要求对飞机系统进行检查、维修、故障排除、消除隐患、部件安装及修复，5个模块个个都是精细活。"我主要从事的是固定翼飞机的部件拆装工作，对于比赛中考核的目视检查了解不深。"余浩说，他在训练中学习了解直升机系统，在这次大赛中获得了优胜奖。

交通运输行业组团参赛，为行业技能人员提供了宝贵的学习交流机会。交通运输部代表团副团长、部人事教育司副司长王韬表示，交通运输部将以这次大赛为新的起点，继续大力加强交通运输技能人才队伍建设，引领广大从业者特别是技能人才继续埋头苦干、担当奉献、再接再厉、再立新功，为奋力加快建设交通强国，努力当好中国式现代化的开路先锋提供人才支撑。

《中国交通报》记者：袁帅、谢梓君 2023年9月22日

住房城乡建设部

海河之滨，绽放技能精彩
——第二届全国技能大赛住房城乡建设行业代表团参赛侧记

技能成才，用热爱书写人生精彩；技能报国，以青春之我作答强国有我。

住房城乡建设行业代表团的8名选手，在第二届全国技能大赛管道与制暖、抹灰与隔墙系统、砌筑、瓷砖贴面、焊接、花艺、水处理技术、建筑金属构造8个项目的激烈角逐中挑战极限、突破自我，取得了3银1铜4优胜的成绩，充分展示了新时代住房城乡建设行业技能人才的精湛技艺和良好风貌，诠释着技能成才、技能报国的时代内涵。

第二届全国技能大赛技能展示交流活动住房城乡建设部展区（姜雪 图）

赛中"出圈"赛中圆梦

赛场上，肖杰铲灰、放样、揉压，干净利落地完成了天津市标志性建筑"天津之眼"摩天轮等作品墙体的砌筑。

肖杰说，走上技能成才之路，源于一次偶然的参赛经历。两年前，他报名参加了学校技能竞赛的砌筑项目并意外获得了第一名，此后，便加入学校砌筑项目集训队，开始了专业训练。

近年来，住房城乡建设领域开展了一系列与国家发展共振、与时代潮流同向、与个人梦想同频的行业技能大比武，一批"武状元"在赛中"出圈"，广大技能人员拥有了更多获得感、自豪感。

焊接项目比赛现场，王福兴身穿防护服、头戴面罩，焊枪在双手间激

砌筑项目比赛现场（姜雪 图）

扬出飞舞的焊花，一时间弧光闪耀。王福兴是在一次次技能竞赛中被激励、培养起来的。入学后，有钻劲儿、韧劲儿的他很快在焊接班组里脱颖而出并代表学校"四处征战"，陆续在四川省职业院校技能大赛、四川省第一届技工院校职业技能大赛等比赛中获得第一名，此次全国大赛他也获得了银牌的好成绩。

拼装污水处理设备、调节泵站运行参数、记录操作数据……水处理技术项目中，索宝润沉着应战，发挥稳定。索宝润是高碑店污水处理厂中控调度班的一名工人，技能大赛的参赛经历让他的人生焕发新的光彩。因为有丰富的一线岗位经验，索宝润在赛项操作中上手很快，备赛中学到的知识也在他的工作中得到了应用。

星光闪耀，传递梦想。从技能竞赛中脱颖而出的技术能手成为一束束光，激励

着更多从业人员逐光而行，走上技能成才、技能报国之路。

　　管道与制暖项目选手赖传源的技能报国梦与在第一届全国技能大赛中获奖的师兄有关。进入技工学校求学之初，赖传源曾有过混混沌沌、无所事事的"至暗"时期。一次与获奖师兄的畅谈让他豁然开朗，"想和他一样优秀。"赖传源主动找到竞赛教练，提交了管道与制暖项目的参赛申请书。

　　此次比赛中，赖传源在规定的8小时内精准地搭建起集燃气、冷热水、给排水、太阳能及采暖等为一体的管道与制暖系统。"还要去更大的赛场上闯一闯、拼一拼。"赖传源说。

用"金牌"孕育金牌

　　除了8位参赛选手，住房城乡建设行业代表团还派出了8名有丰富竞赛经历的技能人才担任此次大赛的裁判。抹灰与隔墙系统项目裁判高宇宙便是其中之一。

　　加入隔音棉、隔热板，做好框架，再进行抹灰、装饰石膏条等工作……抹灰与隔墙系统项目比赛现场，选手在赛场上搭建出一个个微缩房屋。高宇宙说，抹灰与隔墙系统项目是一个多工种融合的复合型项目，从腻子使用量到刮刀与墙面的角度，再到上墙的力道，样样讲究。

　　作为抹灰与隔墙系统项目的探路者之一，高宇宙翻阅几十本相关规范、了解行业技术要求、剖析世赛工艺要求……在第45届世界技能大赛上夺得抹灰与隔墙系统项目亚军，打破了欧洲国家对该项目的垄断。如今，高宇宙留校任教，毫无保留地传授自己的经验与技术。"争取教出更多技术能手，推动行业进步。"高宇宙说。

　　走下奖台，走上讲台，是许多职业技能竞赛获奖者的选择。他们沉淀技能，甘当绿叶，用"金牌"孕育金牌，让中华大地上走出越来越多的技能人才。花艺项目裁判陆多佳也是如此。

花艺项目比赛现场，生机盎然、芬芳馥郁。选手们让花朵在指尖绽放出美好，创作出一个个主题鲜明、立意新颖、意境深邃、美观大方的插花作品。陆多佳表示，从以前强调构架之美到如今强调自然之美，花艺的理念与技术不断迭代更新，选手需要保持创新精神，紧跟时代步伐，才能在赛场上创造佳绩。

室内装饰设计项目比赛现场（姜雪 图）

抹灰与隔墙系统项目比赛现场（姜雪 图）

作为花艺项目教练，陆多佳不仅要为选手们提供技能指导，还要关照每位选手的心理健康和体能状态，本届比赛花艺项目银牌获得者蒋兆珩就是她的学生之一。"甘做螺丝钉，为国家培养更多技能人才。"陆多佳说。

秀技能才艺　展工匠风采

第二届全国技能大赛开放办赛，吸引了不少市民前来打卡。除了现场观赛，还可以来到技能展示交流展馆，感受最新科技成果和传统工艺，了解新职业、新技能。

走进住房城乡建设部展区，人们便会被各式新奇的智能设备与制作精美的古建筑模型所吸引。展区内，来自住房城乡建设行业代表团的技能人才现场操作喷涂机器人、使用工程项目管理AR（增强现实）沙盘、展示古建筑彩绘技艺，吸引观众驻足参观，感受住房城乡建设领域的技能魅力。

展区一侧，一个蓝色的喷涂机器人上下挥舞手臂，做着喷涂墙面的动作。据介绍，随着科技发展，机器人已经可以代替或协助建筑人员完成喷漆、焊接、砌墙、搬运、天花板安装等施工工序。喷涂机器人、造楼机、数智建设大脑等一大批应用于智能建造领域的新技术、新产品，让建筑工地有了"智慧大脑"，有效提高施工效率和质量，降低工程成本。

从"建造"迈向"智造"的路上，一支"高、精、尖"的"人才军团"正在形成。近年来，智能建造领域职业技能标准陆续颁布，为从业人员职业技能等级认定、技能培训等提供支撑。为了适应智能建筑、智慧城市对高端人才的迫切需求，各大院校也调整专业，完善教学标准，增加核心专业课程。

拍谱子、沥粉、颜料调配、分块刷色……几位技能人才展示着古建筑彩绘的一系列流程，不时有观众前来观看体验。"中国古建筑讲究色彩之美，彩绘不仅能起到装饰作用，还能保护建筑木构件。"一位技能人才介绍道。

数字建造项目比赛现场（姜雪 图）

在住房城乡建设部展区，观众参观滕王阁建筑模型（姜雪 图）

一支画笔、一盘颜料，便让古建筑绽放昔日光彩。小到乡县祠堂，大到历史古迹，古建筑彩绘随处可见，市场需求很大，但真正传承这门技艺的技能人才却不多。为了最大限度地保护文物，古建筑彩绘必须坚持原材料、原工艺、原形制、原结构"四原则"。从业者要不断学习、苦练技艺，才能在修缮时对文物进行最小扰动，最大程度上保持彩绘图案、尺寸、颜色的原汁原味。

"活动现场有不少年轻人对古建筑彩绘感兴趣，很开心。希望越来越多的年轻人加入技能人才队伍，将古建筑彩绘技艺发扬光大。"一位技能人才说。

《中国建设报》作者：杨若男 2023年9月21日

中国机械工业联合会

1金2银2铜3优胜 中国机械联代表团 匠心筑梦 勇攀技能高峰

9月19日，中华人民共和国第二届职业技能大赛（以下简称"大赛"）圆满落下帷幕。闭幕式上，大赛获奖选手名单揭晓，393名选手获金、银、铜牌。本届大赛根据人力资源社会保障部总体部署，中国机械工业联合会各级领导高度重视，作为4个行业代表团之一，自今年3月份起全面启动了大赛的备战集训工作，通过承办地遴选、选手选拔、技术指导等工作，高质量开展了机械行业选拔赛，最终12名参赛选手在国赛赛场上获得1枚金牌、2枚银牌、2枚铜牌、3个优胜奖的优异成绩。其中，8人获得"全国技术能手"荣誉称号，并入选国家世赛集训队，数控铣项目金牌选手胡丽超获得代表团最佳选手奖。颁奖典礼结束后，代表团记者第一时间对获奖选手进行了采访，挖掘了每块奖牌背后的故事，以展现选手匠心筑梦、勇攀技能高峰的风采，吸引更多青年投身技能成才、技能报国之路。

数控铣项目

数控铣被誉为"在钢铁上雕刻的艺术"。这一项目需要选手操作数控铣床,以去除毛坯材料的方式制造零件。比赛中,选手通过计算机软件编程加工刀路,再操作数控机床,利用数控铣刀切削材料,根据图纸要求控制尺寸精度,完成复杂形状的平面、孔系、曲线轮廓、曲面的加工等。该项目追求结构的巧妙和加工的精度,"一根头发丝的直径约 0.08 毫米,我们加工的零件,每一个成品的尺寸误差都不能超过 0.02 毫米,比头发丝还要细得多。"胡丽超说,"此次大赛在天津举办,下一届世界技能大赛将在法国举办,或许是考虑到两者的联系,本次竞赛有两个模块的考核加入了'天津之眼'与埃菲尔铁塔的结构元素。其中,塔尖的精度控制是一个很大的难点。"

和以往数控铣项目比精度、拼速度有所不同,本次比赛增加了对选手反应和应变能力的考核,这也让胡丽超有些意外,"编程前,发一张图纸,加工时,再发一张图纸,加工进行到一半,又发一张图纸,要求选手加工出 3 个可以装配成鲁班锁结构的零件。"比赛瞬息万变。赛后复盘时,胡丽超给自己的总结是"稳定发挥"。这份沉着自若,源于赛场外上千个日日夜夜的技能打磨。

数控铣项目:胡丽超(金牌)

机器人系统集成项目

机器人系统集成是设计组装"制造业皇冠上的明珠"。该项目需要选手对机器人进行机械电气设计、组装调试，让机器人满足相应功能，比如上下料、搬运、装配、堆垛、焊接、涂胶等。选手必须了解制造过程、控制系统、多关节手臂的技术发展以及机器人化规则的演变。

该项目的参赛选手需要在3天11个小时内，完成五个模块任务，其中涉及机械设计与安装、电气设计与连接、机器人系统编程与调试、拓展任务等。同时，由于本项目为双人组队参赛，工作组织和管理模块的考核也贯穿整个比赛过程，重点考核选手的沟通与配合能力。"这些任务对选手技能要求很高，所有的考核任务都是从企业任务转化而来，像本次比赛的一个任务就是让机器人拼七巧板。另外还要完成码垛、组装的任务。"刘富强说。"比如组装杯子，杯盖和杯体不是简单地合上就行，要精确对准位置，如果位置没有对准那么这个考核点就无法拿到分数。"周玮说。

机器人系统集成项目：刘富强、周玮（银牌）

机电一体化项目

机电一体化项目作为一个综合性竞赛项目，在竞赛内容设计上融合了机械工程、电气工程以及计算机科学等多个学科领域的知识，集机械、气压、PLC编程、机器人技术及系统开发等技术于一体，其复杂程度和竞赛要求较高，对选手的技术能力是极大的考验。

在赛场上，郑泽鑫和郑永壕能够熟练运用各种工具进行设备组装、调试和维护，展现了对机电一体化技术领域的深厚理解和熟练的操作技巧。在备赛期间他们每天投入十二个小时左右的训练，全身心地投入技术细节的学习和实践中。相信郑泽鑫和郑永壕在世赛集训中会展现出更强的实力和更耀眼的表现。

机电一体化项目：郑泽鑫、郑永壕（银牌）

工业 4.0 项目

工业 4.0 项目技能竞赛集机械、电气、控制、工业软件于一体，目的是构建符合工业 4.0 规范的智能生产系统。该系统以个性化定制为导向，将原先的工业 3.0 设备在硬件改造、软件开发、网络组网等方面进行升级，同时附加网上商城、智能维护、数字孪生、网络安全等先进信息技术，形成完整的工业 4.0 概念系统。

"扎实"和"稳健"是这两位选手最重要的特点，作为对技术要求较高的技能比赛项目，选手没有扎实的技术和技能功底是无法完成这项赛事的。回看 5 个模块的任务完成情况，有许多队伍仅在熟悉的模块上完成度较好，而在不熟悉的模块上丢分严重。李泽和袁伟华有扎实的技术技能功底，在各个模块上都能拿到了预定分数，又凭借着赛前的勤苦训练和丰富的比赛经验，在赛时遭遇突发情况的不利条件下，仍能稳健发挥，解决了一个又一个难题。

工业 4.0 项目：李泽、袁伟华（铜牌）

数控车项目

数控车被称为"工业母机",是制造机器的机器。高端数控机床的技术水平更是衡量一个国家核心制造能力的标准之一,考验的是选手利用数控车这种精度高、通用性强的设备制造零部件的能力,具有高精度、高效率、高自动化的特点,代表着国家的高端制造业的高精尖技术。

本次大赛提前公布了竞赛毛坯尺寸规格、材质和技术文件。教练组成员组织一起讨论制定训练方案,根据材料尺寸要求设计出相应的训练图纸。选手钟文彬每天根据训练安排加工到深夜,通过不断的训练,总结出自己的不足。"比赛刚开始我应该要花十分钟左右时间,把速度放慢,放慢的过程我可以再充分去了解一下赛题,再去适应一下赛题。因为我知道如果快了肯定会更乱,所以我的方法就是刚开始求稳,慢慢来。让自己掌握到这个节奏,从慢到快达到一个速度转换,慢慢把零件加工出来。"钟文彬说。

匠心筑梦,勇往直前,恭喜获奖选手登上了"技能之巅"的舞台,绽放着属于他们的风采。技能成才、技能报国的足音,在这里铿锵踏响。今后,中国机械工业联合会将继续整合资源,凝聚力量,深入推广新技术新技能,在人才培养工作中强化机械行业的人才培养与服务能力,助力制造业高质量发展。

数控车项目:钟文彬(铜牌)

"机械教育"微信公众号 作者:陆鸣 2023年9月28日

中国轻工业联合会

1金2铜2优胜 中国轻工联代表队圆梦国赛载誉而归

9月19日,中华人民共和国第二届职业技能大赛在天津闭幕。经过几天的紧张角逐,中国轻工业联合会代表队参赛的5名选手和项目均获得奖项,取得1金2铜2优胜的优异成绩。其中,1名选手获得最佳选手奖。中国轻工业联合会被人力资源社会保障部授予优秀组织奖。本次大赛,共有 109 个项目的 393 名选手荣获金、银、铜牌。

中国轻工业联合会代表队选手赵叙含(中)获得木工项目金牌

中国轻工业联合会代表队选手徐钰淇(右)获得糖艺/西点制作项目铜牌

4 天的激烈比拼,中国轻工业联合会代表队的 5 名小将奋力拼搏,勇创佳绩。其中,赵叙含获得木工项目金牌,徐钰淇获得糖艺/西点制作项目铜牌,侯金辰获得烘焙项目铜牌,欧祖安、卢和金分别获得精细木工项目、家具制作项目优胜奖。欧祖安还获得最佳选手奖。此外,赵叙含、徐钰淇、侯金辰三名选手获"全国技术能手"荣誉称号并入围世赛国家集训队,将作为全国顶尖技能种子选手进行深入培训、考核选拔,有机会冲击在法国举办的第 47 届世界技能大赛。

中国轻工业联合会代表队选手侯金辰(右)获得烘焙项目铜牌

作为为数不多的四个行业代表团之一,中国轻工业联合会高度重视本次大赛。今年 3 月,中国轻工业联合会会长张崇和亲自部署有关工作,要求轻工职业能力评价中心组织家具、焙烤两个行业协会高质量落实选手选拔、训练和参赛工作。经过层层遴选和赛前集训，9月13日，以刘江毅副会长为团长的中国轻工联代表团抵津参赛，5名年轻选手全力以赴，取得了100%获奖的喜人佳绩。

9月20日，已踏上返程之路的轻工小将们难掩兴奋，有感而发："感谢中国轻工业联合会提供征战国赛的宝贵机会，让我们在国家最高的竞赛平台上开阔眼界、比拼技艺、交流成长。""未来还有很长的路要走"成为选手们的共识，正如铜牌选手徐钰淇的获奖宣言，"少年自有少年狂，心似骄阳万丈光。""我会利用好进入国家集训队的机会，取他人之长、补自己之短，毫不放松提升技能，争分夺秒锻炼技艺。"冠军选手赵叙含赛后说道。"最佳选手"欧祖安也表示，国赛参赛的经历将成为他提高技艺的宝贵经验，成为他逐梦的指路明灯，不屈不挠，勇往直前。

中国轻工业联合会副会长刘江毅和获奖选手合影

多年来，中国轻工业联合会高度重视职业技能竞赛工作，累计举办国家一类职业技能竞赛2届次，二类职业技能竞赛93届次，覆盖轻工19个行业、61个工种，累计参训参选参赛人员超过50万人；产生"全国技术能手"522名、"轻工技术能手"2 066名，35名选手荣获全国五一劳动奖章。

中国轻工业联合会将以此次大赛为契机，借鉴全国技能大赛先进经验，优化轻工行业办赛机制，不断提升轻工技能竞赛质量水平。

《消费日报》记者：王薛淄 2023年9月20日

音频 / 视频

【新闻联播】第二届全国技能大赛今天开幕

2023年9月16日

【朝闻天下】天津 第二届全国技能大赛聚焦前沿技术 促进科技与技能融合发展

2023年9月16日

【三农长短说】第二届全国技能大赛 4 045名选手角逐109个比赛项目

2023年9月17日

【第一时间】关注全国技能大赛 12万台设备"显身手" 助选手完赛

2023年9月17日

【第一时间】关注全国技能大赛
　　企业揽才到赛场　技能人才需求大
2023年9月18日

【第一时间】关注全国技能大赛
　　阿晓伟：磨砺精湛技能　奋斗"漆"彩人生
2023年9月18日

【央视财经评论】老将新兵齐上阵　第二届全国技能大赛真"津"彩
2023年9月18日

【央视财经评论】攀登技能高峰　顶尖高手同台竞技
2023年9月18日

【经济半小时】聚焦全国技能大赛（上）：新职业激活就业新动能
2023年9月18日

【经济半小时】聚焦全国技能大赛（下）：世赛"引擎"拉动技能提升
2023年9月19日

【中国之声】第二届全国技能大赛设置20个新赛项 积极服务发展需要
2023年9月19日

第二届全国技能大赛十大看点！
2023年9月16日

每个绝技都太精彩啦！哪个是你的最爱呢？
2023年9月19日

"最受欢迎的十大绝技"来了！
2023年9月20日

技能成才 技能报国 | "最受欢迎的十大绝技"展演（一）
2023年9月16日

技能成才 技能报国 | "最受欢迎的十大绝技"展演（二）
2023年9月17日

技能成才　技能报国丨"最受欢迎的十大绝技"展演（三）

2023年9月18日

精彩回看：第二届全国技能大赛——技能创造美好生活

2023年9月16日

精彩回看：第二届全国技能大赛——技能解锁精妙品质

2023年9月16日

精彩回看：第二届全国技能大赛——技能勇攀实力巅峰

2023年9月18日

精彩回看：第二届全国技能大赛——技能挑战科技前沿

2023年9月18日

精彩回看：第二届全国技能大赛——技能铸就未来精彩

2023年9月18日

中华人民共和国第二届职业技能大赛
云赛场中国网特别报道

"第二届全国技能大赛"快手号主页

绽放技能之美
2023年9月18日

闪亮技能舞台
2023年9月20日

共建技能强国
2023年9月22日